中國學術思想 研究輯刊

十七編

林 慶 彰 主編

第6冊

孫詒讓《周禮》學研究（下）

葉 純 芳 著

花木蘭文化出版社

國家圖書館出版品預行編目資料

孫詒讓《周禮》學研究（下）／葉純芳 著 — 初版 — 新北市：
花木蘭文化出版社，2013〔民102〕
目 4+182 面：19×26 公分
（中國學術思想研究輯刊 十七編；第 6 冊）
ISBN：978-986-322-379-5（精裝）
1. 周禮　2. 研究考訂
030.8　　　　　　　　　　　　　　　　　102014634

ISBN-978-986-322-379-5

中國學術思想研究輯刊
十七編　第 六 冊　　　　　　ISBN：978-986-322-379-5

孫詒讓《周禮》學研究（下）

作　　　者　葉純芳
主　　　編　林慶彰
總 編 輯　杜潔祥
出　　　版　花木蘭文化出版社
發 行 所　花木蘭文化出版社
發 行 人　高小娟
聯絡地址　235 新北市中和區中安街七二號十三樓
　　　　　電話：02-2923-1455／傳眞：02-2923-1452
網　　　址　http://www.huamulan.tw 信箱 sut81518@gmail.com
印　　　刷　普羅文化出版廣告事業
封面設計　劉開工作室
初　　　版　2013 年 9 月
定　　　價　十七編 34 冊（精裝）新台幣 60,000 元

孫詒讓《周禮》學研究（下）

葉純芳　著

上　冊

第一章　緒　論 ……………………………………… 1

　　附錄：孫詒讓《周禮》學研究目錄 ……………… 13

第二章　清代《周禮》學探究 ……………………… 17

　　第一節　清初《周禮》學探究 …………………… 18

　　　一、清以前《周禮》學的發展 ………………… 18

　　　二、清初《周禮》學探究 ……………………… 26

　　第二節　乾嘉時期《周禮》學探究 ……………… 32

　　　一、乾嘉時期《周禮》學著作 ………………… 32

　　　二、乾嘉學者研治《周禮》的貢獻 …………… 46

　　第三節　晚清的《周禮》學探究 ………………… 52

　　　一、晚清《周禮》學著作舉隅 ………………… 52

　　　二、晚清《周禮》研究未受重視之因 ………… 59

第三章　孫詒讓之生平 ……………………………… 65

　　第一節　生平傳略 ………………………………… 65

　　第二節　成學背景 ………………………………… 71

　　　一、南宋永嘉學派與孫衣言對孫詒讓治學的
　　　　　影響 ……………………………………… 71

　　　二、乾嘉學者對孫詒讓治學的影響 …………… 76

　　　三、「玉海樓」的落成對孫詒讓治學的影響 …… 79

　　第三節　孫詒讓學術簡譜 ………………………… 82

第四章　校勘之作──《周禮注疏校記》 ………… 107

　　第一節　《經迻》與《十三經注疏校記》 ……… 107

　　　一、《經迻》──孫詒讓的未刊稿 …………… 107

　　　二、《十三經注疏校記》──孫詒讓的校經
　　　　　筆記 ……………………………………… 111

　　第二節　《周禮注疏校記》的內容 ……………… 119

　　　一、底本與輔本 ………………………………… 120

　　　二、《周禮注疏校記》校勘釋例舉隅 ………… 125

　　第三節　《周禮注疏校記》的校勘方法 ………… 134

　　　一、校勘方法 …………………………………… 134

　　　二、校勘態度 …………………………………… 139

　　　三、校勘成果的運用 …………………………… 143

　　第四節　孫詒讓校勘《周禮》的貢獻 ………… 147

目次

第五章 輯佚之作──《周禮三家佚注》 …………149
　第一節 三家《周禮》注與其價值 ………………150
　　一、賈逵《周官解詁》 …………………………150
　　二、馬融《周官傳》 ……………………………151
　　三、干寶《周官注》 ……………………………153
　　四、三家《注》的價值 …………………………154
　第二節 《周禮三家佚注》與清人所輯三家注 …159
　　一、《周禮三家佚注》 …………………………159
　　二、孫詒讓與清人所輯三家注成果比較 ………160
　第三節 輯佚成果的運用 …………………………186
　　一、以佚注證經文 ………………………………190
　　二、以佚注證鄭從師說 …………………………191
　　三、以佚注糾鄭注 ………………………………192
　　四、以佚注輔鄭注 ………………………………193
　　五、以佚注存眾說 ………………………………194
　第四節 孫詒讓輯《周禮》佚注的貢獻 …………195

下　冊
第六章 義疏之作──《周禮正義》（上） …………197
　第一節 撰作動機與版本 …………………………198
　　一、撰作動機 ……………………………………198
　　二、《周禮正義》的版本 ………………………201
　第二節 從《周官正義長編》到《周禮正義》 …207
　　一、《周官正義長編》 …………………………207
　　二、《周官正義》 ………………………………212
　　三、《周禮正義》 ………………………………215
　第三節 《周禮正義》的體例 ……………………218
　　一、〈略例十二凡〉的修改過程 ………………218
　　二、版本校勘 ……………………………………221
　　三、解經方法 ……………………………………226
　　四、詮釋準則 ……………………………………233
第七章 義疏之作──《周禮正義》（下） …………247
　第一節 《周禮》的歷史公案──孫詒讓的《周禮》
　　　　觀 …………………………………………247
　　一、對周禮作者與成書年代的看法 ……………247

　　　二、對《周禮》內容與定名的看法 ……………… 252
　　　三、對《周禮》源流的看法 ………………………… 257
　　　四、對故書、今書的看法 …………………………… 261
　　第二節　「九旗」解──兼論《九旗古義述》……… 264
　　　一、「九旗」鄭、孫二氏解 ………………………… 264
　　　二、《九旗古義述》撰作動機與內容 ……………… 270
　　　三、後人的評價 ……………………………………… 280
　　第三節　「職方氏」解 ………………………………… 284
　　　一、《周禮・職方氏》與《周書・職方》之
　　　　　比較 ………………………………………………… 285
　　　二、孫氏對鄭《注》與賈《疏》之糾謬 ………… 293
　　第四節　孫詒讓疏解《周禮》的貢獻 ……………… 300

第八章　託古之作──《周禮政要》……………………… 303
　　第一節　傳統經學的變革與西學的衝擊 …………… 303
　　　一、內發──漢學的衰微與公羊學思想的興起
　　　　　 ……………………………………………………… 303
　　　二、外鑠──西力衝擊下的傳統經學 …………… 308
　　第二節　《周禮政要》撰作與內容 ………………… 321
　　　一、《周禮政要》撰作動機 ……………………… 323
　　　二、《周禮政要》比附西學舉隅 ………………… 327
　　　三、後人對《周禮政要》的評價 ………………… 334
　　第三節　孫詒讓的政治改革理想與實踐 …………… 339
　　　一、孫詒讓的改革理想 …………………………… 340
　　　二、康有為與孫詒讓改革建議比較 ……………… 352
　　　三、孫詒讓改革理想的實踐 ……………………… 354
　　　四、餘論 ……………………………………………… 358

第九章　結　論 …………………………………………… 363

徵引書目 …………………………………………………… 367

表　次
　　2-2-1　乾嘉時期《周禮》學著作一覽表 …………… 47
　　2-3-1　晚清《周禮》學著作一覽表 ………………… 60
　　4-2-1　阮元、孫詒讓校勘《周禮》所用版本
　　　　　　比較表 ………………………………………… 122
　　5-2-1　馬、王、孫輯賈逵佚注比較表 …………… 162

5-2-2　王、馬、黃、孫輯馬融佚注比較表⋯⋯⋯⋯⋯ 164

5-2-3　王、馬、黃、孫輯干寶佚注比較表⋯⋯⋯⋯⋯ 173

5-2-4　馬、孫、王輯賈逵佚注條數比較表⋯⋯⋯⋯⋯ 181

5-2-5　王、馬、黃、孫輯馬融佚注條數比較表⋯⋯⋯ 182

5-2-6　王、馬、黃、孫輯干寶佚注條數比較表⋯⋯⋯ 183

6-2-1　「周官說目・天官」各家經說條目表⋯⋯⋯⋯ 208

6-2-2　「周官說目」各家經說總表⋯⋯⋯⋯⋯⋯⋯⋯ 209

6-2-3　《周官正義》、《周禮正義》對《禮說》
　　　　內容取捨比較表⋯⋯⋯⋯⋯⋯⋯⋯⋯⋯⋯⋯ 216

6-3-1　〈周禮正義略例〉第一份清稿與朱改
　　　　比較表⋯⋯⋯⋯⋯⋯⋯⋯⋯⋯⋯⋯⋯⋯⋯⋯ 218

6-3-2　〈周禮正義略例〉第二份清稿與朱改
　　　　比較表⋯⋯⋯⋯⋯⋯⋯⋯⋯⋯⋯⋯⋯⋯⋯⋯ 219

6-3-3　〈周禮正義略例〉第三份清稿與朱改
　　　　比較表⋯⋯⋯⋯⋯⋯⋯⋯⋯⋯⋯⋯⋯⋯⋯⋯ 220

6-3-4　《周禮・天官・大宰》官聯表⋯⋯⋯⋯⋯⋯⋯ 228

6-3-5　「昏期」論戰表⋯⋯⋯⋯⋯⋯⋯⋯⋯⋯⋯⋯⋯ 237

7-1-1　「周禮」異名表⋯⋯⋯⋯⋯⋯⋯⋯⋯⋯⋯⋯⋯ 254

7-2-1　五正旗四通制表⋯⋯⋯⋯⋯⋯⋯⋯⋯⋯⋯⋯⋯ 267

7-2-2　鄭、孫二氏旗幟說比較表⋯⋯⋯⋯⋯⋯⋯⋯⋯ 268

7-2-3　司常、大司馬建旗比較表⋯⋯⋯⋯⋯⋯⋯⋯⋯ 268

7-2-4　鄭、孫二氏建旗職掌比較表⋯⋯⋯⋯⋯⋯⋯⋯ 277

7-3-1　《周禮・職方氏》、《周書・職方》異文
　　　　對照表⋯⋯⋯⋯⋯⋯⋯⋯⋯⋯⋯⋯⋯⋯⋯⋯ 288

7-3-2　〈職方氏〉官聯表⋯⋯⋯⋯⋯⋯⋯⋯⋯⋯⋯⋯ 292

7-3-3　〈職方氏〉鄭《注》、賈《疏》疏謬表⋯⋯⋯ 293

7-3-4　九州異名表⋯⋯⋯⋯⋯⋯⋯⋯⋯⋯⋯⋯⋯⋯⋯ 296

8-3-1　康、孫改革計畫比較表⋯⋯⋯⋯⋯⋯⋯⋯⋯⋯ 352

8-3-2　孫氏創辦學校一覽表⋯⋯⋯⋯⋯⋯⋯⋯⋯⋯⋯ 356

8-3-3　晚清經學著作比附西學一覽表⋯⋯⋯⋯⋯⋯⋯ 360

圖　次

7-1-A　《周禮》故書今書源流圖⋯⋯⋯⋯⋯⋯⋯⋯⋯ 263

7-2-A　《周禮》行政區域劃分圖⋯⋯⋯⋯⋯⋯⋯⋯⋯ 276

7-2-B　黃以周《禮書通故》旗制圖⋯⋯⋯⋯⋯⋯⋯⋯ 282

9-A　孫詒讓《周禮》學形成圖⋯⋯⋯⋯⋯⋯⋯⋯⋯⋯ 366

第六章　義疏之作──《周禮正義》（上）

　　《周禮正義》，自同治十二年（1873）起草，草稿經歷多次改易，至光緒二十五年（1899）始成，是孫詒讓花費近三十年時間研究《周禮》的成果。全書共八十六卷，約有二百三十萬字。〔註1〕

　　《周禮正義》並非孫氏此書的初名。決定要撰作此書前，孫氏花費六年的時間，完成資料的搜集與準備的工作，編成《周官正義長編》數十巨冊。綴集未竟，張之洞即來徵此書，孫氏匆匆寫成一帙以就正，即《周官正義》。但其中疏牾甚眾，孫氏不以爲佳，繼又更張義例，剟繁補闕，並更名爲《周禮正義》。不意稿草屢易，待完成時，已是二十年之後的事。這部書廣被近現代學者所稱許，不僅是孫氏本人學術成果的終極表現，也爲晚清古文經學家畫上完美的句點。

　　本書擬分成兩章探討。本章主要針對《周禮正義》的撰作動機、版本、成書過程、體例作論述。

　　第七章則針對《周禮》懸而未決的問題，如《周禮》的作者、成書年代、源流等，闡述孫詒讓的處理態度與看法；此外，孫氏在完成《周禮正義》後，對〈春官・司常〉有關旗制的疏解並不滿意，於是又作《九旗古義述》以補之，本章以專節探討其前後看法的差異。其次對〈春官・職方氏〉、《逸周書・職方解》異文作比較，以觀孫氏的解說。

〔註 1〕　〔清〕孫詒讓撰，王文錦、陳玉霞點校：〈本書前言〉，《周禮正義》（北京：中華書局，2000 年 3 月），頁 1。

第一節　撰作動機與版本

一、撰作動機

從孫延釗《孫徵君籀廎公年譜》及孫詒讓的〈周禮正義序〉中，可歸納出孫氏撰作《周禮正義》的三個動機：

（一）受父親與南宋永嘉學派的影響

如第三章第二節「成學背景」所言，孫詒讓幼承父學，而父親孫衣言、叔父孫鏘鳴皆崇尚南宋永嘉學派。孫衣言希望孫詒讓能以《周禮》作爲研究南宋永嘉學派薛季宣、陳傅良、葉適等人學術的根本。永嘉學派中的薛季宣、陳傅良等人從事功思想出發，重視《周禮》的研究，同時又承受溫州地區的學術淵源，致力於《春秋》的傳解。他們研治《周禮》的目的，在託古改制，企圖對當時弊政有所改革，孫父要孫氏習《周禮》而推薛、陳之學，用意即在此。再加上永嘉學者不立門戶之見的學風，亦影響孫氏撰作《周禮正義》時，不受今古文經學門戶限制，持平疏解。

孫詒讓近承父親諄諄教誨，遠慕永嘉學者治學風範，《周禮正義》一書，即在此氛圍中逐漸成形。（詳第三章第二節）

（二）《周禮》需要新疏

在思想上受父親與永嘉學派的影響，在治學方法上孫氏則深受乾嘉學者治學的影響。他在〈札迻序〉中曾說：

> 年十六七，讀江子屏《漢學師承記》及阮文達所集刊《經解》，始窺國朝通儒治經史小學家法。〔註2〕

乾嘉學者治經，以考據學入手，孫氏深以爲然，他對乾嘉學者亦多所推重：

> 近代鉅儒，脩學好古，校勘舊籍，率有記述，而王懷祖觀察，及子伯申尚書，盧紹弓學士，孫淵如觀察，顧澗薲文學，洪筠軒州倅，嚴鐵橋文學，顧尚之明經，及年丈俞陰甫編修，所論者尤眾。……乾嘉大師，惟王氏父子郅爲精博，凡舉一誼，皆塙鑿不刊。其餘諸家，得失間出，然其稽覈異同，啓發隱滯，嫌足餉遺來學，沾溉不窮。我朝樸學超軼唐、宋，斯其一嵩與！詒讓學識疏譾，於乾嘉諸

〔註2〕〔清〕孫詒讓撰，梁運華點校：〈札迻自序〉，《札迻》（北京：中華書局，1989年1月），頁1。

先生無能爲役，然深善王觀察《讀書雜志》及盧學士《羣書拾捕》，
伏案擘誦，恆用檢覈，間竊取其義法以治古書，亦略有所窺。〔註3〕

又〈答日人館森鴻書〉云：

我朝乾嘉以來，此學大盛，如王石臞先生念孫及其子文簡公引之之
於經、子，段若膺先生玉裁之於文字訓詁，錢竹汀先生大昕、梁曜
北先生玉繩之於史，皆專門樸學，擇精語詳，其書咸卓然有功於古
籍，而詒讓自志學以來所最服膺者也。〔註4〕

可見孫氏推重乾嘉學者以考證治經的方法。實際上《周禮正義》就是以此法
完成。他在〈周禮正義序〉中即說：

既長，略窺漢儒治經家法，乃以《爾雅》、《說文》正其詁訓；以《禮
經》、《大小戴記》證其制度，研撢纂載，於經注微義，略有所窺。

〔註5〕

朱孔彰〈孫徵君詒讓事略〉云：

綜生平治經似高郵王氏（念孫），考史似嘉定錢氏（大昕），說字則
服膺先博士及安邱王氏（筠），能淹有諸家之長。〔註6〕

可知其學術方法承自乾嘉學者，亦兼有各家之長。又基於清代「經術昌明，
諸經咸有新疏，斯經不宜獨闕」〔註7〕的理由，於是，他決定爲《周禮》作新
疏：

遂博采漢、唐、宋以來，迄於乾嘉諸經儒舊詁，參互證繹，以發鄭
《注》之淵奧，裨賈《疏》之遺闕。〔註8〕

「鄭《注》簡奧，賈《疏》疏略，未能盡通」〔註9〕，是孫氏自青年時期讀《周
禮》的感想；「我朝樸學超軼唐、宋」是他對乾嘉學者治經方法的信任。孫氏
以爲，《周禮》中有許多典章制度，鄭、賈二人交代未清，他相信有許多人和

〔註3〕〈札迻自序〉，頁2。

〔註4〕〔清〕孫詒讓撰，張憲文輯：《孫詒讓遺文輯存》（溫州：浙江人民出版社，
1990年5月，《溫州文史資料》第五輯），頁159。此書信孫氏寫於光緒33年
9月16日，輯自《經微室遺集》稿本，卷6。

〔註5〕〔清〕孫詒讓撰，王文錦、陳玉霞點校：〈周禮正義序〉，《周禮正義》，頁4。

〔註6〕閔爾昌纂錄，周駿富輯：《碑傳集補》（三）（臺北：明文書局，1985年，《清
代傳記叢刊》），卷41，頁23上。

〔註7〕同注5。

〔註8〕同注5。

〔註9〕同注5。

他一樣，希望能有一個考證詳實的《周禮》本子可讀，因此，就構成了孫氏第二個撰作《周禮正義》的動機。

（三）受晚清政治頹敗的影響

孫氏雖然自同治十二年便起草《周禮正義》，但其中經過二十多年不斷修改，至光緒二十五年才完成。在這段期間，國家已歷經鴉片戰爭，太平天國之亂，英法聯軍之戰等各種內憂外患。而終日埋首於古書中，對孫氏而言，雖然甘之如飴，但他也無法漠視日漸衰頹的國勢。〈答日人館森鴻書〉云：

> 詒讓深愧所學與現實不相應，然私心所自信者，平心以求古人之是而已。〔註10〕

孫氏對自己所學無法貢獻國家社會感到慚愧，看見「海疆多故，世變日亟」，雖然「睠懷時局」，卻只能「撫卷增喟」。〔註11〕但退一步想，如果可以將「古人之是」整理成專書，公諸於世，號召有志之士，共論國是以救時弊，亦是一個文人對國家社會的貢獻。逐漸深入研究《周禮》內容，他深感承學之士只將《周禮》經注作為考證之用，而忽略此經的實質功能在於闡發「政」、「教」—— 一個國家富強最重要的兩個因素：

> 私念今之大患，在於政教未修，而上下之情暌闊不能相通。故民窳而失職，則治生之計匱隘，而謟舷干紀者眾。士不知學，則無以應事偶變，效忠屬節，而世常有乏才之憾。夫捨政教而議富強，是猶泛絕潢斷港而蘄至於海也。然則處今日而論治，宜莫若求其道於此經。而承學之士，顧徒奉周經漢注為考證之淵椒，幾何而不以為已陳之芻狗乎。〔註12〕

並對自己這部《周禮正義》懷抱有極大的希望：

> 既寫定，輒略剌舉其可劉今而振敝一二舉舉大者，用是蘗楊，俾知為治之迹，古今不相襲，而政教則固百世以俟聖人而不惑者。世之君子，有能通天人之故，明治亂之原者，儻取此經而宣究其說，由古義古制以通政教之閎意眇恉，理董而講貫之，別為專書，發揮旁通，以俟後聖。而或以不佞此書為之擁篲先導，則私心所企望而旦莫遇之者與！〔註13〕

〔註10〕〔清〕孫詒讓撰，張憲文輯：《孫詒讓遺文輯存》，頁 159。
〔註11〕〈周禮正義序〉，頁 5。
〔註12〕〈周禮正義序〉，頁 4。
〔註13〕同上注。

相對於晚清許多學者在面對西方科技、學術的衝擊時，將生平所讀古書，或束之高閣，或全數丟棄，以為中學無用的態度，孫詒讓卻能以更冷靜的態度面對。即使認為自己平日所學與現實不符，他並不以此為忤，一方面加強自己西方知識的吸收（詳第六章），一方面更用心在《周禮正義》的撰作，也因這一份堅持，在動亂的年代中，這部清代經學家最後的一部書〔註 14〕，也是《周禮》唯一的新疏，於是完成。

二、《周禮正義》的版本

《周禮正義》共有六種本子：手稿本，今藏於溫州市圖書館。〔註 15〕乙巳本、楚學社本、萬有文庫本、四部備要本以及北京中華書局點校本。

（一）乙巳本

清光緒三十一年乙巳（1905）孫氏家藏鉛鑄版初印本，又稱「乙巳本」。孫《譜》云：

> 光緒二十九年（1903），樊時勛先生菜謀以《周禮正義》鑄鉛版今通行本即此，其版歸於余家。按家藏《正義》定稿卷崩附識云：光緒壬寅（1902）三月，從鮮堪前葦段觀，病中校讀至《考工》，以目疾未卒業。癸卯（1903）二月，樊君時勛，將付鉛印，匆匆寄還，念慈記。則定稿於鉛印之先，曾經仲弢、峴裏二先生校勘也。〔註 16〕

又：

> 光緒三十一年（1905），《周禮正義》鉛版鑄成，有自校初印本，凡十六冊。〔註 17〕

則「乙巳本」是經過孫詒讓、黃仲弢、費念慈（峴裏）等人親自校定的本子。此本經大注小，注雙行並列於經文下，錯字最少，但「僅用細字鑄版印行，海內學人無能卒讀」〔註 18〕，且「印刷粗劣，模糊不清，許多字很難辨認」

〔註 14〕 〔清〕梁啟超撰：《中國近三百年學術史》（北京：東方出版社，1996 年 3 月），清代學者整理舊學之總成績（一）頁 233。

〔註 15〕 陳東輝撰：〈孫詒讓學術思想與玉海樓藏書特色之關係〉，《文獻》，2006 年第 2 期（2006 年 4 月），頁 53。

〔註 16〕 《孫徵君籀廎公年譜》（二），稿本，光緒二十九年條。

〔註 17〕 同上注，光緒三十一年條。

〔註 18〕 周貞亮撰：〈周禮正義跋〉，《周禮正義》（臺北：藝文印書館，1963 年，據 1931 年籧湖精舍補刻楚學社本影印），頁 8557。

〔註 19〕，連孫詒讓本人也「猶以爲未愜」。〔註 20〕

（二）楚學社本與補刻楚學社本

光緒末年，梁鼎芬（1859～1919）罷官旅居湖北，將親朋所餽金移作刊刻《周禮正義》用。改去乙巳本細字難讀之不便，而以「經大注小、通作直行」〔註 21〕的方式刊刻。並將校勘、印行工作交與湖北人士。初刻原校者，有：

> 沔陽黃福翼生傳廷儀漢亭，孟晉祺壽生，彭邦禎季禎，漢川劉洪烈聘之，應城易奉乾始盦，竹山郭肇明炯堂，黃梅帥培寅畏齋。〔註22〕

由於整個刻版、印刷的工作都在湖北進行，因此版心刻有「楚學社本」字樣。但校勘工作未完成，湖北遭逢戰亂變故，梁鼎芬離開前，將未刻成的《周禮正義》交付給易始盦保存。此即未刊成的「楚學社刊本」。

民國二十年（1931），湖北武昌篋湖精舍以楚學舍刊本《周禮正義》補校印行。冊尾有周貞亮〈跋〉，語云：

> 廿餘年來，迭經變故，一再遷徙，版復多殘，今春靈柄夏軍長警備武漢，治軍之暇，雅好藝文，於省垣立篋湖精舍，延致鄂中耆舊，聚集其中，搜求故書，表章遺獻，詢知是書殘版，尚爲易君保存，乃召梓人與之商洽，移存精舍，爲付補刊。即由精舍同人分任覆校，經營數月，全功告成。先生是書，遂有佳本。餉遺海內，爲快無窮。……獨念吾鄂，自首義以來，適當厄會，一遭兵變，再困城圍，煙火荒殘，人流凋散，故家舊籍，文館積藏，大都化爲灰燼。官局收存公私版刻，連楹累棟，以之代樵蘇供炊爨者，何止用千萬計？而是書殘版，獨以保存之善，闕失尚希，無難修補，一經整理，脫手如新，光氣爛然，遂以大顯於世，是豈非著作者之精氣互古不可磨滅，而亦前後諸君子，爲之促成以表彰之者？其心力有不可湮晦者與，斯可爲歎異者已。〔註23〕

「楚學社本」的補刻，在戰亂中完成，較之於眾多被「代樵蘇供炊爨」的書籍而言，《周禮正義》「楚學社本」的初刻本仍被完好地保存於易氏之處，又

〔註 19〕 王文錦，陳玉霞撰：〈本書前言〉，《周禮正義》，頁 4。
〔註 20〕 〈周禮正義跋〉，頁 8557。
〔註 21〕 〈周禮正義跋〉，頁 8557。
〔註 22〕 〈周禮正義跋〉，頁 8561。
〔註 23〕 〈周禮正義跋〉，頁 8558、8560～8561。

遇到雅好藝文的夏靈柄願意支持，爲付補刊，而使《周禮正義》終有佳本。
補刻覆校者，據周貞亮〈跋〉云有：

> 監利龔寶琅耕廬，潛江甘鵬雲藥樵，羅田王葆心青垞，周景墀季英，
> 漢陽周貞亮退舟，秦鳳宣縱仙，鄂城胡大華蓮舟，天門劉炳光泥清，
> 沔陽高建埒岱原，黃岡羅樹蘅鹿賓，黃陂張則川瀚溪，孝感鄧一鶴
> 北堂。

此即《周禮正義》的第二種本子，一九三一年湖北篋湖精舍補刻「楚學社刊
本」。《續修四庫全書・經部・禮類》即根據此本影印。王文錦認爲補刻楚學
社本字大紙白，刻印清晰是其優點，但錯字甚多，且有竄易孫氏原文的情形。
〔註24〕孫延釗曾在一九三二年將「補刻楚學社本」與家藏定稿及「乙巳本」
相互校勘，「此書徵引繁博，延釗討覈根氏，歷時數載」，「於字體點畫之間，
亦必逐細鈎稽」。〔註25〕可惜並未交代校勘成果錄於何處，否則此本應是《周
禮正義》最好的本子。

（三）萬有文庫本、四部備要本

第三種本子，爲一九三三年商務印書館萬有文庫本，以黑逗標點；第四
種本子，一九三六年上海中華書局四部備要本，是根據乙巳本校刊的，經用
大字，注用小字兩行並排。

不過第三、第四兩種本子的錯字不少，字跡亦小，不爲學者研究所採用。

（四）北京中華書局點校本

第五種本子，即北京中華書局委請王文錦、陳玉霞點校的「十三經清人
注疏」《周禮正義》點校本。

一九八二年五月，中華書局有鑒於清代的經學著作數量極多，其中用「疏
體」寫作的書，大體上是總結了前人各方面研究的成果，又是現代文史哲研
究者需要的參考書，因此在「十三經清人注疏」這個名稱下，選擇這方面有
代表性的著作，陸續整理出版，於周禮類選擇《周禮正義》。〔註26〕不過，有
以上構想的不只是中華書局。早在一九三三年，陶湘（1870～1939）、尹炎武
等人即發起彙刊清儒名著《十三經新疏》〔註27〕，孫詒讓的《周禮正義》及

〔註24〕〈本書前言〉，頁4。
〔註25〕《孫徵君籀廎公年譜》（二），稿本，民國二十一年條。
〔註26〕中華書局編輯部撰：〈十三經清人注疏出版說明〉，《周禮正義》，頁1。
〔註27〕陶湘、尹炎武與中華書局所列「清儒十三經新疏」的書目分別如下：

同族曾祖孫希旦的《禮記集解》都被選入，可惜最後因「剞劂需費逾十萬金，款巨難集，事乃不果」。〔註 28〕

《周禮正義》點校本以「乙巳本」作底本（取其爲孫氏親自校定本，唯印製粗劣，字小難辨），以「補刻楚學社本」（簡稱楚本，字大紙白，刻印清晰，唯錯字甚多）爲工作本。先將乙巳本與楚本逐字對校，用鉛筆把楚本改成乙巳本，然後再進行點校。凡楚本誤者，逕改不出校，凡乙巳本誤而楚本

1933 年陶湘、尹炎武所列 清儒十三經新疏		1982 年中華書局所列 十三經清人注疏	
周易虞氏義	張惠言	周易集解纂疏	李道平
尚書今古文注疏	孫星衍	尚書今古文注疏	孫星衍
		今文尚書考證	皮錫瑞
		尚書孔傳參證	王先謙
詩毛氏傳疏	陳奐	詩毛氏傳疏	陳奐
		毛詩傳箋通釋	馬瑞辰
		詩三家義集疏	王先謙
周禮正義	孫詒讓	周禮正義	孫詒讓
儀禮正義	胡培翬	儀禮正義	胡培翬
		禮記訓纂	朱彬
禮記集解	孫希旦	禮記集解	孫希旦
		禮書通故	黃以周
		大戴禮記補注	孔廣森
		大戴禮記解詁	王聘珍
		左傳舊注疏證	劉文淇
春秋左傳詁	洪亮吉	春秋左傳詁	洪亮吉
春秋公羊義疏	陳立	春秋公羊義疏	陳立
		穀梁古義疏	廖平
春秋穀梁補注	鍾文烝	春秋穀梁補注	鍾文烝
論語正義	劉寶楠	論語正義	劉寶楠
孟子正義	焦循	孟子正義	焦循
孝經義疏補	阮福	孝經鄭注疏	皮錫瑞
爾雅義疏	郝懿行	爾雅義疏	郝懿行
		爾雅正義	邵晉涵

〔註 28〕 《孫徵君籀廎公年譜》，民國二十二年條。

不誤者，則據改出校。《四部備要》本與《萬有文庫》本則錯字較多，僅作參校用。偶有校正，則出校記〔註 29〕，以當頁注的方式註明。爲方便查檢，在書前加上「總目」，是《周禮正義》原本所沒有的。

在全書的編排上，也做了與楚學社本不同的編排，清楚的標示《周禮》經文、鄭《注》與孫《疏》，如：

> 惟王建國建，立也。周公居攝而作六典之職，謂之周禮，營邑於土中。七年，致政成王，……乃建王國焉。」【疏】「惟王建國」者，此以下天官一篇之序目也。……故五篇之敘並以建國發端。　注云「建，立也」者，大宗伯、量人注同。……云「周公居攝而作六典之職，謂之周禮」者，……。

經文字大，注文字小，以示區別，較之楚學社本，經文與注文雖在字級上稍有差異，但不易辨別。孫疏以「【疏】」號標示，較楚學社本以「疏」標示更醒目。釋經與釋注之間，以空格隔開，則與楚學社本同。

此本文字排列仍沿襲通書直行，加上新式標點符號，人名以「｜」，書名以「﹏」標示。字體以正體不以簡體，較之雪克所點校孫詒讓《十三經注疏校記》以簡體字方式，則更接近孫氏原著的本來面目。將古籍字體正體改爲簡體，是爲了配合五〇年代左右中國大陸開始實行的文字改革——推行簡化字運動之後，年輕一代已不太認識正體字，因此改爲簡體字發行。路增光即認爲簡體字對整理古籍的傷害非常大，他說：

> 早在五十年代，大陸進行文字改革的時候，就有不少人提出「推廣『簡化字』後，用不了三十年，年輕人便都不識『繁體字』（正體字）了，到那時，浩瀚的古代經籍怎麼辦？還要不要繼承和發揚中國固有的文化傳統？」當時爭論的結果大致有三種：其一，現代人要向前看，……年輕人再讀它，反而有害無益，……。其二，對於古代的文化經籍，可以保存一部分，但無須人人去學它，只要有極少數專家學者認識「繁體字」去研究便足夠了。……其三，推廣「簡化字」並不會影響今人學習古代的文化經籍，辦法很簡單，將古籍經典一律用「簡化字」改寫成現代文就可以了。〔註30〕

〔註29〕王文錦、陳玉霞撰：〈本書前言〉，《周禮正義》，頁4～5。對校乙巳本、楚本，並將楚本改成乙巳本者爲陳玉霞；施加標點、辨證文字是非，斟酌出校者爲王文錦。

〔註30〕路增光：〈今人整理古籍而古籍亡——大陸古籍今譯圖書檢查結果令人震驚〉，《書目季刊》，第28卷第4期（1995年3月），頁67～70。

但是在一九九四年九月十四日北京新華社報導，中國新聞出版署對古籍今譯圖書進行抽檢，被抽查的九家出版社的九種圖書中，今譯部分的差錯都在萬分之三以上，平均差錯率高達萬分之六點三，均爲不合格產品。〔註31〕而這九家中更不乏聲譽良好的出版社，而且各家都聲稱聘請「精通古代文化」的專家學者，差錯仍然發生的其中一個原因，即中國五十歲以下的人，多已不認識正體字。北京中華書局以正體不以簡體的作法，是相當正確的，這個本子的出現，無疑爲研究《周禮正義》提供一個最方便閱讀的本子，造福許多因卷帙浩大而望之卻步的研究者。

當然《周禮正義》點校本在點校上也有一些小失誤〔註32〕，如卷一「鄭目錄」〔註33〕，應標「鄭　目錄」，點校本標「鄭目錄」，人名與書名應有所區分；「鄭玄師事京兆　第五元先，通京氏易」〔註34〕，點校本作「師事京兆弟五元，先通京氏易」，「第五元先」爲鄭玄老師人名，點校本誤將「先」移至下句，而爲「先通京氏易」。又如卷七十五，〈輪人・疏〉「《褻記》云：叔孫武叔朝見輪人以其杖關轂而輠轂者。」〔註35〕《禮記・雜記下》：「叔孫武叔朝，見輪人以其杖關轂而輠輪者。」〔註36〕「叔孫武叔朝」、「輪人以其杖」是叔孫武叔、輪人二者不同的動作，其間應逗開。「輠轂」應作「輠輪」，楚學社本此條亦誤作「輠轂」，是孫氏本引用錯誤。可能點校者在校勘時，僅以《周禮正義》各本互校，孫氏所引書未校。這本無可厚非，如欲將孫氏所引書亦校一過，工程必定更浩大。不過這一點小小的失誤，並不影響他爲《周禮正義》所做的貢獻。本論文所引用《周禮正義》，皆據此本。

〔註31〕根據路增光引新華社的專電說：「這次檢查的內容除編校質量和古籍整理是否規範外，重點是看譯文是否正確，標準並不苛刻。但是，沒想到這些裝幀頗爲精美甚至堪稱豪華的大型古籍今譯圖書中，譯文部分的錯誤五花八門，無奇不有，既有解詞、語法、邏輯錯誤，也有標點、理解和知識性、常識性錯誤；既有錯譯、誤譯，也有不顧原文隨意發揮或點評的多譯和避難就易的少譯、漏譯；錯別字更是普遍現象。」

〔註32〕汪少華針對《周禮正義》點校本後十三卷（《考工記》部分，卷74～86，1冊3～14）作勘誤。並將失校內容分爲「標點失誤」與「訛字失校」兩部分。參見汪少華撰：〈《周禮正義》點校瑣議〉，《吉安師專學報》，1993年第3期（1993年6月），頁22～24。

〔註33〕《周禮正義》，卷1，冊1，頁1。

〔註34〕同上注，頁7。

〔註35〕同上注，卷75，冊13，頁3141。

〔註36〕《重栞宋本周禮著疏附校勘記》（臺北：藝文印書館，1989年，據嘉慶二十年江西南昌府學本影印），卷42，頁10右。

第二節　從《周官正義長編》到《周禮正義》

〈周禮正義序〉云：

> 艸刱於同治之季年，始爲《長編》數十巨冊。〔註37〕

《周禮正義》的原貌，就是數十巨冊的《周官正義長編》。目前《正義》的稿本收藏於溫州市圖書館，一般人已不易得見。不過胡珠生在孫詒讓誕生一百四十週年時，爲配合紀念活動，將藏於溫州市博物館部分的《周禮正義》稿本做了整理，撰成〈《周禮正義》稿本探略〉一文。〔註38〕本節所述，大部分即根據此文所陳述《正義》稿本的狀況。

一、《周官正義長編》

　　從《周官正義長編》到《周禮正義》，雖然一般以爲不過是名稱的改變，實際上內容與性質也不盡相同。

　　《周官正義長編》是孫詒讓撰作《周禮正義》的準備工作，據胡文，孫氏花費六年時間完成資料的準備工作，且做得極其充分。胡文所述，在顧頡剛〈孫詒讓之著作環境〉一文中亦提及：

> 瑞安孫氏姻戚居鄂者曰：「仲容得美婦，能文，善治事，侍仲容居樓上，七年未出門。樓惟夫婦能登，外無一人敢闌入。樓上置長桌十餘，每桌面書卷縱橫，稿書錯雜，丹黃墨漬，袍袖卷帙皆滿。寫何條注，翻何書籍，即移坐某桌。日移座位，十餘桌殆遍。篝燈入睡前，桌上書稿，夫人爲清理之。外人只知仲容閉戶著書，但不知所著何書。七年後，始知與夫人孜孜不倦者，即今日鄂刻之《周禮正義》也。」〔註39〕

顧頡剛所聞孫氏姻戚說，應該就是孫氏著手《正義》資料的準備工作，亦即《長編》的撰寫，而非今日所見之《周禮正義》。從顧文可窺孫氏所從事，確實是大工程。

〔註37〕　〈周禮正義序〉，頁4。
〔註38〕　胡珠生撰：〈《周禮正義》稿本探略〉，《孫詒讓紀念論文集》（溫州：溫州師範學院學報，1988年增刊），頁44～66。
〔註39〕　顧頡剛撰：《顧頡剛讀書筆記》（臺北：聯經出版事業公司，1990年1月），第八卷（上），辛丑夏日雜鈔，頁5883～5884。顧氏此文鈔自劉成禺《世載堂雜憶》。

孫氏的準備工作，做得極其細密，他有一冊《周官目錄》，其中所列「周官說目」，仔細詳列自六官總義、各官序官、至《考工記》末端「弓人爲弓」全部條目，並對異說紛陳的重要制度如明堂、廟寢、學制、門制、禘、郊、冕、服、車制、軍乘、尺仞另行著重分列。每職或每事下列舉各家經說條數和另補書目，據胡氏統計，除列舉書目不便統計外，單是條數就多達一千七百〇四條之多。今依胡氏所整理列成表，舉部分〈天官〉例說明之：

表 6-2-1　「周官說目・天官」各家經說條目表

職　事	各　家　經　說　條　目
六官總義	姚三條八、又一條《記》、呂一條
天官序官	王四條、惠一條、洪一條、顧一條、俞二條、大惠一條、呂廿條、許四條、丁七條
大宰	王四條、惠二條、洪二條、孔一條六、劉三條《七經小傳》、俞四條、大惠六條、劉二條、姚一條八、呂廿九條、許四條、丁七條
小宰	王二條、惠一條、孔一條六、大惠三條、丁五條、呂十條、許一條、俞二條
宰夫	王二條、孔二條六、大惠三條、呂五條、許一條、俞一條
宮正	惠一條、孔二條六、大惠一條、劉一條《小傳》、丁二條、呂三條、《湛園雜記》一條
宮伯	王一條、孔一條六、大惠一條、許一條、呂二條
膳夫	王二條、孔一條三、大惠二條、崔一條、《瞥記》一條、姚一條八、呂五條
庖人	孔一條六、大惠一條、俞一條、丁二條
內饗	王二條、惠一條、洪一條、丁二條、許二條、俞二條、呂十條
外饗	惠一條、孔一條六、呂一條
烹人	王一條
甸師	大惠一條、呂四條
獸人	呂一條、李《纂訓》校過

「姚三條八」，指姚鼐《惜抱軒經說》第八卷〈周禮說〉；「又一條《記》」，指姚鼐《惜抱軒筆記》；「呂一條」指呂飛鵬《周禮補注》；「孔一條三」指孔廣森《禮學卮言》卷三〈周禮雜義〉、「孔一條六」指卷六〈鄭氏注義〉，「李《纂訓》校過」指李鍾倫《周禮纂訓》，依此類推。

末尾並附上各家經說總表，不僅列舉相關卷數和要目，有些也注有評語，今據胡氏所錄，將其分類，並將書目不全資料補齊。

表6-2-2　「周官說目」各家經說總表

各　　家　　經　　說　　總　　表	
優	劣
清・王引之《經義述聞》卷八、九並〈周官〉	清・許珩《周禮注疏獻疑》七卷
清・惠棟《九經古義》卷七、八並〈周官〉	清・張旻冠《讀周官偶識》、《讀考工記偶識》
清・洪頤煊《讀書叢錄》卷三〈周禮〉	清・莊有可《禮箋駁正》，《江蘇藝文志・常州卷》載之，今已佚〔註40〕
清・孔廣森《禮學卮言》卷三〈周禮雜義〉、卷六〈鄭氏注義〉	
清・大惠氏（士奇）《禮說》十四卷，專說《周禮》	
清・段玉裁《周禮漢讀考》六卷	
清・戴震《考工記圖》二卷	
清・程瑤田《通藝錄》	
清・江永《周禮疑義舉要》七卷	
清・鄭珍《輪輿箋》二卷	
清・沈彤《周官祿田考》三卷	
清・徐養原《周禮故書考證》四卷	
清・金榜《禮箋》三卷	
清・王鳴盛《周禮軍賦說》四卷	
無　　評　　語	
宋・劉敞《七經小傳》卷中	
明・楊慎《升庵經說》十四卷	
清・臧琳《經義雜記》，散見各卷	
清・李惇《羣經識小》卷四〈三禮〉	
清・顧炎武《日知錄》卷五	
清・錢大昕《養新錄》卷二，《經史答問》卷八	
清・劉台拱《經傳小記》卷二	
清・劉履恂《秋槎雜記》，一條	
清・崔應榴《吾亦廬稿》四卷	
清・劉玉麟《甓齋遺稿》，一條	
清・呂飛鵬《周禮補注》六卷	

〔註40〕　參見王鍔編撰：《三禮研究論著提要》（蘭州：甘肅教育出版社，2001 年 12月），0926 條，頁 197。

清・丁晏《周禮釋注》二卷
清・俞樾《羣經評議》十二、十三、十四並《周官》
清・盧文弨《鍾山札記》四卷
清・錢坫《車制考》一卷
清・阮元《車制圖解》二卷
清・姚鼐《惜抱軒經說》八、九、十卷並〈周禮說〉；又《筆記》卷二
清・莊存與《周官說》二卷
清・沈濤《銅熨斗齋隨筆》卷二，止三條
清・趙坦《寶甓齋札記》，止四條，一卷
清・汪德鉞《七經偶識・太僕》
清・宋世犖《周禮故書疏證》六卷
清・莊述祖《五經小學述》二卷
《周官義疏》四十八卷
清・方苞《周官集注》、《析疑》《周官集注》十二卷、《周官析疑》三十六卷
清・莊有可《周官集說》，又《指掌》、《考工記集說》《周官集說》十二卷《杭州大學圖書館善本書目》載有一清鈔本，清孫詒讓題識，有「玉海樓」藏印，五冊。今藏浙江大學圖書館，《江蘇藝文志・常州卷》載有《周禮注》，疑即此書。《周官指掌》五卷。《考工記集說》二卷，《杭州大學圖書館善本書目》載一清鈔本，有「玉海樓」藏印，一冊，今藏浙江大學圖書館。《江蘇藝文志・常州卷》載一冊。〔註41〕
清・李光坡《周禮述注》二十四卷
清・李鍾倫《周官纂訓》《周禮纂訓》二十卷
清・李光地《榕村集》有〈周官小記〉《榕村集》卷五〈周官筆記〉記〈天官〉至〈夏官〉
清・沈彤《果堂集》一卷（〈周官頒田異同說〉、〈周井田軍賦說〉、〈釋周官地徵〉、〈周官五溝異同說〉、〈禮禘袷年月說〉、〈與朱文游論九拜書〉）
清・錢塘《溉亭述古錄》（〈堯典中星漏刻解〉、〈三江辨〉、〈周禮田制軍賦論〉、〈三代田制解〉、〈釋釜〉、〈魯禮禘袷考〉、〈周尺辨〉）

　　以上是《周官目錄》中「周官說目」的內容，共錄四十八家經說。在孫《譜》光緒十四年（1888）中，記載孫氏箋正各禮疏之事：

　　□校讀宋陳祥道《禮書》一百五十卷，箋正十餘事。邵氏四庫簡明目錄校注，

　　　　公附注云：余曾見孫淵如所藏元大字本，惜少一冊云。

　　□點勘宋聶崇義《三禮圖集注》二十卷，箋正十餘事。

　　□校讀阮元《考工記車制圖解》二卷，箋正九條，正誤字一。

　　□校讀戴震《考工記圖》二卷，箋正八條，訂補誤奪十餘字。

〔註41〕 參見王鍔編撰：《三禮研究論著提要》0365、0366條，頁93。

　□校讀林喬蔭《三禮陳數求義》三十卷，箋正八十餘事。

　□點勘淩廷堪《禮經釋例》十四卷，箋正二事。

　□鈔得黃蕘圃《周禮札記》一卷，記云：

　　黃氏丕烈《周官札記》附栞嘉靖本周禮覆本後，余重疏《周官》，篋中偶未有此冊，乃屬恭父同年，叚洪氏棄本錄之，以備斠覈，某某記。

　□閱鈔本儀徵許珩《周禮注疏獻疑》一冊，記云：

　　余重疏《周官》，廣搜近儒之說此經者，偶讀鄭堂《漢學師承記》，知有許氏此書，馳書訪之儀徵劉副貢壽曾，云有梓本，屬為迻錄一帙。寄至，讀之，則多鑿空妄說，或望文生訓，殊不厭所望。眉間時有鄭堂評語，皆切中其病，而敘中乃深為獎許，復附之《師承記》，殆不免私其弟子耶？

《漢學師承記》，於揚州人記述獨多，有甚庸淺不足記者，此鄉曲之私也，讀《師承記》者，當能辨之。

　□閱鈔本嘉定王宗涑《考工記考辨》八卷，舉正四十餘事。

　可知孫氏在撰作《周禮正義》之初，除將引用書籍一一列舉，標明優劣，並將錯誤箋正，以備疏解之用。

　在這份「經說總表」中，除劉敞《七經小傳》與楊慎《升庵經說》外，其餘皆列舉清代經學家著作。孫氏〈序〉中說：

　　而舉主南皮張尚書議集刊國朝經疏，來徵此書。乃驪括觕理，寫成一帙以就正。然疏牾甚眾，又多最錄近儒異義，辯論滋繁，私心未愜也。〔註42〕

「又多最錄近儒異義」，所指即是《長編》皆根據以上清儒經說，《周官正義》又根據《長編》而成，孫氏為張之洞而倉促成書，書成而私心未愜，而在以後的二十多年不斷修改。

　被孫氏評為「優」者，如王引之、江永、惠棟、金榜等人，在今本《周禮正義》中，亦常常被引用；被孫氏評為「劣」者，如許珩《周禮注疏獻疑》、莊有可《禮箋駁正》、張弨冠《讀周官偶識》、《讀考工記偶識》，雖然沒有說明何以「劣」，但在光緒十四年（1888）孫《譜》記孫氏閱鈔本儀徵許珩《周禮注疏獻疑》一冊，批評許珩《周禮注疏獻疑》多鑿空妄說、或望文生訓。

───────────

〔註42〕〈周禮正義序〉，頁4。

又〈周禮正義略例十二凡〉中，孫氏云：

> 至如許珩《注疏獻疑》之疏淺，莊有可《指掌》之武斷，若斯之屬，
> 雖覽涉所及，亦無識焉。〔註43〕

許珩疏漏，莊氏武斷，或可說明「劣」之原因。

《周官正義長編》，按《周禮》分職次序，以經注為綱目，臚列各家經說於下，是一部資料分類匯編的性質。可以確定它和《周官正義》的關係，在於胡氏將館藏《長編》、《周官正義》殘稿比對的結果：

> 〈天官〉的〈染人〉：《周官說目》下注「王一條」。《長編》〈天·
> 染人〉首錄經文，次錄鄭注，其下分列王引之《經義述聞》和段玉
> 裁《周禮漢讀考》有關文字。《周官正義》此條下便據王、段二說
> 立論，即後來《正義》（中華書局標點本 640 頁）所引，唯改「王
> 說是也」為「王說亦通」。〔註44〕

又：

> 〈地官〉的〈胥師〉首錄經文，次錄鄭注，其下分錄王引之《經義
> 述聞》長達 37 行的經說和洪頤煊《讀書叢錄》的短釋：「頤煊案：
> 經文『行』當是『衒』字之偽。先鄭以『衒』為『行且賣』，與《說
> 文》義同；後鄭以『衒』為炫耀，故云『巧飾之令欺誑買者』。疏
> 謂『先鄭行為行步之行，不為行濫之行，故後鄭不從』，非是。」
> 《周官正義》該節原稿散佚，但《正義》卷二十八該節修改稿及印
> 本均詳錄王引之、武億、李光坡語，而棄洪說不錄，並加按語云：
> 「王說深得注旨，此注舊本疑當作『謂使人賣行惡物於市』，今本
> 誤導其文，遂失其義耳。」（標點本 1088～1089）〔註45〕

根據以上所舉二例，可以證明《周官正義》是依據《長編》所蒐集的資料，再進行取捨，或是補充新說的工作。

二、《周官正義》

《周官正義》是以《周官正義長編》為基礎，進而引述經注和經說並提

〔註43〕〈周禮正義略例十二凡〉，頁5。
〔註44〕胡珠生撰：〈《周禮正義》稿本探略〉，頁49。
〔註45〕同上注。

出孫氏個人看法。雖然《長編》是其前身，但《周官正義》的性質已是一部疏解《周禮》的著作，而非純粹的資料匯編。胡氏以稿紙的謄寫來說明二者的不同：

> 現存《周官正義長編》稿紙有淡綠和藍二色，其多餘紙張用以謄抄《正義》時，全部用朱筆塗去「長編」二字，可見二者盡管有發展上的聯繫，但畢竟是兩種不同的著作。〔註46〕

不僅與《長編》有一定的差異，即使它是《周禮正義》的初稿，與其也有程度上的不同。最明顯的特徵是在【疏】字下都有「正義曰」三字。並且卷數沒有《周禮正義》（八十六卷）多，由於《周官正義》原稿大部分散佚，胡氏依現存稿本官職排列推論，認為似難超過七十卷。〔註47〕

其經文單行大字，注文雙行小字；「疏」用大字，其下皆署「正義曰」；疏內各條子目之間以小圓圈隔開，各疏之間互相照應則有「詳疏」之例，如〈地官‧槁人〉「掌共外內朝冗食者之食」條，孫【疏】：「槁人」者，……詳〈敘官〉疏。

所引經說兼述姓氏和書名，如王氏《詳解》、洪氏《讀書叢錄》、江氏《疑義舉要》等，內容則全以鄭《注》、賈《疏》為主而加以訂補。

由於孫氏屢易其稿，必須經過多次的謄清，就需要謄抄人員的幫忙，胡氏云：

> 《周官正義》有過三位謄錄者筆迹：甲氏使用兩式稿紙，先用「長編」餘紙（見卷一至卷七十二），後用騎縫不印字的稿紙（見卷一至卷六十八），字迹拘謹而欠佳美；乙氏字體略帶方形，秀雅外露（見卷一至卷八十六）；丙氏字迹雋秀，為柳體正統楷書（見卷十一至卷六十七）至今尚未發現彼此重複的稿頁。〔註48〕

根據孫《譜》，說明孫詒讓當初僱用鈔手的情形，云：

> 公生平著述宏富，卷帙浩繁，且多幾經修改，數易其稿者，如《周禮正義》八十六卷，自初輯《長編》，至最後寫定，稿凡七易，尤為鉅製。居恆親自收發稿件，隨加校理，殆無虛日，雇用正楷鈔手，工資例較普通酬給稍厚，鄉里寒士，賴以為生者，無慮數十

〔註46〕〈《周禮正義》稿本探略〉，頁49。
〔註47〕同上註，頁51。
〔註48〕同上註，頁50。

－213－

家。此輩如遇身患疾病，缺錢醫藥，或家遭大故，無法料理時，往往再在工資之外，要求佽助，公又必從寬供應，予以救濟。其楷秀勁，爲公最所賞識者，有李杏堂，凡寫成一種清本，每以屬之，如今傳家刊本《周書斠補》三卷，及羅振玉彙印《吉石盦叢書》本《契文舉例》二卷，並出李君原鈔手筆。又如本地書法家鄭一山德馨，亦嘗爲公手鈔《名原》定稿兩帙，公以一帙寄示端陶齋方，一帙寄示黃仲弢紹箕。又公先後舉辦瑞安普通學堂高等小學堂中學堂時，所用繕錄文書及謄寫講義人員，亦即就此中挑選，派充公職云。〔註49〕

《周禮正義》自《長編》至最後寫定，共經過七次的改易，孫氏必須僱用多位謄抄人員幫忙，但孫《譜》說「賴以爲生者，無慮數十家」，應是包括幫助孫氏謄抄所有著作的人員，非僅指《周禮正義》而已。其中最爲孫詒讓所欣賞者，有李杏堂、鄭一山等人。不知胡氏所稱甲、乙、丙三氏是否有李、鄭二人之筆跡。

光緒十四年（1888）秋間，兩廣總督張之洞「馳書來徵《周禮正義》稿」〔註50〕，於是「乃櫽括揫理，寫成一帙以就正」〔註51〕，此即《周禮正義》的稿本《周官正義》。通過胡氏對謄清稿朱改文字的比對，認爲《周官正義》有以下不足之處：

一、大部抄錄賈《疏》，對鄭《注》、賈《疏》所存在問題尚未全面批駁。

二、《周官》職事之間的內在聯繫尚少貫通，有就職論職，就事論事之嫌，更談不上使用內證，以《周官》論證《周官》。

三、偏重於清人經說的會通，對先秦古籍的舉證多有欠缺。

四、疏文缺乏獨創體例，未能綜述主旨、簡要明暢，而是拖沓繁蕪，難以自拔。

爲了從繁瑣冗長的清儒經說異義中走出來，針對《周官正義》的內在缺陷而大事修改，孫氏抓住了關鍵環節——在全書的指導思想上認眞思考，終於提出「更張義例」。〔註52〕

孫氏對這個稿本非常不滿意，於是對《周官正義》做了大幅度的修正。

〔註49〕 《孫徵君籀廎公年譜》，稿本（二），民國二十四年條。
〔註50〕 《孫徵君籀廎公年譜》，稿本（一），光緒十四年條。
〔註51〕 〈周禮正義序〉，頁4。
〔註52〕 〈《周禮正義》稿本探略〉，頁51。

三、《周禮正義》

孫氏決定要修改《周官正義》。從第二次謄清稿將名字改爲《周禮正義》後，就展開近十多年的修改工程。

從胡氏以上所述不足之處第一點而言，《周禮正義》一改《周官正義》大部分抄錄賈《疏》的弊病，以經文、鄭《注》爲主，「疏」以下列舉包括賈《疏》等各家的說法，其中針對賈《疏》的錯誤、附會，皆一一舉證糾謬。一方面是因爲孫氏對《周禮》本經的體會越來越深入，一方面則是搜集的資料越來越廣博。孫氏作此新疏，大有取代賈《疏》之企圖。

以第二點而言，《周官正義》之後，孫氏撰成〈周禮正義略例十二凡〉，提出「以大宰八法爲綱領」的構想，將所有職事連結起來。周官三百六十職，各有職掌，職職相連，事事會通，《周官正義》就職論職，就事論事的現象，在《周禮正義》已得到重大的改善。如卷十一〈醢人〉【疏】：與醯人爲聯事也；〔註53〕卷四十一〈職喪〉【疏】：「掌諸侯之喪及卿大夫士凡有爵者之喪」者，與宰夫爲官聯也；〔註54〕又【疏】：「詔其號治其禮」者，此與大祝、喪祝爲官聯也。〔註55〕

以第三點而言，《周禮正義》對清人經說的取捨已能拿捏得當，並刪去繁蕪；對清以前經說的收集，亦博而不濫。以收集清以前經說爲例，胡氏指出，在各次修改的稿本中，天、地經常出現新增的論據。〔註56〕如卷一〈敘官·瘍醫〉「下士八人」，孫疏增《孟子·萬章篇》「孔子於衛主癰疽」引趙岐注「癰疽，癰疽之醫也」以證「瘍醫」；〔註57〕又〈敘官·閽人〉「王宮每門四人，囿游亦如之」，孫疏增引賈誼《新書·禮篇》、《文選·魏都賦》張載注引《魯詩傳》以及〈東都賦〉李善注等有關「驪者，天子之囿也」以證「囿游」。〔註58〕不過，對照今通行的《周禮正義》本，以上文字皆不見，可能再次修改時，又被孫氏刪去。可見其博而不濫的堅持。

以對清人經說的取捨爲例，如卷六十七〈訝士〉「四方有亂獄則往而成之」：

〔註53〕《周禮正義》，卷11，冊2，頁410。
〔註54〕《周禮正義》，卷41，冊6，頁1707。
〔註55〕《周禮正義》，卷41，冊6，頁1708。
〔註56〕〈《周禮正義》稿本探略〉，頁59。
〔註57〕《周禮正義》，卷1，冊1，頁32。
〔註58〕〈《周禮正義》稿本探略〉，頁59。

表 6-2-3　《周官正義》、《周禮正義》對《禮說》內容取捨比較表

周官正義	周禮正義
正義曰：惠氏《禮說》云：〔春秋桓二年春王正月戊申，宋督弒其君與夷及其大夫孔父。三月，公會齊侯、陳侯、鄭伯於稷以成宋亂。〕成者，斷獄之名，〈王制〉所謂「成獄辭」也。凡聽五刑之訟，必察小大之比以成之。史以獄成告于正，正聽之；正以獄成告于大司寇，大司寇聽之；以獄成告于王，王命三公參聽之；三公以獄成告于王，此之謂「成獄辭」。〔刑者，侀也。一成而不可變，故謂之成。秋官〕訝士掌四方之獄訟，四方有亂獄則往而成之。成之者，聽之也。〔邾婁定公之時，有弒其父者，有司以告。公瞿然失席曰：是寡人之罪也。寡人嘗學口斯獄矣，臣弒君，凡在官者殺無赦；子弒父，凡在官者殺無赦；殺其人，壞其室，洿其宮而瀦焉。蓋君逾月而後舉爵，所謂「四方有亂獄，則往而成之者」蓋如此。《春秋》所謂「成宋亂」者亦以此。〕《詩》曰「虞芮質厥成」。〔質者，劑也。兩造之詞為兩劑，故曰「以兩劑禁民欲」。〕虞芮之獄，文王成之。《竹書》：「帝啓八年，帝使孟涂如巴涖訟。」涖者，往而成之也。〔獄訟成，士師受中。中者，獄訟之成辭，故都家刑殺，士師書成，在官曰官成；在國曰邦成，以待萬民之治，謂之中。歲終則天府登中，故受中之官名為典成之吏，士師之八成由此出焉。冢宰八法之官成亦曰八成，八成者，八聽也。〕晉伐鄭，楚子反救鄭，鄭伯與許男訟焉，子反不能決，曰：「側不足以知二國之成。」然則聽訟謂之成也。（胡文，頁56）	【疏】惠士奇云：「成者，斷獄之名，」〈王制〉所謂「成獄辭」也。凡聽五刑之訟，必察小大之比以成之。史以獄成告于正，正聽之；正以獄成告于大司寇，大司寇聽之；以獄成告于王，王命三公參聽之；三公以獄成告于王，此之謂「成獄辭」。訝士掌四方之獄訟，則往而成之。成之者，聽之也。《詩》曰「虞芮質厥成」。虞芮之獄，文王成之。《竹書》：「帝啓八年，帝使孟涂如巴涖訟。」涖者，往而成之也。《左傳》成四年，晉伐鄭，楚子反救鄭，鄭伯與許男訟焉，子反不能決，曰：「側不足以知二國之成。」然則聽訟謂之成也。（《周禮正義》，頁2814）

　　在第一次大修改時，孫氏針對惠氏《禮說》中與題無關的文字，便刪去二百七十字，僅保留一百八十二字，對照今通行的《周禮正義》本，此段疏文仍是一百八十二字。

　　以第四點而言，《周禮正義》引用諸家經說繁而不亂，條理分明，依序將經文、鄭注分段說明，如〈天官‧敘官〉：

夏采，下士四人，史一人，徒四人。夏采，夏翟羽色。〈禹貢〉：徐
州貢夏翟之羽。有虞氏以為綏，後世或無，故染鳥羽，象而用之，
謂之夏采。

【疏】「夏采」者，釋文云：「采或作菜。」案：采菜字通……。　注
云「夏采，夏翟羽色」者，〈染人〉云「秋染夏」……。云「禹貢徐

州貢夏翟之羽」者，……。云「有虞氏以爲綏」者，……。云「後
世或無，故染鳥羽，象而用之，謂之夏采」者，……。〔註59〕

經、注、疏毫不紊亂，說解亦簡單扼要，不拉雜冗長。胡氏指出，由於《周
官正義》脫胎於《長編》，因而免不了大段照抄清人經說的情形，如卷二「大
宰之職……以生萬民」下第一條孫《疏》原引賈《疏》「自此以下……故云生
萬民也」共四百六十五字、王氏《詳解》五十二字、《欽定周官義疏》二十七
字。首改僅保留賈《疏》九十六字，其餘全刪重寫。現存《正義》朱改本多
處出現成段成行的刪削之筆，足以表明痛刪繁蕪，使疏文要言不煩，緊密結
合經注，擺脫了賈《疏》與清人經說的束縛〔註60〕，突顯孫氏個人的特色。《周
禮正義》每經過一次的修改謄稿，就越接近孫詒讓心中理想的《周禮》新疏。
顧頡剛所說：

> 《周禮正義》最精到處，先列各家之說，而以仲容總斷爲自成一家
> 之定義。讀其書，初觀浩如煙海，細按則提要**鈎玄**，洵近代治經獨
> 創體例之佳書也。〔註61〕

「初觀浩如煙海，細按則提要鈎玄」這樣的評價是非常正確的。

經由胡珠生博物館員的身分，爲讀者整理出孫詒讓《周禮正義》的原稿
內容，從中除了可探究孫氏撰作此書的過程，明白這二十七年當中，孫氏是
如何將資料彙編性質的《周官正義長編》修改成具疏解性質的《周官正義》，
最後再經過多次修改〔註62〕，成爲證據充分、立論公允的《周禮》新疏——《周

〔註59〕 《周禮正義》，卷1，冊1，頁57。
〔註60〕 《《周禮正義》稿本探略》，頁57。
〔註61〕 《顧頡剛讀書筆記》，第八卷（上），辛丑夏日雜鈔，頁5884。顧氏此文鈔自
劉成禺《世載堂雜憶》。
〔註62〕 胡珠生指出，《正義》稿本從帶有《周官正義》痕跡的清稿，直到付印前的謄
清本，中間也曾經過頻繁的修改。其修改情況相當複雜：某些難度大的問題
修改次數最多，常常囑咐特抄幾引；同一卷中常常保存了前此各次的原始稿
子，以至有幾卷出現「三代同堂」的情形，彼此卻保持一定程度的連續性。
此外，付印稿還有小量改動，甚至排印後還改動清樣，囑咐重鑄。根據現存
稿本的情形，有四種完整或比較完整的本子，參以〈略例〉的三次較大增改，
可以大致認爲：在《周官正義》以後，《正義》有三個本子。從《周官》到《周
禮》爲第一次大修改，對首改清稿的朱改爲第二次大修改，對二改清稿的朱
改爲第三次大修改，三改後謄清稿屬於定稿，和印本基本相同。現存稿本中，
二改和三改的稿紙和字跡相當多樣，可能每次大修改都經過反覆小修改。參
見《《周禮正義》稿本探略》，頁55。

禮正義》。此外，孫氏治學的態度，亦可從這些稿本修改的狀況一覽無遺，並可作爲後世讀書治學的參考。因此，《周禮正義》被稱爲是「古今言周禮者，莫能先也」（章太炎語）「清代經學家最好的一部書」（梁啓超語），絕非溢美之辭。

第三節　《周禮正義》的體例

一、〈略例十二凡〉的修改過程

　　光緒二十五年（1899）八月，《周禮正義》撰成，孫氏接著撰寫〈自序〉及〈略例〉，不過〈略例〉至光緒三十年（1904）甲辰始成最後定稿。據胡文，孫氏〈略例〉有三份清稿，都有不同的朱改，第一份只有十凡，所著重的只是版本、古義、文字以及箋證方面的問題，都屬於傳統漢學家的治學範圍。以下根據胡文所述，將三份清稿的刪改過程列表於下。

　　在第一份清稿朱改本，孫氏增加二個凡例，成爲〈十二凡〉的初稿，但內容與今日所見〈十二凡〉仍有差異：

表 6-3-1　〈周禮正義略例〉第一份清稿與朱改比較表

第一份清稿 十凡首句	第一份清稿朱改 十二凡首句
1.經本以唐石經爲最古	1.同左
2.陸氏《釋文》成於陳隋之間	2.同左
3.賈疏在唐人經疏中尙爲審當	3.同左
4.唐人之例疏不破注	4.同左
	5.【增】議禮群儒昔稱聚訟
5.此經在漢爲古文之學	6.同左
6.經文多存古字	7.同左
7.經注傳譌已久	8.同左
8.此經舊義最古者	9.同左
9.援引古書悉注篇目	10.同左
	11.【增】二鄭釋經多徵漢制
10.天文算法之學古疏今密	12.同左

　　胡氏指出，在第二份清稿中，增添了最重要的一凡，即揭示大宰八法爲全書的綱領。通過官聯的鉤稽，從紛繁的眾職中尋求其中的聯繫，不僅可以明六官聯事的共同關係，更可以從中推知所缺「事官」的相應職掌。〔註63〕因此，《周禮正義》雖然是屬於義疏之體，此條凡例卻是歷代學者研究《周禮》最重大的突破：

表6-3-2　〈周禮正義略例〉第二份清稿與朱改比較表

第二份清稿 十二凡首句	第二份清稿朱改 十二凡增刪
1.經本以唐石經爲最古	1.同左
2.陸氏《釋文》成於陳隋之間	2.同左
3.賈疏在唐人經疏中尙爲審當	3.【增】：若賈義已備，則述彼舊文，他無竄易。今疏雖文增幾倍，而通校賈書，概已十存七八，權其精要。包舉靡遺。
4.唐人之例疏不破注	4.同左
	5.【增】古經五篇，文繁事富，而要以大宰八灋爲綱領，眾職分陳，咸不外是。其官屬一科，〈敍官〉備矣。至於職掌司存，悉爲官職，職之大綱，則曰官灋；若〈大宰〉六典八則之類。其庶務，則曰官常；若〈大宰〉正月之吉始和布治于邦國都鄙以下，至職末，皆是也。而官計、官成、官刑，亦錯見焉。若〈大宰〉職末「受會」，則官成也。「大計羣吏」，則官計也。「詔王廢置誅賞」，則官刑也。六者自官職、官常外，雖或此有彼無，詳略互見，而要皆分繫當職，不俟旁徵。唯官聯散見各官，條緒分繁，鉤稽匪易，今略爲甄述，通其脈絡，不能盡詳也。又周代王朝秩官姓名今百不存一，二鄭於敍官各篇間舉詩書以資參證，今更博稽諸經及《周書》、《國語》、《史記》、諸子，略志一二，以存掌故，其侯國職官不涉王朝，蓋不詳也。
5.議禮群儒昔稱聚訟	6.同左
6.此經在漢爲古文之學	7.左6、7凡併爲一條
7.經文多存古字	
8.經注傳訛已久	8.同左
9.此經舊義最古者	9.同左

10.援引古書悉注篇目	10.同左
11.二鄭釋經多徵漢制	11.同左
12.天文算法之學古疏今密	12.同左
	【增】凡援引經疏及諸家舊說後附綴管見者，則別為按語。間涉淆雜不易辨析者，則依許君《五經異義》、顧野王《玉篇》之例，著「某按」用示區別，誠不敢以譾陋之論冒混先儒舊義也。

　　胡氏認為，沈文倬肯定《周禮正義》有五大優點，第一是「揭示大宰八法為全書綱領以貫串眾職」，第二是「比勘古子和今文諸書以疏通名物制度」，便都是發端於這次義例的更張。

　　第三份清稿並不完全等同於前此的朱改本，第三份清稿的朱改也有多處刪改，除「經文多存古字」一凡增一古字長注外，影響不大，《正義》略例十二凡就是據這份朱改稿謄清付印的：

表 6-3-3　〈周禮正義略例〉第三份清稿與朱改比較表

第三份清稿 十二凡首句	第三份清稿朱改 十二凡首句
1.經本以《唐石經》為最古	1.同左
2.陸氏《釋文》成於陳隋之間	2.同左
3.賈《疏》蓋據沈重《義疏》重修	3.同左
4.唐例疏不破注	4.同左
5.古經五篇，文繁事富	5.同左
6.議禮群儒昔稱聚訟	6.同左
7.此經在漢為古文之學	7.同左
8.經文多存古字	8.(增加一古字長注)胡文註解云：「手稿中有該長注的底稿，並注明各字的出處。」〔註64〕今本第八凡孫氏小注有：「如藪漁、灋法、聯連、頒班、于於、……邍原、參三，凡四十餘字，並經用古字，鄭則改用今字以通俗。今字者，漢人常用之字，不拘正叚也。」〔註65〕但未注明各古今字的出處。

〔註64〕胡珠生撰：〈《周禮正義》稿本探略〉，註解④，頁66。
〔註65〕《周禮正義》，〈略例十二凡〉，頁4。

9.此經舊義最古者： 時代匪遙，篇帙多在：改爲時代未遠，篇帙見在；多采之王與之《周禮訂義》、陳友仁《周禮集說》及欽定《周官義疏》，改爲多采之王與之《訂義》、陳友仁《集說》及欽定《義疏》。	9.同左
10.天文算法之學古疏今密	10.同左
11.二鄭釋經多徵漢制 多徵漢制：改爲多徵今制，考之馬、班史志、衛、應官儀，率多符合	11.同左
12.舉證古書，咸揭篇目	12.同左

　　十二凡例的內容，可以將其歸爲「版本校勘」、「解經方法」、「詮釋準則」三個重點：

二、版本校勘

（一）校勘所用版本

〈略例十二凡〉首辨版本優劣異同。孫氏云：

> 經本以《唐石經》爲最古，注本以明嘉靖放宋本爲最精。今據此二本爲主，閒有訛挩，則以《孟蜀石經》及宋槧諸本參校補正，箸其說於疏。至版本文字異同，或形體訛別，既無關義訓，且巳詳阮、黃兩《記》，今並不載，以袪繁冗。〔註66〕

經文以《唐石經》、鄭《注》以明嘉靖仿宋本爲《周禮正義》撰述的依據，而以眾本互校之。又云：

> 賈《疏》蓋據沈重《義疏》重修，在唐人經疏中，尚爲簡當。今據彼爲本據阮校宋十行本，訂訛補闕。〔註67〕

賈公彥《疏》則據阮校宋十行本。

1.《唐石經》

《唐石經》最古，以其校眾本，可辨他本之脫譌。

2.鄭《注》本

單注本傳於世者，以明嘉靖仿宋刊本爲最佳。此本原出北宋槧，雖然是

〔註66〕〈周禮正義略例十二凡〉，頁1。
〔註67〕〈周禮正義略例十二凡〉，頁2。

明刻，但品質在諸宋本之上。孫氏草剏《周禮正義長編》之時，嘗於仁和邵子進處得見明刊原本，爲海寧陳鱣（字仲魚，1753～1817）舊弆本。黃丕烈有重校刊本，並盛行於世。不過，孫氏在撰寫《周禮正義》的過程中，發現阮元《校勘記》所舉的嘉靖本異文，和黃丕烈本或有不合，滿心疑惑，卻無從究其根柢。至光緒二十九年癸卯（1903），才又從邵氏處借得明刊原本對校，一方面解決自己心中的疑惑，一方面也感念邵氏多年仍將此書冊保存完善，「得重見此本，校其異同，亦殊非意念所及矣」。〔註68〕在校勘的過程中，孫氏認爲黃丕烈重校本的內容與其義例所云「於經注訛舛之字，悉校宋刻正之，至於嘉靖本之獨勝於各本者，其佳處不敢以他本易之」、「此刻係校宋本，故改字特多，然必注明以何本改定，非妄作也」〔註69〕或有出入，並將其一一校出。

以經文而言，有以下之訛誤：

〈追師〉經：爲副編次，次誤作取；

〈大司徒〉經：阜蕃，蕃誤作藩；

〈遂師〉經：抱磿，磿誤从广；

〈墓大夫〉經：居其中之室以守之，以誤作而；

〈射人〉經：其摯，摯誤从執注誤同；

〈大司寇〉經：凡萬民之有罪過而未麗於灋，而害於州里者，上於自誤作于經例用古字，宜作于，而此經則各本皆作於，不作于，蓋其誤已久，且黃本下於字仍依原本作於，則上於字非依字例校改明矣；

〈掌囚〉經：適市，市誤作士；

〈弓人〉經：斵摯必中，摯誤作摰；皆原本不誤，而黃本轉誤者。

鄭《注》的訛誤尤不可枚舉，如：

〈小宰〉注：要會謂計最之簿書，謂誤作諸；

〈庖人〉注：禽獻，獻誤作獸；

〔註68〕孫詒讓撰：〈嘉靖本《周禮》鄭注跋〉，《籀廎述林》（臺北：廣文書局，1971年4月），卷6，頁6。

〔註69〕黃丕烈撰：〈重雕嘉靖本按宋周禮札記序〉，《周禮附札記》（臺北：藝文印書館，1966年，《百部叢書集成》第45種，據清嘉慶黃丕烈校刊，吳興劉氏重印《士禮居叢書》本影印），札記後，未注頁數。

〈醫師〉注：身傷曰瘍，傷譌作瘍；

〈大司徒〉注：通財，財譌作材；

〈載師〉注：在野則曰草茅之臣，茅譌作菥；

〈司門〉注：死國事者之父母也，挩者字；而止客以俟逆，逆譌作
迎；

〈委人〉注：凡疏財，疏譌作斂；

〈職喪〉注：含襚，襚譌作隧；

〈詛祝〉注：使祝爲載書，書譌作辭；

〈小史〉注：欲誅於祝史，誅譌作諫；

〈司弓矢〉注：弱弩發疾也，疾譌作矢；

〈大司寇〉注：尌之外朝門左，尌譌作樹；

〈士師〉注：舒民心也，舒譌作紓；

〈大行人〉注：以所貴寶爲爲摯，摯譌作贄；

〈陶人〉注：鬹受三斗，受譌作實；

〈匠人〉注：正門譌作正朝；杜子春云譌作鄭；

〈弓人〉注：栗讀爲榛栗之栗，首栗字譌作「桌」栗、桌古今字，注例用
今字，當作栗；原本及宋以來各本皆不譌，而黃本獨譌。又如：

〈瘍醫〉注：丹沙，宋、明各本皆作砂，俗字也，惟嘉靖本作「沙」，
爲近古。此所謂獨勝於各本者，而黃本轉改從俗，斯尤憒矣！

又有明刊訛而黃本失校者，如：

〈天府〉注：司祿文昌第六星，文昌譌作文星；

〈伊耆氏〉注：當以王命受杖者，受譌作授；

〈弓人〉注：邪行絕理者，重「絕理」二字，黃本並沿襲，未及改
正；又如：

〈大司徒〉注：核物梅李屬，各本並作李梅；

〈小宗伯〉注：鄭司農立讀爲位，各本「立」上並有「云」字；

〈冢人〉注：大夫士以咸，各本並無士字；

〈喪祝〉注：防爲執披，各本爲並做謂以上諸條，阮《記》亦失載；

　　若此諸條，義雖可通，而與舊本迥異。黃本《札記》亦絕無揭著，
　　皆其疏也。

此外，經用古字，注用今字，歷來校勘者或改或不改，黃丕烈重校本特致意
於此，卻不能斠若畫一，以致黃本亦多訛。孫氏感嘆道：

　　余箸疏義，於鄭《注》咸依嘉靖本爲正，然鄉者僅據黃校本而略以
　　阮記及他宋槧補正其脫譌，今以明刊詳校，迺知黃本之不盡足據。
　　菉圃校讎之學，得之段懋堂、顧澗蘋，所刊書最爲世所珍，而迺書
　　牾如是，信乎校書之難也！〔註70〕

由此可知，讀書當有所別擇，即使名家如黃氏，其所刊書爲世所珍，猶疏舛
若此，而失嘉靖之舊，「勿徒震其寫刻之精，遽奉爲佳本，斯爲善讀經者爾」，
〔註71〕是孫詒讓對校勘者與讀者語重心長的提醒。

3. 賈《疏》本

　　賈《疏》據阮校宋十行本。汪紹楹云：「阮元重刊宋十行本《注疏》，未
能盡符原書，致人疵病。」〔註72〕如注、疏版本各異，源流不清，名爲宋刻，
實非足本，經注之文多所刊落。〔註73〕而且十行本非注疏萃刻祖本，「阮氏
於〈重刊宋本注疏序〉謂十行本爲諸本最古之冊者，誤也」。〔註74〕孫氏云：
「近德化李氏有宋刊八行本殘帙，遠出十行本之前，未能假校也。」〔註75〕
即德化李盛鐸（1895～1937）所藏南宋初年浙東茶鹽司刊明初修補印本《周
禮疏》。每半葉八行，經文大字，行十五至十九字不等，注疏小字雙行，行
以廿二字爲率。全書分卷五十，爲群經注疏合刻最早之本。目前除國立故宮
博物院所藏爲全帙外，中央研究院歷史語言研究所、李盛鐸、文祿堂所著錄
者，皆爲殘本。〔註76〕孫氏無法得此本，只好以阮校宋十行本充之。

　　此外，孫氏用以校對的輔本有：

〔註70〕〈嘉靖本《周禮》鄭注跋〉，卷6，頁8。
〔註71〕〈嘉靖本《周禮》鄭注跋〉，卷6，頁8。
〔註72〕汪紹楹撰：〈阮氏重刻宋本十三經注疏考〉，《文史》（北京：中華書局，1963
　　　　年10月），第3輯，頁35。
〔註73〕王世偉撰：〈《周禮正義》校勘述略〉，《文史》（北京：中華書局，1990年10
　　　　月），第33輯，頁311。
〔註74〕〈阮氏重刻宋本十三經注疏考〉，頁39。
〔註75〕〈周禮正義略例十二凡〉，頁2。
〔註76〕昌彼得撰：〈跋宋浙東茶鹽司本周禮注疏〉，《故宮季刊》，第12卷第1期（1977
　　　　年秋季），頁27。

4.《孟蜀石經》

《孟蜀石經》原石久佚，今僅存宋拓〈秋官〉上下二卷，首尾亦有殘闕，拓冊臧湖州張氏。孫氏所根據的是湖南周鑾詒影寫本。《孟蜀石經》之佳處，在兼載鄭《注》，惟讎勘極疏，訛踳挩衍，不可枚舉。又多妄增助語，蓋沿唐季俗本，難以依據。孫氏《周禮注疏校記》已將《孟蜀石經》訛誤處一一補正。

5. 宋槧諸本

孫氏所據，有陽湖費念慈所校宋婺州唐氏本、建陽本、附釋音本、巾箱本。又有明汪道昆仿岳本，與阮（阮元《校勘記》所據，有宋刻小字、大字本，余仁仲本、岳珂本）、黃（黃丕烈《札記》所據，有宋紹興董氏本，互注本）校岳本小異。

6.《經典釋文》

《經典釋文》成於陳隋間，其出最先，與賈《疏》及石經咸有不同，所載異本異讀，原流尤古。今並詳議其是非，箸之於疏，以存六朝舊本之犖犖。《釋文》據盧文弨校本，兼以阮氏《校勘記》及賈昌朝《群經音辨》參訂之。

7.清人校記

《周禮》經文和注文，用字各別。「經文多存古字，注則多以今字易之，《考工記》字例，與五官又不盡同」〔註77〕，因此造成校勘上的不便，宋元舊刻，因未明此例，以致「或改經從注」，「或改注從經」，反而使經注字例混亂，難以恢復舊觀。段玉裁《周禮漢讀考》、王引之《經義述聞》、阮元《校勘記》、黃丕烈校本舉正頗多，然尚有未盡，因兼採眾說，以理董畫一。但經注傳譌，或遠在陸、賈以前，為段、阮諸家及王引之《經義述聞》所刊正者，孫氏則並詳著其說於疏文，俾學者擇焉。

（二）校勘著錄方式

校勘所得的著錄方式，〈凡例〉云：

> 舉證古書，咸楬篇目，以示審慎。所據或宋元舊槧，或近儒精校，擇善而從，多與俗本不同。其文義殊別，有關恉要者，則於疏中特注某本，非恆例也。佚書則咸詳根氏，用懲肊造，兼資覆勘。昔儒說解，援據古籍，或尚沿俗本及刪改舊文，義恉未備者，今並檢元

〔註77〕〈周禮正義略例十二凡〉，頁4。

書勘正，此乃校讐，非改竄也。〔註78〕

凡影響文義，有關怡要的校勘成果，才於疏中特別說明，不是每一條校勘所得皆著錄。如〈小宰〉「凡祭祀，贊玉幣爵之事」：

玉，《唐石經》及今本並作「王」，岳珂《九經三傳沿革例》引越本注疏及建大字本同。宋婺州本、余本、董本、建小字本並作「玉」。段玉裁云：「『凡祭祀』三字，統五帝、大神祇、先王而言也。此玉幣爵即〈大宰〉之祀五帝贊玉幣爵，故注云『又從大宰助王』，疏云『贊此三者』。《唐石經》及越注疏、建大字本作『王幣爵』，非也。」案：段說是也。阮元、黃丕烈說並同，今據正。《宋書‧禮志》，朱膺之議引此經云「凡祭祀贊王祼將之事」，則疑劉宋時已有此譌本，不自《唐石經》始矣。〔註79〕

大宰助王祭祀，而小宰之職，是又從大宰助王也。「贊王幣爵之事」，為協助王拿幣帛、爵；「贊玉幣爵之事」則為（協助王）拿玉器、幣帛、爵。前一句有主詞「王」，後一句省略主詞「王」。故此句是「玉」是「王」，則牽涉到祀五帝時獻玉與否。孫氏特於此處著錄校勘所得：首先將作「玉」、作「王」的本子列出，其次錄段玉裁《周禮漢讀考》考證結果，又舉阮元、黃丕烈說同以佐證，並表明個人立場，同意段氏校正。並追溯此句誤自何時，以還原真相。

至於孫氏校勘《周禮》的所有成果，則呈現在《周禮注疏校記》中（請參見第二章），若將一千四百〇七條校文都放入《周禮正義》的疏解中，不僅篇帙過於浩大，內容也令人感到繁冗而不方便閱讀。

三、解經方法

（一）以大宰八法為綱領

〈凡例〉云：

古經五篇，文繁事富，而要以大宰八灋為綱領，眾職分陳，區畛靡越。其官屬一科，〈敘官〉備矣。至於司存攸寄，悉為官職，總楬大綱，則曰官灋；詳舉庶務，則曰官常；而官計、官成、官刑，亦錯見焉。六者自官職、官常外，餘雖或此有彼無，詳略互見，而大都

〔註78〕同注77，頁6。
〔註79〕《周禮正義》，卷5，冊1，頁181。

分繫當職，不必旁稽。唯官聯條緒分繁，脈絡隱互，散見百職，鉤

稾爲難。今略爲甄釋，雖復疏闕孔多，或亦稽古論治之資乎。〔註80〕

孫氏注解《周禮》，最爲後人稱許的，即揭示「大宰八灋爲全書綱領以貫串眾
職」，沈文倬云：

> 周官三百多職，各有職掌，所繫職事，實有千餘，事無巨細，都屬
> 總體中的一支，職職關連，事事配合。研究此書，只有明瞭眾職的
> 分合關係，方能求得貫串。可見在這樣繁賾的事務中，何以掌握其
> 樞要，是個嚴重問題。《周禮》是記錄官制的書，大宰居眾官之首，
> 不特是治官之長，教禮政刑事五官，亦歸其掌管，其所掌職事中，「八
> 法治官府」是治理眾官之「法」，實是全書綱領，最爲重要。八法闡
> 明，就能若網在綱，無事不舉。〔註81〕

孫氏研究《周禮》的方法，就建立在這樣的基礎上。「八法」，就是官屬、官
職、官聯、官常、官成、官法、官刑、官計，《周禮·天官·大宰》云：

> 一曰官屬，以舉邦治；二曰官職，以辨邦治；三曰官聯，以會官治；
> 四曰官常，以聽官治；五曰官成，以經邦治；六曰官灋，以正邦治；
> 七曰官刑，以糾邦治；八曰官計，以弊邦治。〔註82〕

官屬，即屬官，指屬官編制的規定；官職，指官吏職責範圍的規定；官聯，
有關官吏聯合辦事的法則；官常，指各個官府不需與其他官職合辦，可獨立
完成的經常性職責；官成，指各官府所掌之事已完成，則按其簿書文字，考
其品數法式，可作爲稽校案驗的依據者；官灋，指各官職應遵循的法規制度；
官刑，指有關懲治官吏的法則；官計，指考核官吏政績的標準。

此八法中，除官聯外，大約都分繫在當職下。只有官聯散見於三百六十
職中，必須前後各職對照連繫，孫氏爲便於閱讀，會加以說明，如〈小宰〉
經文「凡宮之糾禁」，孫《疏》云：「即〈士師〉五禁『一曰宮禁』，此官與彼
爲官聯也。」〔註83〕〈士師〉經文「一曰宮禁」〔註84〕下並未注解與小宰爲
官聯；〈司會〉經文「掌國之官府、郊野、縣都之百物財用凡在書契版圖者之

〔註80〕　〈周禮正義略例十二凡〉，頁3。
〔註81〕　沈文倬撰：〈孫詒讓周禮學管窺〉，《宗周禮樂文明考論》（杭州：杭州大學出
　　　　　版社，1999年12月），頁436。
〔註82〕　《周禮正義》，卷1，冊1，頁62。
〔註83〕　《周禮正義》，卷5，冊1，頁157。
〔註84〕　《周禮正義》，卷67，冊11，頁2782。

貳」，孫《疏》云：「此與宰夫、司士、職方氏、司民爲官聯也。」〔註85〕〈宰夫〉經文「掌治灋以攷百官府，群都縣鄙之治」，孫《疏》云：「此與司會、天府爲官聯也。」或詳或略，可見其「略爲甄釋」的體例。他還曾經嘗試將各職之間的內在聯繫作成表格〔註86〕，以證實各職之間的關係：

表 6-3-4　《周禮‧天官‧大宰》官聯表

大宰	小宰	大府	內府	司會	司書	大司徒	閭師	掌交
九職（任萬民）		九功（又萬民之貢充府庫）	九功	九功（令民職之財用）	九職	作民職（又分地職制地貢）頒職事（十有二，邦國都鄙）	任民之貢	九稅
九賦（斂財賄）	有	有	有	有（令田野之財用）	九正			
九貢（斂邦國之財用）	有	有（又邦國之貢）	有	有（致邦國之財用）		令地貢（鄭以爲九穀）		
九式（均節財用）	有			有（均節邦之財用）	九事			

以此表第一條爲例，〈大宰〉經文「九職任萬民」，九職，謂任民以職事，其目有九。民各以其力所能，受職而貢其功，以爲賦稅。黃以周云：「九職者，任夫力也。任夫力以興功，故九職亦謂之九功。」〔註87〕孫《疏》云：「〈大府〉、〈內府〉、〈司會〉謂之九功，〈閭師〉謂之八貢。」〔註88〕〈大府〉經文又有「大府掌九貢、九賦、九功之貳」〔註89〕，則大宰掌其正，此官掌其副貳也。又〈內府〉經文「掌受九貢、九賦、九功之貨賄」〔註90〕，即〈大府〉所云「頒其貨于受藏之府」，鄭《注》云：「受藏之府若內府。」則此九貢等由大府而來，內府皆受藏之。又〈司會〉經文「以九功之灋令民職之財用」〔註91〕，官府、郊野、縣都之吏各執百物財用之在書契版圖者之正本，

〔註85〕《周禮正義》，卷 12，冊 2，頁 475～476。
〔註86〕參見胡珠生撰：〈《周禮正義》稿本探略〉，《孫詒讓紀念論文集》（溫州：溫州師範學院學報，1988 年增刊），頁 53。
〔註87〕〔清〕黃以周撰：〈職役通故〉，《禮書通故》（臺北：華世出版社，1976 年 12 月，據光緒癸巳年（19 年）刊本影印），第 37，頁 1 右。
〔註88〕《周禮正義》，卷 2，冊 1，頁 80。
〔註89〕同上注，卷 11，冊 2，頁 444。
〔註90〕同上注，卷 12，頁 467。
〔註91〕同上注，頁 475。

此職不掌賦，而通執其副貳，逆羣吏之治而聽其會計。又〈司書〉經文「掌邦之六典、八灋、八則、九職、九正、九事邦中之版，土地之圖，以周知入出百物，以敘其財，受其幣，使入于職幣」〔註92〕，九正，鄭《注》云：「九正謂九賦九貢。」其所掌與司會同，而司會主鉤考，司書掌書記之。又〈大司徒〉經文「以作民職」〔註93〕，謂依法使民起而任其職事，「民職」，即大宰以九職任萬民是也。又〈閭師〉經文「凡任民」〔註94〕，即〈大宰〉九職之力征，〈大府〉、〈內府〉之九功，〈司會〉所謂「以九功之灋令民職之財用」。又〈掌交〉經文「以諭九稅之利」〔註95〕，《說文·禾部》云：「稅，租也。租，田賦也。」九稅當為大宰之九賦，即〈司書〉謂之九正。故由各官之間職掌的分配，可以歸納出大宰、大府、內府、司會、司書為同官相聯，又與大司徒、閭師、掌交為異官相聯。藉由官聯，可知六官三百六十職互相支援、緊密結合，形成一個嚴謹的政府組織法。

他並舉〈大宰〉說明其所掌職事的八灋性質：

> 自職首至末，通為官職；其中六典、八法之等，建立大綱，則官法也；「正月之吉，始和布治於邦國都鄙」以下，行事細別，則官常也；「歲終，則令百官府各正其治，受其會，聽其致事，而詔王廢置，三歲，則大計羣吏之治，而誅賞之」，「受會」則官成也；「廢置」、「誅賞」則官刑也；「計吏」則官計也；至於率領貳攷以下，則有官屬；旁通五官，則有官聯。其餘六官三百六十職，雖爵有尊卑，事有繁簡，要此八法足以賅之矣。〔註96〕

八法除「官職」、「官常」外，其餘六法或此有彼無，或彼有此無，並非所有職官條下八法皆備。依照孫氏所言，六官三百六十職皆可以此八法來分別各官所掌職事，並能使其性質分明。

（二）歸納經文義例

孫氏解經的方法還有歸納經文義例。雖然沒有在〈略例十二凡〉中提出說明，但在翻檢《周禮正義》時，可以發現孫氏亦致力於此。阮元云：「經有經之例，傳有傳之例，箋有箋之例，疏有疏之例，通乎諸例而折衷於孟子

〔註92〕同注91，頁479。
〔註93〕同上注，卷18，冊3，頁713。
〔註94〕同上注，卷25，冊4，頁975。
〔註95〕同上注，卷73，冊12，頁3096。
〔註96〕《周禮正義》，卷2，冊1，頁63。

『不以辭害志』，而後諸家之本可以知其分，亦可以知其一定不可易者矣。」
〔註97〕可見了解古書體例對於解經工作的重要性。但不是每部古書的體例都
在卷首加以說明，而是貫穿在文本當中，朱一新曾指出這一點：

> 古書自有體例，……但古人著書，其例散見書中，非若後人自作凡
> 例冠於簡端之陋而無當也。經傳不必言，即史部、子部諸書之古雅者莫不
> 如是。不通其書之體例，不能讀其書，此極大義之所存，昔人所謂「義例」也。
> 〔註98〕

孫氏在讀《周禮》時，即了解這個道理，是故在疏解該條經文時，亦隨手記
下，筆者揀擇〈天官〉如下：

（1）此經例用古字，注例用今字。（頁13）

> 按：此例孫氏凡例中已提及，並舉出如敊漁、灋法、聯連、頒班、
> 于於、攷考、示祇、眡視、政征、敘序、衺邪、裁災、蠯鮮、齍粢、
> 辠罪、貍埋、剟刮、壹一、臬栗、毓育、眚省、媺美、媾姻、匱柩、
> 囏艱、馭御等四十餘字說明。宋元刻本未通此例，或改經從注，或
> 改注從經，遂徒增分歧，難以恢復舊觀。

（2）敘之通例，皆先揭官名，次陳爵等，次紀員數。爵位以等遞降，而
員數則以次倍增，六官之屬皆如此。（頁16）

> 按：如大宰，為治官之正，卿為其爵。

（3）此經王官之爵凡七等：曰公、曰卿、曰中大夫、曰下大夫、曰上士、
曰中士、曰下士，而無上大夫。（頁17）

（4）凡諸官有市買之事者，並有賈，列府史下，胥徒之上。（頁26）

> 按：綜檢六官，如〈天官〉庖人、大府、玉府、職幣、典婦功、典
> 絲；〈地官〉胥師〔註99〕、泉府；〈春官〉無；〈夏官〉馬質、羊人、
> 巫馬；〈秋官〉犬人，皆如是，《考工記》不明其爵等。

（5）凡此經之奚皆為女奴，對〈秋官〉五隸為男奴也。（頁34）

〔註97〕 〔清〕阮元撰：〈十三經注疏校勘記序（十三篇）〉，《揅經室集》（北京：中華
書局，1993年5月），上冊，頁256。

〔註98〕 〔清〕朱一新撰，呂鴻儒、張長法點校：《無邪堂答問》（北京：中華書局，
2000年12月），卷5，頁183。

〔註99〕 孫《疏》以為僅十一職，無「胥師」職。胥師職下有「賈師」，亦謂之賈正，
杜預云：「賈正掌貨物，使有常賈，若市吏即此官也。」（《左傳》昭公二十五
年傳）故胥師職應亦在此列。

　　按：如酒人、漿人、籩人、醯人、醢人、鹽人、冪人、女祝、女史皆有奚。五隸指罪隸、蠻隸、閩隸、夷隸、貉隸也。

（6）凡工皆庶人在官者，與賈同，諸官有造作之事者並有之。（頁40）
　　按：如〈天官〉玉府、縫人、追師、屨人；〈春官〉龜人；〈夏官〉弁師等。

（7）經例言「建」者，並謂修立其政法之書，頒而行之。（頁58～59）

（8）此經凡作官民以立其職事，治土地以立其材產，並謂之「任」。（頁61）

（9）凡官屬，有總屬，有分屬，有當官之屬，有冗散之屬。總屬即六官屬各六十，通屬於其正是也。分屬若庖人、內饔、外饔、亨人屬膳夫是也。當官之屬者，宮正中下士以下，屬於上士是也。冗散之屬，若四方之以舞仕者屬旄人，國勇力之士屬司右，相犬、牽犬者屬犬人，皆無職名員數是也。（頁64）

（10）經例，凡言「詔」者，並以言語詔告相左助之謂。（頁73）

（11）經凡「徵斂」謂之賦。（頁90）

（12）通校各職，徵賦之法有二：一曰任地，一曰任民。（頁91）
　　按：「任地」如九賦地征；「任民」如九職之貢、〈均人〉人民牛馬車輦之力政是也。

（13）此經凡言「郊」，有包六鄉在內者，如大宰言四郊之賦；不別出六鄉，猶之甸包六遂，經止言邦甸之賦也。有別郊於鄉之外者，如〈小司徒〉大比六鄉四郊之吏，〈遺人〉有鄉里之委積，又有郊里之委積，郊與鄉並舉，則專指鄉外之餘地言之。（頁97）

（14）凡經言「匪頒」者，以群臣之祿為最大。（頁103）

（15）經例，常賜謂之頒，非常賜謂之賜。（頁103）

（16）此經之「師儒」，即〈大司徒〉本俗六之聯師儒，皆通乎上下之辭。「師」則泛指四民之有德行材藝，足以教人者而言。（頁112）

（17）此經凡「都」、「家」對文者，並以公卿采地為都，以〈載師〉大都為公之采地，小都為卿之采地，二者同稱都也。家則並專據大夫采邑，以〈載師〉家邑為大夫之采地。（頁132）

（18）凡此經通例，有天，有上帝，有五帝。天即昊天，祀北辰；上帝為受命帝，在周則祀蒼帝；五帝為五色之帝。（頁135）

（19）經凡言「執事」，並謂諸官非其專掌，以連事通職，轉相贊助而執持其事者。（頁143）

（20）此經上下文凡言「贊」者，並訓爲助。（頁149）

（21）經典「享」與「獻」多通稱。（頁150）

（22）凡經云「群吏」者，其義有四：一、通指百官府關內外卿大夫士言之。二、專指士大夫言之。三、專指士以下小吏言之。四、專指鄉遂公邑等有地治之吏言之。（頁155）

（23）此經凡言「食」者，皆與祿別。（頁160）

（24）此經凡言「聽治」、「聽獄訟」，皆謂平正斷決其是非，義並略同。（頁178）

（25）此經通借「共」爲「供」。（頁179）

（26）全經凡言「憲」者，如〈小司徒〉之「憲禁令」，〈司市〉之「憲罰」，〈脩師〉、〈小司寇〉布憲之「憲刑禁」，〈朝士〉故書之「憲刑貶」，義並同。（頁188）

（27）經凡言「徵」者有二：一爲徵召，若〈典祀〉、〈大胥〉二職所云是也；一爲徵斂，若〈載師〉「以時徵其賦」、〈掌荼〉「征野蔬材之物」是也。〈掌炭〉云「掌炭物、炭物之徵令」，亦專據徵斂言之。（頁197）

（28）此經凡云「有司」者，並據專主其事之官。其本非專主而聯事通職以共其禮者，則謂之執事（參見19條）。（頁208）

（29）凡「次」多在路門外、應門內近治朝之處，「舍」則當在應門之外皋門之內，與次不同處也。（頁214）

（30）經凡言「擊柝者」有二：一爲守衛士民所擊，賈所謂持更者也；一爲官吏校比諸士民者所擊，鄭所謂行夜者也。（頁215）

（31）凡經云「德」者，並指六德六行而言；云「道」者，並指六藝六儀而言。兼舉之則曰德行，曰道藝。（頁223）

（32）凡經典於生人飲食、鬼神祭享通謂之「饋」，亦並取進餉之義，本不辨尊卑。（頁237）

（33）凡經典牲畜之畜，並畐之借字。（頁258）

（34）凡家物謂之牲，野物謂之獸。（頁258）

（35）凡此經總舉官屬者皆稱人，若〈射人〉稱大僕爲僕人，〈大祝〉稱

　　　甸師爲甸人是也。（頁 277）

　（36）此經凡云「役」者有二：一當官之屬給正長之役，如瞽矇役大師，

　　　縫人役本職之女御是也；一異官以連事通職相役，如甸師役外內

　　　饔，酒人役世婦，罪隸役百官府，蠻隸役校人，閩隸役掌畜等是也。

　　　（頁 296）

　亦有變例，如：

　　　全經五篇，凡本非屬官而以事類附屬者有三：一婦官，此九嬪、世

　　　婦、女御、女祝、女史及春官世婦、內外宗等是也；一三公，地官

　　　之鄉老，爵尊於大司徒是也；一家臣，春官之都宗人、家宗人，夏

　　　官之都司馬、家司馬，秋官之朝大夫、都士、家士是也。三者皆無

　　　所繫屬，故以其職事相近者附列各官，亦大宰八法官屬之變例也。

　　　（頁 50）

鄭《注》亦有其例，如：

　（1）凡鄭云「之言」者，並取聲義相貫。（頁 25）

　　按：如〈膳夫〉，善之言膳也；〈庖人〉，庖之言包也；〈腊人〉，腊之言夕

　　　也。

　（2）注例凡言「今」者，皆舉漢制爲況。（頁 195）

　　孫氏掌握此經義例，故解經能得其經義，亦可釋鄭玄、賈公彥之誤。三
百六十職雖眾，若能明此經義例，可得事半功倍之效。

四、詮釋準則

（一）折衷鄭、王

〈凡例〉云：

　　　王肅《聖證》，意在破鄭，攻瑕索瘢，偏戾尤甚。〔註100〕

又，〈《聖證論》王鄭論昏期異同攷〉云：

　　　康成詮釋諸經，漢魏之際，盛行一時，群儒望風景附，咸名「鄭學」。

　　　惟王子雍以通才閎覽，起與爲難，乃至僞託《家語》，其忮鷙亦甚

　　　矣！〔註101〕

〔註100〕〈周禮正義略例十二凡〉，頁 3。

〔註101〕〔清〕孫詒讓撰：〈《聖證論》王鄭論「昏期」異同攷〉，《籀廎述林》，卷 1，
　　　　頁 21 上。

雖然孫氏認為王肅「偏戾尤甚」、「忮鷙甚矣」，不過，他並未否定王肅的價值：

> 然如郊社、禘祫，則鄭是而王非；廟制、昏期，則王長而鄭短。若斯之倫，未容偏主。唐疏各尊其注，每多曲護，未為閎通。今並究極諸經，求厥至當，無所黨伐，以示折衷。〔註102〕

孫氏對鄭、王的態度，就事論事，折衷二說。不因王肅破鄭而撻伐，不因鄭玄正統而曲護。如鄭、王二氏對「昏期」的看法不同，〈地官・媒氏〉經文「令男三十而娶，女二十而嫁」，鄭《注》云：

> 二三者，天地相承覆之數也。〔註103〕

孫《疏》云：

> 鄭意男年三十，女年二十，為嫁娶之正年，法天數三地數二，地承天覆，相配合。〔註104〕

賈《疏》引王肅《聖證論》云：

> 《周官》云「令男三十而娶，女二十而嫁」，謂男女之限，嫁娶不得過此也。三十之男，二十之女，不待禮而行之，所奔者不禁，娶何三十之限？前賢有言丈夫二十不敢不有室，女子十五不敢不有其家。《家語》魯哀公問於孔子：「男子十六精通，女子十四而化，是則可以生民矣。聞禮男三十而有室，女二十而有夫，豈不晚哉？」孔子曰：「夫禮言其極，亦不是過。男子二十而冠，有為人父之端；女子十五許嫁，有適人之道，於此以往，則自昏矣。」然則三十之男，二十之女，中春之月者，所謂言其極法耳。〔註105〕

是鄭玄以為男女嫁娶年紀為三十、二十；王肅則以為一般則男二十而娶，女十五而嫁，男三十、女二十為嫁娶之極限也。孫氏將諸儒的異說整理，得以下說法：

> 此經及禮《大戴記・本命》、《小戴記・曲禮》、〈內則〉、《春秋穀梁》文十二年傳，並有男子三十娶，女子二十嫁之文。漢魏諸儒，說者互異。以為天子以下至於庶人，同男三十娶女二十嫁者，許君引大戴說及伏生、班固、盧植、馬昭、張融之說，《淮南子・氾論訓》亦

〔註102〕〈周禮正義略例十二凡〉，頁3。
〔註103〕《周禮正義》，卷26，冊4，頁1034。
〔註104〕同上注，頁1037。
〔註105〕《重栞宋本周禮注疏附校勘記》，卷14，頁14左。

云「禮，三十而娶。文王十五而生伯邑考，非法也」是也。以爲大夫士以上，不拘年數，惟庶人男三十而娶，女二十而嫁者，許推《春秋左氏》說及譙周、杜佑之說是也。以爲男十六以上可娶，女十四以上可嫁，三十娶二十嫁言其極法者，王肅及肅所私定《家語》之說，《大戴禮記·本命》盧注亦以十六、十四爲嫁娶之期是也。竊謂通校群經，並無男未三十女未二十不可嫁娶，及天子以下至於庶人同法之明文。況譙周、王諸家所舉未三十二十而嫁娶者，證驗繁夥，非盡衰世之法，則王氏三十二十言極法之說，未嘗不可通。鄭〈曲禮〉注云：「人年二十，弱冠，成人，有爲人父之端。」許君《五經異義》引《左氏》「國君十五生子」之文，以駁《禮》大戴說，而《詩·召南·摽有梅》孔《疏》謂鄭君無駁，則許、鄭所見本同，亦未嘗謂未三十二十必不可嫁娶也。〔註106〕

由孫氏所述，可知鄭玄言三十、二十爲嫁娶之正年，與許慎主張相同。不過，三十、二十雖是正年，但不表示「未三十二十必不可嫁娶」，譙周等人所舉未三十二十而嫁娶之事例繁夥，馬昭、張融等人反而拘泥申述三十二十之期。〔註107〕孫氏認爲王肅主張三十、二十是男女婚期的極限，此說可以成立。他又舉俞正燮所說：

媒氏掌萬民之判，令男三十而娶，女二十而嫁。此令也，非禮也。……是知三十二十之令，爲民之無力者言其極。……《韓非子·外儲說右》云：「齊桓公令男二十而室，女十五而嫁。」〈越語〉云：「越王令男二十，女十七，不嫁娶其父母有罪。」皆防其極，故皆曰令。〔註108〕

統治階層爲維護自身的宗法統治，希望早日有法定繼承人，必然要以早婚早生以達目的；從爲國家的富強考慮，也要求百姓早婚多生，增加兵源及勞動力〔註109〕，但是人民或因貧困、或遭喪事、或逢災荒，無法備齊財禮，而延誤婚姻，即俞氏所謂的「無力者」，國家恐其不婚，而訂出最後限期，故皆曰「令」，非「禮」也。如此看來，王肅所說三十二十爲嫁娶的極限，是比較合乎社會狀況的。

〔註106〕《周禮正義》，頁1036。
〔註107〕同上注，頁1034～1035。
〔註108〕同上注，頁1037。
〔註109〕錢玄撰：《三禮通論》（江蘇：南京師範大學出版社，1996年10月），頁581。

又經：「中春之月，令會男女」，鄭《注》云：

> 中春，陰陽交，以成昏禮，順天時也。〔註110〕

孫《疏》：

> 鄭以中春爲嫁娶之正期。〔註111〕

賈《疏》、《玉燭寶典》引王肅《聖證論》云：

> 吾幼爲鄭學之時，爲謬言尋其義，乃知古人可以秋冬。〔註112〕

又仲春昏期之論，二人所持不同。王肅云：

> 《詩》：東門之楊，其葉牂牂。毛《傳》曰：「男女失時，不逮秋冬。」
> 「三星，參也，十月而見東方，時可以嫁娶。」（孫氏云：臧琳曰：
> 「此〈綢繆〉篇『綢繆束薪，三星在天』傳。案毛《傳》本云：『在
> 天，謂始見東方也。』無十月二字，《正義》引王肅云謂十月也，然
> 則此十月二字，即王肅所加。」）〔註113〕

又云：

> 三時務業，因向休息，而合昏姻，萬物閉藏於冬，而用生育之時，
> 娶妻入室，長養之母，亦不失也。孫卿曰：「霜降逆女，冰泮殺止。」……
> 而《周官》中春令會男女之無夫家者，於是時奔者不禁，則昏姻之
> 期盡此月矣，故急期會也。《孔子家語》曰：「霜降而婦功成，嫁娶
> 者行焉；冰泮而農業起，婚禮殺於此。」又曰：「冬合男女，春班爵
> 位也。」〔註114〕

霜降，九月也；冰泮，二月也。則荀子之意自九月至於正月於禮皆可爲婚。
此爲王肅秋冬嫁娶之說所本。王肅以爲，《周禮》「中春之月」爲昏姻之期盡
此月，已議婚而未成婚之男女，若此月不婚，則媒氏罰之，故急期會也。他
以秋冬之期以難鄭玄仲春之說，馬昭、張融起而攻之，孔晁又難馬申王，於
是雙方有一番論戰，各有所本，相持不下〔註115〕，大致情形如下表：

〔註110〕《周禮正義》，卷26，冊4，頁1040。
〔註111〕同上注。
〔註112〕賈《疏》原作「乃知古人可以於冬」，孫詒讓〈《聖證論》王鄭論「昏期」異
同攷〉根據杜臺卿《玉燭寶典》二引、《太平御覽》所引，將「於冬」校正爲
「秋冬」。此段引文見《周禮正義》，頁1040。
〔註113〕《周禮正義》，頁1040。
〔註114〕同上注。
〔註115〕同注113。此皆爲王肅《聖證論》佚文，孫氏根據《玉燭寶典》、《通典》及

表 6-3-5 「昏期」論戰表

	擁　鄭　說		擁　王　說
馬昭第一難（難王）	《周禮》仲春令會男女，〈殷頌〉：「天命玄鳥，降而生商。」〈月令〉：「仲春玄鳥至之日，以大牢祠於高禖。」天子親往，玄鳥生乳之月，以爲嫁娶之候，天子重之，而祀焉。凡此皆與仲春嫁娶爲候者。	孔晁第一答（答馬）	《周官》云：凡娶判妻入子者皆書之。此謂霜降之候，冰泮之時，正以禮昏者也。仲春令會男女，奔者不禁，此昏期盡，不待備禮。玄鳥至，祀高禖，求男之象，非嫁娶之候。
馬昭第二難	有女懷春，吉士誘之；（〈野有死麕〉）春日遲遲，女心傷悲；（〈七月〉）嘒彼小星，三五在東；（〈小星〉）綢繆束芻，三星在隅；（〈綢繆〉）我行其野，蔽芾其樗；（〈我行其野〉）倉庚于飛，燿燿其羽；（〈東山〉）凡此皆興於仲春嫁娶之候。	孔晁第二答	有女懷春，謂女無禮，過時故思。春日遲遲，蠶桑始起，女心悲矣。嘒彼小星，喻妾侍從夫人。三星在隅，孟冬之月，參見東方，舉正昏以刺時。蔽芾其樗，喻行遇惡夫。燿燿其羽，喻嫁娶盛飾。皆非仲春嫁娶之候。玄據期盡之教，以爲正婚，則奔者不禁，過於是月。
馬昭第三難	肅引經「秋以爲期」，此乃淫奔之詩矣。		
張融	玄說云「嫁娶以仲春」，既有群證，故孔晁曰：「有女懷春」，毛《傳》云：春不暇，待秋。「春日遲遲，女心傷悲」，謂蠶事始起，……舉正昏以刺時。此雖用毛義，未若鄭云「用仲春爲正禮」爲密也。		

《通典・嘉禮》引束皙言：

> 《周禮》以仲春會男女之無夫家者，蓋一切相配合之時，而非常人之節。〈曲禮〉曰：「男女非有行媒，不相知名，故日月以告君，齋戒以告神鬼。」若常人必在仲春，則其日月有常，不得前卻，何復日月以告君乎？夫冠婚筓嫁，男女之節，冠以二十爲限，而無春秋之期，筓以嫁而設，不以日月爲斷，何獨嫁娶當繫於時月乎？王肅云「婚姻始於季秋，止於仲春」，不言春不可以嫁也。而馬昭多引《春秋》以爲之證，反詩相難，錯矣！兩家俱失，義皆不通，通年聽婚，蓋古正禮也。〔註116〕

臧琳《經義襍記》所校補正。

〔註116〕《周禮正義》，頁 1043。

杜佑以為婚姻之義，在於賢淑，應該四時通用，如何能以秋冬之節為好合之期？前人拘泥於仲春、秋冬之期，過度解讀古籍，反而造成混亂。孫氏則以為〈士昏禮〉不著時月，則本無定時可知，「鄭、王紛紛詰難，皆不及束、杜之閎通矣」。〔註117〕

（二）廣徵群籍

〈凡例〉云：

> 此經舊義，最古者則《五經異義》所引古《周禮》說，或出杜、鄭之前。次則賈逵、馬融、干寶三家佚詁，亦多存古訓。無論與鄭異同，並為攟拾。〔註118〕

由於以上各家著作皆已亡佚，僅依賴輯佚家從古書中輯出隻字片語，對孫氏來說，這些資料都是彌足珍貴的，因此無論與鄭玄所論是否相同，皆抄錄於各條目下。不過，孫氏並非抄錄備參而已，各家說法若有錯誤，則一一予以訂正之。（請參見本論文第三章第三節「孫詒讓對三家注佚文的運用」）

〈凡例〉又云：

> 至於六朝、唐人禮議經疏，多與此經關涉，義既精博，甄錄尤詳，間有未允，則略為辨證，用釋疑啎。宋元諸儒說，於周公致大平之跡，推論至詳，而於周制漢詁，或多疏繆，今所攓擇，百一而已。〔註119〕

大體上，孫氏認為六朝、唐人禮議經疏義精博、甄錄詳；宋元諸儒於周制漢詁則疏繆舛誤。雖然《周禮正義》是集大成之作，孫氏也以廣徵群籍，以存古訓為期許，但他也有所擇別，不浮濫。對歷代眾多的禮學著作，恐怕讀者以為他蒐集不全，以致疏解過於主觀，因此〈凡例〉又云：

> 此經在漢為古文之學，與今文家師說不同。先秦古子及西漢遺文，所述古制，純駁襍陳，尤宜精擇。今廣徵羣籍，甄其合者，用資符驗。其不合者，則為疏通別白，使不相殽掍。近儒考釋，或綴稡古書，曲為傅合，非徒於經無會，彌復增其紛粗，今無取焉。〔註120〕

這樣的說明，雖然可以杜絕旁人的質疑，他還是非常仔細說明某些書不取之

〔註117〕同上注，頁1044。
〔註118〕〈周禮正義略例十二凡〉，頁4。
〔註119〕同上注，頁4～5。
〔註120〕〈周禮正義略例十二凡〉，頁3。

緣由，如唐杜牧《考工記注》二卷，多襲宋林希逸《考工記解說》，偽託顯然；又如許珩《注疏獻疑》之疏淺，莊有可《指掌》之武斷，「若斯之屬，雖覽涉所及，亦無譏焉」。〔註121〕又如惠士奇《禮說》，雖然義證極博，卻是非互陳，失在繁褥；沈夢蘭《周禮學》，而新奇繆盭甚矣；又陳奐《毛詩傳疏》及鄒漢勛《讀書偶識》諸書，說禮亦多此失。〔註122〕

（三）匡賈謬，補鄭闕

〈凡例〉云：

> 唐疏例不破注，而六朝義疏家則不盡然。鄭學精毋群經，固不容輕破。然三君之義，後鄭所讚辨者，本互有是非。乾嘉經儒攷釋此經，閒與鄭異，而於古訓古制，宣究詳塙，或勝注義。今疏亦唯以尋繹經文，博稽眾家為主，注有牾違，輒為匡糾。凡所發正數十百事，匪敢破壞家法，於康成不曲從杜、鄭之意，或無誖爾。〔註123〕

又云：

> 賈《疏》蓋據沈重《義疏》重修，在唐人經疏中，尚為簡當。今據彼為本，訂訛補闕。〔註124〕

鄭玄注《三禮》以前，無《三禮》之名，自鄭玄注《周禮》、《儀禮》、《禮記》，始通為《三禮》焉〔註125〕，王鳴盛曰：「案《英華》卷七百六十六劉子元引鄭康成自序云：『遭黨錮之事，逃難注禮。』……合之〈戒子書〉『坐黨錮十四年』，則是康成注經，三禮居首，閱十四年乃成，用力最深也。」〔註126〕故孔穎達云：「《禮》是鄭學。」〔註127〕而賈公彥的《疏》，《四庫全書總目提要》稱其「公彥之疏，亦極博核，足以發揮鄭學」，又說「《朱子語錄》稱五經疏

〔註121〕同上注，頁5。

〔註122〕同上注，頁3。

〔註123〕同上注，頁2。

〔註124〕同上注。

〔註125〕楊天宇撰：〈論鄭玄《三禮注》〉，《經學探研錄》（上海：上海古籍出版社，2004年11月），頁292。原載《文史》（北京：中華書局，1983年10月），21輯，頁21～42。後選入《中國經學史論文選集》（臺北：文史哲出版社，1992年10月），上冊，頁395～434。

〔註126〕〔清〕王鳴盛撰：〈鄭氏著述〉，《蛾術篇》（臺北：信誼書局，1976年7月，據道光21年世楷堂藏版影印），冊4，卷58，頁17上、下。

〔註127〕〔漢〕鄭玄注，〔唐〕孔穎達疏：《重栞宋本禮記注疏附校勘記》（臺北：藝文印書館，1989年，據嘉慶二十年江西南昌府學本影印），卷14，頁3右。

中《周禮疏》最好，蓋宋儒惟朱子深於禮，故能知鄭、賈之善」〔註128〕可見二人在《周禮》學史上的地位。孫氏雖承認鄭《注》「精貫群經」，賈《疏》「尚爲簡當」，但不代表他們的說解毫無錯誤，歷來已有許多學者針對鄭、賈之說進行糾謬的工作，孫氏的態度是：「唯以尋繹經文，博稽眾家爲主，《注》有牾違，輒爲匡糾」、「今據彼（賈《疏》）爲本，訂訛補闕」。整理下來的結果，是「所發正數十百事」，表示歷來讀《周禮》者，根據錯誤的疏解而不自知。如〈大宰〉經文「以九賦斂財賄：一曰邦中之賦，二曰四郊之賦，三曰邦甸之賦，四曰家削之賦，五曰邦縣之賦，六曰邦都之賦，七曰關市之賦，八曰山澤之賦，九曰幣餘之賦」，鄭《注》引鄭司農云：

> 邦中之賦，二十而稅一，各有差也。幣餘，百工之餘。〔註129〕

鄭《注》云：

> 玄謂賦，口率出泉也。今之算泉，民或謂之賦，此其舊名與？〔註130〕

賈《疏》根據鄭《注》「口率出泉」加以引申其義云：

> 云「九賦斂財賄者」，此賦謂口率出泉，其處有九，故云九也。既云賦謂口率出泉，則財賄非泉。而云斂財賄者，計口出泉，無泉者取財賄，以當算泉之賦，故云「斂財賄」也。「一曰邦中之賦」者，謂國中之民出泉也；「二曰四郊之賦」者，計遠郊百里之內，民所用出泉也；「三曰邦甸之賦」者，謂郊外曰甸，百里之外，二百里之內，民所出泉也。……「九曰幣餘之賦」者，謂爲國營造，用物有餘，並歸之於職幣，得之不入府藏，則有人取之，爲官出泉，此人亦口稅出泉，謂之幣餘之賦。〔註131〕

〈載師〉經文「凡任地，國宅無征」，鄭《注》引鄭司農云：

> 任地，謂任土地以起稅賦也。國宅，城中宅也。無征，無稅也。
> 〔註132〕

則鄭眾以爲除幣餘外，其他皆爲地租；鄭玄將賦解爲「口率出泉」，即夫布，亦即後世的人丁稅。但據《周禮》，僅閒民不務生產者出夫布，即計口出錢，

〔註128〕〔清〕紀昀等撰，四庫全書研究所整理：《欽定四庫全書總目（整理本）》（北京：中華書局，1997 年 1 月），經部・禮類一，卷 19，頁 236。
〔註129〕《重栞宋本周禮注疏附校勘記》，卷 2，頁 11 右。
〔註130〕同上注，頁 10 左～11 右。
〔註131〕同上注，頁 11 右～11 左。
〔註132〕同上注，卷 13，頁 14 右。

其農牧虞衡之民，有地租，而無夫布之征。〔註133〕此即黃以周云：

> 周初征民之常經，祇有九職九賦二法。而其國用之所仰給者，祇在九賦之一征；九職力征，祇以充府庫以備非常之需；而里布夫家之征，特以禁惰閒之民，尤非國用之所待給也。〔註134〕

孫《疏》云：

> 《説文・貝部》云：「賦，斂也。」〈攴部〉云：「斂，收也。」經凡征斂通謂之賦。此九賦，則皆任地以制國用之法也。〔註135〕

則九賦爲田地稅而非人口稅。孫《疏》又舉黃以周《禮書通故》以證之：

> 黃以周云：「九賦者，斂田地之租也。田地爲正稅，故九賦，〈司書〉亦謂之九正。〈大府〉職：『關市之賦，以待王之膳服；邦中之賦，以待賓客；四郊之賦，以待稍秣；家削之賦，以待匪頒；邦甸之賦，以待工事；邦縣之賦，以待幣帛；邦都之賦，以待祭祀；山澤之賦，以待喪紀；幣餘之賦，以待賜予。』此言九賦田地之租，〈司會〉所謂以九賦之法，令田野之財用者，此也。」〔註136〕

孫氏以爲九職以田稅爲正，而其它地稅亦無不包括。鄭眾以〈載師〉「任地之法」爲釋，與〈司會〉「以九賦之灋令田野之財用」文脗合，解釋得最好，他又舉《國語・魯語》孔子言先王制土一事證之：

> 通校各職，征賦之法有二：一曰任地，即此九賦地征是也；一曰任民，前九職之貢與〈均人〉人民牛馬車輦之力政是也。《國語・魯語》：「仲尼曰：『先王制土，藉田以力，而砥其遠邇，賦里以入；而量其有無，任力以夫，而議其老幼。』」彼藉田謂田稅，賦里謂廛稅，並爲任地之法，任力謂力征，爲任民之法，與此經正同。九賦猶後世之地稅，九職猶後世之丁稅，而人民牛馬車輦之力政，則猶後世之差徭，各自爲一法。此職九賦，以〈司會〉、〈載師〉證之，其爲地征，本無疑義。〔註137〕

明田稅爲是，口泉爲誤。賈《疏》爲了附會鄭玄「口泉」之說，於九職閒民

〔註133〕錢玄、錢興奇撰：《三禮辭典》（南京：江蘇古籍出版社，1998 年 3 月），頁21。

〔註134〕〔清〕黃以周撰：〈田賦通故〉，《禮書通故》，第36，頁3左～4右。

〔註135〕《周禮正義》，卷3，冊1，頁90。

〔註136〕同上注。

〔註137〕《周禮正義》，頁91。

夫布之外，增「泉征」之制，又無法合理解釋「幣餘之賦」，遂使經義更加隱晦。這是由於唐人注經有「疏不破注」之例，因此，雖然賈公彥「足以發揮鄭學」，對鄭玄誤釋處，不能一一糾舉，雖情有可原，仍令人感到抱憾。

　　從這裡也可以說明，孫詒讓與賈公彥最大的不同。賈氏與孫氏同樣都為《周禮》作疏，同樣也宗鄭（鄭學精貫群經，固不容輕破），但孫氏沒有賈氏「疏不破注」的包袱，更有乾嘉學者前例可循（乾嘉經儒攷釋此經，閒與鄭異），甚至認為他們的考證「或勝注義」，使他可以在前人的基礎上，暢所欲言。不過，孫氏也不想太過張揚，即使是「所發正數十百事」，他也低調地表示自己「匪敢破壞家法」，他之所以如此做，只是學習「康成不曲從杜、鄭之意」的精神而已。

（四）魏晉以後儀制不取

〈凡例〉云：

　　二鄭釋經，多徵今制，攷之馬、班史志，衛、應官儀，率多符合。良以舊典隊文，留遺因襲，時代匪遙，足相比況。晉宋而降，去古彌遠，政法滋更：北周、李唐，建官頒典，雖復依放六職，而揆之禮經，多不相應。故此疏於魏晉以後儀制，槩不援證。惟州國山川，宜詳因革，固職方輿地，備釋今名，以昭徵實之學。〔註138〕

二鄭，指鄭興、鄭眾。〔註139〕二人釋經，喜以漢制比況之，而鄭玄因襲之。如〈地官・槀人〉經文「掌共外內朝冗食者之食」，鄭《注》云：

　　外朝，司寇斷獄弊訟之朝也。今司徒府中，有百官朝會之殿云，天子與丞相舊決大事焉，是外朝之存者與？〔註140〕

孫《疏》云：

　　《周禮》「外朝」，干寶《注》曰：「禮，司徒府中，有百官朝會殿，天子與丞相決大事，是外朝之存者。」詒讓案：據劉昭所引，則干《注》說與鄭同，疑晉時猶沿漢制也。鄭言此者，謂漢亦有外朝，與宮內之朝為二，故舉以與周制外內朝相況。實則周外朝無宮室，與漢大會殿小異也。〔註141〕

〔註138〕〈周禮正義略例十二凡〉，頁5～6。
〔註139〕孫云：「仲師（鄭眾，司農）作《周禮解詁》，見鄭敘。與鄭大夫興為『二鄭』。」參見《周禮正義》，卷1，冊1，頁12。
〔註140〕《周禮正義》，卷31，冊4，頁1241。
〔註141〕同註140，頁1242。

則鄭《注》以漢制況周制，干寶《注》因襲之。陳澧曰：

> 鄭注《三禮》，以漢制況周制，而《周禮》尤多。王伯厚皆錄之爲《漢制考》。澧案：《左傳》昭十七年，郯子言少皞氏爲鳥師而鳥名，祝鳩氏爲司徒，賈公彥《周禮正義序》引之云：本名祝鳩，言司徒者，以後代官況之。……先鄭以此法注《周禮》，後鄭因之，所舉漢制愈多，而賈《疏》能發明其意。〔註142〕

又如賈逵、鄭眾解〈天官・玉府〉「褻器」爲「楲竇」、「虎子之屬」，即以漢制比況；又如干寶解〈醢人〉「茆菹」爲「鳧葵草」，即以晉時別名比況之。（請參見第三章第一節「三家《注》的價值」）可知以後代制度比況前代制度以解經是當時解經的風氣，陳澧又云：

> 賈《疏》多用鄭《注》之法，以唐制況周制。如〈大史〉「祭之日，執書以次位常」，《疏》云：「若今儀注。」〈質人〉《疏》云：「此質人若今市平準。」……此皆賈《疏》深得鄭《注》之法者也。〔註144〕

可見不僅漢晉人如此，唐人亦如此。孫氏以爲，以今制況古制，雖然有助於讀者理解經文，但嚴格說來不是注疏家解經的正途，並且「晉宋而降，去古彌遠，政法滋更」、「北周、李唐，建官頒典，雖復依放六職，而揆之禮經，多不相應」，因此對於魏晉以後的儀制，除了州、國、山、川、地名之外，皆不取以釋經。如〈掌訝〉「次于舍門外」鄭《注》云：「次，如今官府門外更衣處。」賈《疏》云：「即今門外亦然。」賈氏以唐制況漢制。孫氏《周禮正義》此條僅云：

> 注云「次，如今官府門外更衣處」，〈掌次〉云：「凡祭祀，張尸次。」先鄭注云：「尸次，祭祀之尸所居更衣帳。」漢時官府門外亦各有更衣處，故舉以爲況。〔註145〕

即賈《疏》所云不錄之。而孫氏《正義》解〈職方氏〉「其川三江」、「其浸五湖」時，則詳述歷代三江、五湖沿革，〔註145〕以釋讀者對古今地名觀念不清的疑惑。

〔註142〕〔清〕陳澧撰：《東塾讀書記》（臺北：世界書局，1975 年 5 月，與《札樸》、《札迻》合刊）卷 7，〈周禮〉，頁 9 左～10 右。

〔註144〕《東塾讀書記》，頁 10 左。

〔註145〕《周禮正義》，卷 73，頁 3092。

〔註145〕同上注，卷 63，頁 2640～2648。

（五）以古術釋古經

〈凡例〉云：

> 天算之學，古疏今密，然此經遠出周初，鄭詁如圓率則徑一圍三，
> 天行則四游升降，並據《九章》、《考靈曜》，雖法數疏闊，而以古術
> 釋古經，致爲塙當。今疏惟《考工》一篇，輪蓋周徑，校密率於圓
> 觚，柯欘倨句，證弧角於西算；餘咸據古祕緯史志及唐以前算經占
> 經爲釋。後世新法，古所未有，不可以釋周經及漢注也。〔註146〕

《考工記》一篇的內容，多涉及精密的算術，如輪、蓋的周徑、柯、欘的倨
句，須以西算輔佐之。其他關於古代數術的內容，則不適合以新法證之，如
鄒伯奇《學計一得》，以西法推〈大司徒〉土圭測景，此非營雒時實測，雖據
密率，卻非周、漢人所知，故不取。

（六）引書詳略分別

〈凡例〉云：

> 凡錄舊說，唐以前皆備舉書名。宋元以後，迄於近代，時代未遠，
> 篇帙見存，則唯箸某云，以省繁碎。〔註147〕

孫氏對引用書籍著錄方式，有詳略之分。唐以前書籍因時代久遠，故皆備舉
書名；宋、元、明舊說，孫氏多探王與之《周禮訂義》、陳友仁《周禮集說》
及官纂義疏；清儒考釋，則以廣東《學海堂經解》、江蘇南菁書院《續經解》
爲淵藪，其他如吳廷華《三禮疑義》、李光坡《周禮述注》、李鍾倫《周禮纂
訓》、方苞《周官集注》、《周官析疑》、莊有可《禮記集說》、蔣載康《周官心
解》及林喬蔭《三禮陳數求義》、黃以周《禮書通故》之類，除吳書僅見傳鈔
殘帙，莊書亦未有梓本，其餘皆爲世所通行，故《正義》中並僅著姓名，不
詳篇目，如「段玉裁云」指《周禮漢讀考》、「江永云」指《周禮疑義舉例》、
「林喬蔭云」指《三禮陳數求義》等。第一次引用舉全名，第二次引用僅舉
姓氏，如「江永」，則爲「江氏云」。

（七）崇尚簡要，互爲詳略

〈凡例〉云：

> 凡疏家通例，皆先釋經，次述注。然鄭《注》本極詳博，賈氏釋經，

〔註146〕〈周禮正義略例十二凡〉，頁 5。
〔註147〕〈周禮正義略例十二凡〉，頁 4～5。

隨文闡義，或與《注》複，而釋《注》轉多疏略；於杜鄭三君異義，
但有糾駁，略無申證，故書今制，罣礙闕如。今欲撟斯失，釋經唯
崇簡要，注所已具，咸從省約，注文淵奧，則詳爲疏證。蓋注明即
經明，義本一毌也。今疏於舊疏甄采精要，十存七八。雖閒有刪剟
移易，而絕無羼改。且皆明標賈義，不敢攘善。唐疏多乾沒舊義，
近儒重修，亦或類此，非膚學所敢效也。〔註148〕

孫氏釋經方式，先釋經，後述注，最後論斷。如〈雞人〉經文「雞人掌共雞
牲，辨其物」，鄭《注》「物謂毛色也。辨之者，陽祀用騂，陰祀用黝」，孫《疏》
先釋經，云：

「雞人」者，葉鈔《釋文》作「鷄人」。阮元云：「从隹者小篆，從
鳥者籀文。」

云「掌共雞牲」者，亦〈牧人〉六牲之一也。

次述注，云：

注云「物謂毛色也」者，〈保章氏〉注云：「物，色也。」《呂氏春秋·
仲秋紀》：「乃命宰祝巡行犧牲，瞻肥瘠，察物色。」高《注》云：「物，
毛也。」《國語·楚語》觀射父說祀牲，云「毛以示物」。是物即毛
色騂黝之屬。凡牲畜，以毛色別其種類，通謂之物。詳〈牧人〉疏。

云「辨之者，陽祀用騂，陰祀用黝」者，賈《疏》云：「〈牧人〉文。
彼注云：『陽祀，祭天於南郊及宗廟；陰祀，祭地北郊及社稷也。』
鄭舉此二者，其望祀各以其方色牲，及四時迎氣皆隨其方色，亦辨
其毛物可知也。」

最後論斷，云：

詒讓案：《說文·鳥部》、《風俗通義·祀典篇》並云「魯郊以丹雞，
祝曰：以斯　音赤羽，去魯侯之咎」。是陽祀雞用騂之證。四方迎氣，
牲不必隨方色，詳〈大宗伯〉疏。〔註149〕

即使孫氏希望「崇尚簡要」，但每每要將一職掌解釋清楚，文字的鋪陳總超出
預期。由於《周禮》三百六十職，各有職掌，職職相連，事事會通，孫氏想
出「互爲詳略」的疏解方法。接續以上〈雞人〉例，「詳〈牧人〉疏」（「詳〈大
宗伯〉疏」亦依此類推），表示在〈牧人〉條下，可以找到「雞人」的相關解

〔註148〕同注147，頁2。
〔註149〕《周禮正義》，卷37，冊6，頁1510。

釋，〈牧人〉經文「掌牧六牲而阜蕃其物」，孫《疏》云：

> 「掌牧六牲而阜蕃其物」者，物猶言種類也。〈雞人〉注云：「物謂
> 毛色也。」案：凡牲畜區別毛色，各爲種類，通謂之物。〔註150〕

又〈牧人〉經文「凡陽祀，用騂牲毛之；陰祀，用黝牲毛之」下，則有二千多字關於「騂」、「黝」的疏證。一方面可以補〈雞人〉疏的不足，一方面讀者也可以藉孫氏的連繫，發現各職官之間密切的關係。而「互爲詳略」的發明，更幫助孫氏在疏解經文、注文，以及處理歷代相關資料作論證時，不會同賈氏一般，「釋經隨文闡義，或與《注》複，而釋《注》轉多疏略」，而能綱舉目張，毫不紊亂了。

〔註150〕《周禮正義》，卷23，冊3，頁915。

第七章 義疏之作——《周禮正義》(下)

第一節 《周禮》的歷史公案
——孫詒讓的《周禮》觀

《周禮》一經，自發現起，就是一部爭議不斷的書。從作者、成書年代、定名、源流到〈冬官〉是否亡佚，《考工記》又爲何人所補，《周禮》是否劉歆所僞造，歷代的學者都各有不同的解釋。各自揣度的結果，已逐漸成爲《周禮》研究的歷史公案，也是後代每個《周禮》研究者必須面對的問題。孫詒讓在決定撰作《周禮正義》的同時，就必須解決這些棘手的難題，他如何處理這些問題，是本節所要探討的重點。

一、對周禮作者與成書年代的看法

《周禮》的作者與成書年代，歷來就是一個懸而未決的問題。彭林先生將諸家看法略作歸納，認爲至少有以下數說：一，爲周公手作；二，作於西周；三，作於春秋；四，作於戰國；五，作於周秦之際；六，劉歆僞造，加上彭林先生認爲作於漢初，共有七種說法，前後相差一千餘年。〔註1〕當然有些說法已遭到後代學者的駁斥，如《周禮》不是周公所作，學者已達成共識。這是由於民國以後，學者使用新的方法研究《周禮》，如以金文材料對照《周

〔註 1〕 彭林撰：《周禮主體思想與成書年代研究》(北京：中國社會科學出版社，1991年9月)，頁4～8。

禮》職官、制度；或以思想時代特徵來分析《周禮》內容所反映出的思想所
得出來的結果。

自孫氏《周禮正義》出，學者對其評價都很高，可是唯一引人非議的，
就是孫氏對《周禮》一書作者的看法。沈文倬云：

> 孫氏是相信周公制作《周禮》之說的。……周公制作之說實不可信，
> 有很多證據，足以證明《周禮》成書不在周初，不是每一個職官都
> 符合周初實制。〔註2〕

洪誠云：

> 信劉歆鄭玄說以《周禮》爲周公之書，終有未安。〔註3〕

王文錦云：

> 自然，這部卷帙浩繁的著作中出現個別錯誤或紕漏，也是難免的。
> 比如，孫是維護「周公作《周禮》」的傳統說法，就不見得正確。他
> 對這個問題的疏解，缺乏令人信服的論證，似乎忽視了《周禮》同
> 真正的周初製作在官制名稱與語言風格方面的巨大差異。〔註4〕

楊天宇云：

> 孫詒讓更就鄭玄之說，考訂周公攝政的年代與頒行《周禮》的時間，
> 其結論曰：「周公作《周禮》雖在（居攝）六年，其頒行則在致政時，
> 故〈明堂位〉孔《疏》亦謂成王即位乃用《周禮》是也。」〔註5〕

筆者以爲楊天宇的說法似乎誤解孫氏。孫氏此段全文爲：

> 案：賈說〈洛誥〉，蓋檃括鄭《書注》義。〈洛誥〉：『周公曰，王肇
> 稱殷禮。』孔《疏》引鄭《書注》云：『王者未制禮樂，恆用先王之
> 禮樂。』孔申其義云：『周公制禮樂既成，不使成王即用周禮仍用殷
> 禮者，欲待明年即政，告神受職，然後班行《周禮》。班訖，始得用
> 周禮。故告神且用殷禮也。』據鄭義，〈洛誥〉是周公攝政七年所作，
> 而尚稱殷禮；則周公作《周禮》雖在六年，其班行則在致政時，故

〔註2〕 沈文倬撰：〈孫詒讓《周禮》學管窺〉，《宗周禮樂文明考論》（杭州：杭州大
學出版社，1999年12月），頁461～462。

〔註3〕 洪誠撰：〈讀《周禮正義》〉，《洪誠文集·雜誦廬論文集》（南京：江蘇古籍出
版社，2000年9月），頁203。

〔註4〕 王文錦、陳玉霞撰：〈本書前言〉，《周禮正義》，頁4。

〔註5〕 楊天宇撰：〈前言〉，《周禮譯注》（上海：上海古籍出版社，2004年7月），頁
10。

〈明堂位〉孔《疏》亦謂成王即位乃用周禮是也。〔註6〕

由於鄭玄對「七年致政成王」解釋不清，故孫氏引賈《疏》、孔《疏》來說明鄭義。也就是說，孫氏只是將鄭義、孔氏申論整理得更清楚，並非自己下結論。即使如此，大部分的學者仍認為孫氏以為《周禮》作者為周公，或許他們的說法沒有錯，可是，為什麼孫氏會犯下這個錯誤，或者說孫氏的本意為何，是值得去探討的。

孫氏《周禮正義》一書，對成書年代的判定為「西周」：

> 然則秩官之制，莫備於周。此經建立六典，洪纖畢貫，精意眇恉，彌綸天地，其為西周政典，焯然無疑。〔註7〕

談到「周公」與《周禮》關係者，為〈周禮正義序〉：

> 粵昔周公，纘文武之志，光輔成王，宅中作雒，爰述官政，以垂成憲，有周一代之典，炳然大備。然非徒周一代之典也，蓋自黃帝、顓頊以來，紀於民事以命官，更歷八代，斟汋損益，因襲積絫，以集於文武，其經世大法，咸粹於是。故雖古籍隥佚，百不存一，而其政典沿革，猶約略可考。〔註8〕

「作雒」就是周公對土中的具體規劃，制郊甸，設丘兆，建大社，位五宮，由外而內，一步步確立起天下中心的位置。周公輔佐成王，為使國家有一套可供遵循的法則，宅中作雒。從序文，可得二個重點，一，「爰述官政，以垂成憲」，孫氏在這裡說得非常清楚，周公所為，是「述」而非「作」。周公只是將前代典章制度可取之處，做了一番整理的工作。二，孫氏認為《周禮》不單單只有周代的典章制度，是經過歷代「斟酌損益，因襲積絫」而成的。〈周禮正義序〉又云：

> 蓋鴻荒以降，文明日啓，其為治，靡不始於麤牭而漸進於精詳。此經上承百王，集其善而革其弊，蓋尤其精詳之至者，故其治躋於純大平之域。作者之聖，述者之明，蟠際天地，經緯萬端，究其條緒，咸有原本，是豈皆周公所肊定而手刱之哉？〔註9〕

孫氏再次強調所有的典章制度包括《周禮》，皆非突然完備，都是從粗具規模

〔註6〕 《周禮正義》，卷1，冊1，頁11。
〔註7〕 同上注，頁4。
〔註8〕 〈周禮正義序〉，頁1。
〔註9〕 同上注。

而後臻於精詳。《周禮》一書是「集其善而革其弊」、「究其條緒，咸有原本」。
最後一句「是豈皆周公所肊定而手勑之哉」，明確表達孫氏對《周禮》作者的
看法。孫氏認為周公有增刪修補之功，但對《周禮》是周公所作的說法則持
保留的態度。言下之意，孫氏以為《周禮》非一時一人所作，到了周公手中，
做了比較完備的整理。不過，為什麼以上眾先生會認為孫氏贊成「周公作周
禮」的說法？原因在於孫氏的態度曖昧不明。孫致文雖然也主張「孫詒讓認
為《周禮》是周公所作」〔註10〕，但是他也指出其中令人不解之處：

> （孫詒讓）也僅是就周公制作《周禮》的年代作一考察，完全沒有
> 對這部書與周公的關係做說明。〔註11〕

從《周禮正義》本文中，可以隱約感覺孫氏一直在迴避《周禮》作者的問題。
以其解《周禮》之詳，卻對這麼重要的問題避重就輕，如引汪中〈周官徵文〉
云：

> 漢以前《周官》傳授原流，皆不能詳，故為眾儒所排。攷之於古，
> 凡得六徵。《逸周書·職方篇》即〈夏官·職方職〉文，一也；〈藝
> 文志〉：六國之君，魏文侯最為好古。孝文時，得其樂人竇公，獻其
> 書，乃《周官·大宗伯》之〈大司樂章〉也，二也；《大戴禮》朝事
> 載〈典瑞〉、〈大行人〉、〈小行人〉、〈司儀〉四職文，三也；《禮記·
> 燕義》，〈夏官·諸子職〉文，四也；〈內則〉食齊視春時以下，〈天
> 官·食醫職〉文。春宜羔豚膳膏薌以下，〈庖人職〉文。牛夜鳴則庮
> 以下，〈內饔職〉文，五也；《詩·生民·傳》，嘗之日涖卜來歲之芟
> 以下，〈春官·肆師職〉文，六也。遠則西周之世，王朝之政典，大
> 史所記，及列國之官世守之以食其業，官失而師儒傳之，七十子後，
> 學者繫之於六藝。其傳習之序，明白可據如是，而以其晚出疑之，
> 斯不學之過也。若夫古之典籍，自四束以外，不能盡人而誦習之，
> 故孟子論井地爵祿，漢博士作〈王制〉，皆不見《周官》，不可執是
> 以議之也。古今異宜，其有不可通者，信古而闕疑可也。〔註12〕

孫《疏》云：

〔註10〕孫致文撰：《孫詒讓周禮正義研究》（桃園：國立中央大學中國文學研究所碩
士論文，1998年5月），頁77。
〔註11〕同上注，頁9。
〔註12〕《周禮正義》，卷1，冊1，頁6。

案：汪說最允。今檢校周秦先漢諸書、《毛詩傳》及《司馬法》，與
此經同者最多。其它文制契合經傳者尤眾，難以悉數。然則其為先
秦古經，周公致太平之法，自無疑義。〔註13〕

對汪中的說法僅說「汪說最允」，不對其內容加以辨證；又云先秦古書多與此
經內容契合，只以「難以悉數」帶過，即下結論云「為先秦古經，周公致太
平之法，自無疑義」，實難令人信服。對於歷代聚訟最烈的作者問題，孫氏的
處理方法雖啓人疑寶，但也不是完全無法解釋。孫詒讓身為古文經學家，古
文經學家一貫的立場，認為六經是周公的舊典，如劉百閔所說「他們所崇奉
的，孔子以上，首推周公」。〔註14〕亦如彭林先生所說「不敢去懷疑它，或者
是不願去懷疑」。〔註15〕孫詒讓既要維護周公正統的地位，否則《周禮》所建
構的體制將瓦解；又想要以經論經，如實疏解經文，於是，對於作者的問題，
只能模糊地表達自己的看法。但在疏解《周禮》的過程中，又可見孫氏與堅
信「《周禮》為周公作」的鄭玄之間的矛盾，徐復觀云：

鄭氏既堅信《周官》出於周公，亦必堅信魯宣公十五年以前必無稅
畝之事，於是只好不用當時「賦」之通行義，而謂為「口率出泉」。
孫詒讓們不采用鄭氏之說，便不能不承認《周官》中的田制純屬架
空之論。〔註16〕

《左傳‧宣公十五年》：「初稅畝，非禮也。穀不過藉，以豐材也。」〔註17〕
初稅畝者，即表明魯國正式宣布廢除井田制，承認土地私有權，而一律徵稅。
井田制，為土地國有制，諸侯和百官得到田地，再分配給農民耕種，諸侯與
農民對土地有使用權，無所有權，不得轉讓和買賣，收成需一定的比例歸公，
而無所謂徵土地稅之事。鄭玄信《周禮》出於周公，井田制為周制，因此認
為魯宣公十五年廢除井田制之前，沒有徵收土地稅的制度，因此不採用當時
通行義「土地稅」的說法，才將「賦」解釋為「口率出泉」，而口錢制始於漢
非始於周。孫詒讓在解「九賦」時，不用鄭玄「口泉」而採鄭眾「土地稅」

〔註13〕同注12。
〔註14〕劉百閔撰：〈今古文學上的周公和孔子〉，《經子肄言》（臺北：遠東圖書公司，
　　　　1964年6月），頁71。
〔註15〕《周禮主體思想與成書年代研究》，頁8。
〔註16〕徐復觀撰：《徐復觀論經學史二種‧周官成立之時代及其思想性格》（上海：
　　　　上海書店出版社，2002年4月），頁296。
〔註17〕〔晉〕杜預注，〔唐〕孔穎達疏：《重栞宋本左傳注疏附校勘記》（臺北：藝文
　　　　印書館，1989年，據嘉慶二十年江西南昌府學本影印），卷24，頁13右。

為釋，徐復觀以為孫氏的做法等於承認井田制是紙上談兵的空論（目前仍有學者認為周代並未實行過井田制）。以上所舉例，雖然不能直接證明孫氏反駁鄭玄為維護周公而作的曲解，是對周公作《周禮》有疑問，不過他採用比較正確的解釋，希望如實疏解經文的心意是可以確定的。這也就是古文經學家內心矛盾所在。因此，以目前學者研究所得，可以確定孫氏對《周禮》的成書年代判斷錯誤，但認定孫氏以為《周禮》的作者就是周公，或許還有商榷的空間。

二、對《周禮》內容與定名的看法

（一）對《周禮》內容的看法

《周禮》一書的內容，孫氏認為「權其大較，要不越政、教二科」。「政」、「教」即指國家的制度與教化。國家制度方面，〈周禮正義序〉云：

> 政則自典、法、刑、禮諸大端外，凡王后世子燕游羞服之細，嬪御
> 閽閨之昵，咸隸於治官，宮府一體，天子不以自私也。而若國危、
> 國遷、立君等非常大故，無不曲為之制，豫為之防。三詢之朝，自
> 卿大夫以逮萬民，咸造在王庭，與決大議。又有匡人、撢人、大小
> 行人、掌交之屬，巡行邦國，通上下之志。而小行人獻五物之書，
> 王以周知天下之故。大司寇、大僕樹肺石，建路鼓，以達窮遽。誦
> 訓、土訓夾王車，道圖志，以詔觀事辨物。所以宣上德而通下情者，
> 無所不至，君民上下之間，若會四枝百賑而達於囟，無或離閡而弗
> 豈也。〔註18〕

大至國家的典、法、刑、禮，小至王宮內王、后、世子燕游羞服之細、嬪御閽閨之昵，《周禮》無所不包。對於人民的照顧，亦無所不至，是一套完備的政典。即章太炎所云孫氏以為「典莫備於六官」。〔註19〕故曹元弼〈書孫氏《周禮正義》後〉申之云：

> 夫周官之立政也，務與民同好惡，故大司徒三年大比，使民興賢，
> 出使長之。使民興能，入使治之。而小司寇外朝詢萬民，凡國危、
> 國遷、立君，皆與眾議之。〈洪範〉所謂女則有大疑，謀及庶人也。

〔註18〕〈周禮正義序〉，頁 1～2。
〔註19〕〔清〕章炳麟撰：〈孫詒讓傳〉，《章氏叢書正續編·家書·年譜》（臺北：世界書局，1982 年 4 月），文錄二，下冊，頁 75 右。

然以萬民之眾，庶人之賤，而皆可使與國家大政者，豈築室而道謀哉？其本在王建有極以厚民生正民德，故六篇序官之首，皆曰：惟王建國，設官分職，以為民極。太宰以九職任萬民，司徒頒職事十有二于萬民，司市以下之經商，遂人以下之勸農，休養生息，既庶且富。而太宰以八統詔王馭萬民，親親敬敬，進賢使能之等，皆躬行以率先之。……故人民安居樂業，習於善行。賢其賢，能其能，是非有正，好惡無偏，而君民一體相繫之故，與天下治亂安危大事，人人皆知。〔註20〕

皆以人民的利益為出發點而為治。教化方面，孫氏云：

其為教，則國有大學，小學。自王世子公卿大夫士之子，眾夫邦國所貢，鄉遂所進賢能之士咸造焉。旁及宿衛士庶子、六軍之士，亦皆輩作輩學，以德行道藝相切劘。鄉遂則有鄉學六，州學三十，黨學百有五十，遂之屬別如鄉。蓋郊甸之內，距王城不過二百里，其為學辜較已三百七十有奇，而郊里及甸公邑之學，尚不與此數。推之都縣鄙之公邑、采邑，遠及於畿外邦國，其學蓋十百倍蓰於是。無慮大數九州之內，意當有學數萬。信乎教典之詳，殆莫能尚矣。〔註21〕

孫氏以為《周禮》強調教化的重要，上自王公貴族，下至平民百姓，都應以德行、道藝相互切磋琢磨，此經對教育規劃之詳，無可超越。曹元弼申之云：

《周官》之立教也，廣育賢才，以備國用，故國有大學小學，鄉遂則有鄉學，……其餘立學之數更不可勝計。然其所以為學之本，則自太宰輔王格心匡德，而師氏詔王嫩，教國子以德，保氏諫王惡，養國子以道，自王躬尊師典學，而貴戚子弟，莫不漸摩於仁義。其為教，德行為先，藝能為後，故師氏既教國子以三德三行，保氏復以道審諭之，乃教之六藝。大司徒教萬民以六德六行先於六藝。……故經正民興，邪慝不作，立學愈多，倫理愈明，人才愈盛。故其為士，則孝弟忠順；其為吏，則政平訟理；其為將，則師武臣力，好謀而成，則學之道得焉耳。〔註22〕

〔註20〕 曹元弼撰：〈書孫氏《周禮正義》後〉，《浙江學報》（1947 年 9 月），第 1 卷第 1 期，頁 9。

〔註21〕 〈周禮正義序〉，頁 2。

〔註22〕 〈書孫氏《周禮正義》後〉，頁 9～10。

　　孫氏同治十二年草邸《周禮正義》，至光緒二十五年完成，八月，才撰成
〈周禮正義自序〉及〈凡例〉。書既成，面對國人學西日盛，國家又面臨存亡
之際，對孫氏來說，感觸特別深，所以與當初草邸《周禮正義》的原始初衷，
有心境上的改變，他以為「今之大患，在於政教未修，而上下之情暌闊不能
相通」，又以為「捨政教而議富強，是猶泛絕潢斷港而蘄至於海也」。〔註 23〕
於是，在〈序〉中一再強調《周禮》政教之備，足供國家富強之用。而世人
徒奉此經為周經漢注考證之淵藪，卻忘記其內容的實用性。曹元弼此篇文章，
亦因西學充斥中國，而發出不平之鳴：

> 今之言治者，動云西法，或云西法合於古法，不知苟得其本，則師
> 古法可，采西法亦可；不得其本，則無論用古法，用西法，同歸於
> 亂。往者先師張文襄公作《勸學篇》，籌富強之策，而端本於教忠、
> 明綱、宗經，余望通經者之致用，勿以無本之說，貽誤家國也。取
> 孫氏序義，引而伸之，以告世之治《周禮》者。〔註 24〕

曹氏以為「達民情，善政也；廣立學，善教也」，《周禮》正符合這兩個條件。
他想喚起世人對《周禮》的重視，而富強之本，即在《周禮》。

（二）對《周禮》定名的看法

　　關於《周禮》的定名，孫氏將古書中論及「周禮」者做了詳細的敘述，
為使方便閱讀，筆者將其內容整理成表格如下，「標楷體」為出處，「細明體」
為引文及孫氏的解說：

表 7-1-1　　「周禮」異名表

《周官》	《周官經》	《周禮》	《尚書·周官》	《古周禮》	周禮
《史記·封禪書》	《漢書·藝文志》本於《七略》	《漢紀·成帝篇》劉歆以《周官經》六篇為周禮，王莽時，歆奏以為禮經，置博士。	鄭眾賈《疏》引馬融及鄭序，已斥其失。	《五經異義》《說文·敘》稱《周官》為古文，《五經異義》亦多稱「古周禮說」。	《左傳·文公十八年》季文子曰：「先君周公制周禮曰：則以觀德，德以處事，事以度功，公以食民。」
《漢書·禮樂志》		《漢書·王莽傳》歆為義			《左傳·閔公元年》齊仲

〔註23〕〈周禮正義序〉，頁 5。
〔註24〕〈書孫氏《周禮正義》後〉，頁 10。

－254－

		和，與博士諸儒議莽母功顯君服，已云發得《周禮》，以明殷監。又引〈司服職〉文，亦稱《周禮》。		孫毓：「魯猶秉周禮。」
《漢書·河間獻王傳》		《釋文·敘錄》王莽時，劉歆爲國師，始建立《周官經》爲《周禮》。		《左傳·昭公二年》晉韓起見《易·象》與《魯春秋》，曰：「周禮盡在魯矣。」
《隋書·經籍志》《周官》，蓋周公所建官政之法				

　　孫氏以爲，除賈逵所云已由賈公彥駁斥、《左傳》所陳爲「周之禮」而非「周禮」書名外，《周禮》自被發現至定名爲《周禮》前，有《周官》、《周官經》、《周禮》、《古周禮》四種稱呼。而將《周官》定名爲《周禮》，且後世沿用此名，則自劉歆始，並反駁陸德明「歆爲國師，始建《周禮》」之說，孫氏云：

　　《漢書·王莽傳》，歆爲國師，在始建國元年；而居攝三年九月，歆爲羲和，與博士諸儒議莽母功顯君服，已云發得《周禮》，以明殷監。又引〈司服職〉文，亦稱《周禮》。然則歆建《周官》以爲《周禮》，疑在莽居攝、歆爲羲和以前。陸謂在爲國師以後，未得其實。通覈諸文，蓋歆在漢奏《七略》時，猶仍《周官》故名，至王莽時，奏立博士，始更其名爲《周禮》，殆無疑義。〔註25〕

則《周禮》之更名，在王莽居攝、劉歆爲羲和以前。不沿用《周官》之名，原因在於此經爲周公遺典，與《士禮》同爲正經，因采左氏之文，以爲題署，又恐後人將其與《尚書·周官》之名相混淆，故名《周禮》。此外，孫氏又舉漢注家以佐證《周禮》定名始末，其云：

　　東漢之初，杜馬諸儒，咸傳歆學。鄭序謂鄭少贛、鄭仲師、衛敬仲、

〔註25〕《周禮正義》，卷1，冊1，頁3。

賈景伯、馬季長，皆作《周禮》解詁，而馬氏自序則稱《周官傳》，鄭眾師〈諸子〉、〈帗氏〉兩注亦稱《周官》。諸家解詁久佚，其題《周禮》與否，今無可質證。若鄭君作注，則正題《周禮》，故〈冢宰〉注云：「周公居攝，而作六典之職，謂之《周禮》。」又〈冬官目錄〉云：「古《周禮》六篇畢矣。」其二《禮》之注，援舉此經，咸不云《周官》。《隋·經籍志》載漢晉諸家，並題《周官禮》，蓋唐人兼采二名，用以著錄，非其舊題。要《周禮》之目，始於劉歆，而定於東漢經師，其蹤蹟固可尋也。〔註26〕

則《周禮》之名，始於劉歆，東漢經師因襲之，而至於今。

又古人還有所謂《周禮》有七處異名的說法，見於孔穎達《禮記疏》：

《周禮》見於經籍，其名異者有七處。案〈孝經說〉云「禮經三百」，一也；〈禮器〉云「經禮三百」，二也；〈中庸〉云「禮儀三百」，三也；〈春秋說〉云「禮義三百」〔註27〕，四也；〈禮說〉云「有正經三百」，五也；〈周官外題〉謂爲《周禮》，六也；《漢·藝文志》云「周官經六篇」，七也。七者皆云三百，故知俱是《周官》。〔註28〕

孔氏此說，源於鄭氏，《禮記·禮器》云：「經禮三百，曲禮三千。」鄭注云：「經禮謂《周禮》也，《周禮》六篇，其官有三百六十。曲猶事也，事禮謂今禮也。」〔註29〕鄭玄以爲《周禮》爲經禮，《儀禮》爲曲禮。孫氏以爲此說爲誤，《周禮》、《儀禮》皆爲正經，無主從之關係，並一一予以澄清：

今案：《漢·藝文志》亦云：「禮經三百，威儀三千。」顏師古《注》從韋昭說，亦以「禮經」爲《周禮》。又引臣瓚云：「《禮經》三百，謂冠昏吉凶。《周禮》三百，是官名也。」瓚說最析，足證鄭、韋之誤。蓋《周禮》乃官

〔註26〕《周禮正義》，卷1，冊1，頁3。

〔註27〕孫氏《禮記正義校記》云：「案：〈孝經說〉云：『禮經三百』一也，〈禮器〉云『經禮三百』二也，〈中庸〉云『禮儀三百』三也，〈春秋說〉云『禮經三百』四也，〈禮說〉云『有正經三百』五也。禮經之名，〈孝經說〉與〈春秋說〉緟復，疑有一誤。今案：上文云『見有七處』，則不論其同異，猶下《儀禮》之別七處五名是也。此無誤，余初校誤疑。」又云：「黃以周校〈春秋說〉下作『禮義三百』，云：『〈春秋傳〉曰：是以有動作禮義威儀之則。〈春秋說〉本此爲文。各本俱誤。』案：黃說亦通。」參見〔清〕孫詒讓撰，雪克輯點：《十三經注疏校記·禮記正義校記》（濟南：齊魯書社，1983年9月），頁451～452。

〔註28〕《重栞宋本禮記注疏附校勘記》，卷1，頁3右。

〔註29〕《重栞宋本禮記注疏附校勘記》，卷23，頁21左。

政之法，《儀禮》乃禮之正經，二經並重，不可相對而爲經曲。〈中庸〉禮儀、
威儀，咸專屬《禮經》，與《周禮》無涉。〈孝經（說）〉、〈春秋（說）〉、〈禮
說〉所云禮經、禮義、正經者，亦無以定其必爲此經。鄭、韋、孔諸儒，並
以三百大數巧合，遂爲皮傳之說，殊不足馮。

這些說法都是因爲對三禮的內容與性質不甚了解所造成的錯誤觀念。

三、對《周禮》源流的看法

《孫徵君籀廎公年譜》云：

> 孫詒讓草創《周禮》，即詳考經之源流，題〈《周官經》源流攷〉。

〔註30〕

此篇文章，內容主要考證《周禮》的出現、〈冬官〉何時亡、《考工記》由何
人所補。孫延釗自孫詒讓書篋遺文稿中尋得，而《籀廎述林》中不載，延釗
以爲孫氏此文考證各條，已大致入於《周禮正義》中，故孫氏將此文刪去。
延釗將全文錄下，以見孫氏初始之作。孫詒讓〈敘〉云：

> 《周官》晚出，在漢中葉。至於新莽，始立學官。班書不詳其原委，
> 止云河間獻王所得而已。後儒輕信傳聞，遂滋異論。壁中舊帙，或
> 謂本有〈事官〉（按：即〈冬官〉），上與古記，乃云作自博士，今綜眾
> 說，攷而正之。宋元以下，妄說峰起，等諸自鄶（按：不足道之意），
> 不箸於篇，癸酉春日書。

孫氏此文先列古書所言《周禮》內容，輔以自己的考證案語，筆者將其分爲
兩部分，一爲「對《周禮》出現的看法」，一爲「對〈冬官〉與《考工記》的
看法」，再加上《周禮正義》中針對以上問題所述內容說明之。

（一）對《周禮》出現的看法

《周禮》的出現，共出現以下幾種說法：

1. 河間獻王所得

此說班固《漢書・藝文志》主之，其云：「《周官經》六篇。《周官傳》四
篇。」又〈河間獻王傳〉云：「獻王所得書，皆先秦舊書，《周官》、《尚書》、
《禮記》、《孟子》、《老子》之屬，皆經傳說記，七十子之徒所論。」孫氏以
爲，班固不言獻王奏《周官》及《考工記》爲何人所補，是因爲資料不足，

────────

〔註30〕孫延釗編述：《孫徵君籀廎公年譜》，上冊，同治十二年條。

無法說明。《周禮》自東漢劉歆始傳，西漢絕無師說，班固所著錄「周官傳四篇」，則不知何人所撰。

2. 出於山巖屋壁，劉歆補《考工記》

此說爲賈公彥〈敘周禮廢興〉引馬融〈周禮傳敘〉主之。其云：「秦自孝公以下，用商君之法，其政酷烈，與《周官》相反，故始皇禁挾書，特疾惡，欲絕滅之。搜求焚燒之獨悉，是以隱藏百年，孝武帝始除挾書之律，開獻王（當爲「書」）之路，既出於山巖屋壁，復入於秘府，五家之儒，莫得見焉。至孝成皇帝，達才通人，劉向子歆，校理秘書，始得列序，著于錄略，然亡其〈冬官〉一篇，以《考工記》足之。時眾儒並出共排，以爲非是。唯歆獨識，其年尚幼，務在廣覽博觀，又多銳精於《春秋》。末年，乃知其周公致太平之道，迹俱在斯。」五家之儒，謂高堂生、蕭奮、孟卿、后倉、戴德、戴聖。孫氏以爲馬〈敘〉所述此經隱顯源流，最爲綜析，且馬融去西漢未遠，當得其實。

3. 孔安國所獻

此說以范曄《後漢書・儒林傳》主之。其云：「孔安國所獻《禮古經》五十六篇，及《周官經》六篇，前世傳其書，未有名家。」范曄誤以《禮古經》類及《周官經》，故謂《周官》亦孔安國所獻。然觀《史記》、《漢書》，皆不言孔安國獻《周官》，因此孫氏以爲此說不可信。

4. 李氏所得，河間獻王補《考工記》

此說以陸德明〈經典釋文敘錄〉主之。其云：「景帝時，河間獻王好古，得古禮獻之。或曰：河間獻王開獻書之路，時有李氏上《周官》五篇，失〈事官〉一篇，乃購千金不得，取《考工記》以補之。」孫氏以爲，陸氏此說，考之古書毫無確證，故陸氏以「或曰」兩字別之，「或」者，疑信未定之詞也。另外《隋書・經籍志》亦主此說。

與此同論而稍異者還有孔穎達《禮記・曲禮・正義》：「《六藝論》云：『《周官》，壁中所得六篇，《漢書》說河間獻王開獻書之路，得《周官》有五篇，失其〈冬官〉一篇，乃購求千金不得，取《考工記》以補其闕，《漢書》云得五篇。』《六藝論》云得其六篇，其文不同，未知孰是。」惠棟《後漢書補注》亦云：「《六藝論》曰：『《周官》，壁中所得六篇，前書載河間獻王得《周官》，失其〈冬官〉一篇，取《考工記》補之。』竊意當時壁中所得有六篇，而李氏所獻之五篇，蓋既得復失之也。」則孔穎達與惠棟以爲《周官》原有六篇，

失〈冬官〉一篇，惠棟更推測當初得此書時有六篇，後來失之成五篇，此篇得而復失。孫氏以爲，「六篇」當指「六官」而言。鄭玄師事馬融，《六藝論》的說法不應與馬氏〈周官傳敍〉異。且惠棟所言，於古無徵，不可信也。班固《漢書》亦無河間獻王補〈冬官〉之文，爲孔氏誤記，惠氏沿其說。

　　據以上所述，要之，眾家皆從《漢書》、〈周官傳敍〉引申，而互有詳略。孫氏以爲《周禮》漢時出於山巖屋壁，書既晚出，西漢之世，絕無師說〔註31〕；而《周禮》的發現與傳授，實賴劉向、劉歆父子。筆者以爲，劉歆因「銳精於《春秋》」，見《左傳》言「周禮」事（如第二章第一節所舉《左傳‧文公十八年》季文子曰：「先君周公制周禮曰：則以觀德，德以處事，事以度功，公以食民。」又如：《左傳‧閔公元年》齊仲孫湫曰：「魯猶秉周禮。」又如《左傳‧昭公二年》晉韓起見《易‧象》與《魯春秋》，曰：「周禮盡在魯矣。」等），校書過程中，發現《周官》內容與《左傳》文中所言「周公制周禮」之事頗近似，於是恍然大悟，「乃知其周公致太平之道，迹俱在斯」，而認定《周官》即周公所作之政典。孫氏信馬融〈周官傳敍〉之說，理由也相當薄弱，一爲馬融去西漢未遠，但馬融亦將杜子春的里籍誤記〔註32〕，僅因其去西漢未遠而信其說，恐不妥；一爲鄭玄爲馬融之徒，《六藝論》的說法不應與〈周官傳敍〉相牾，而疑《六藝論》爲誤。然鄭玄亦「從東郡張恭祖受周官」〔註33〕，並且本文第四章第三節已說過鄭玄對馬融說法的採用互有從違，單憑他們是師徒的關係來做論斷亦太武斷。

（二）對〈冬官〉與《考工記》的看法

　　《周禮》自漢代發現以來，六官僅存五官，而以《考工記》補之。歷來學者對此亦有疑問，至宋更發展出「冬官不亡論」之說。孫氏在〈《周官經》源流攷〉與《周禮正義》中都有提及此問題。據上文，孫氏已論《考工記》爲劉歆所補，但非劉歆所作，那麼，《考工記》由何人所作？《考工記》爲何義？〈冬官〉又亡於何時？以下是孫氏的看法：

1.〈冬官〉亡於秦焚書後，《考工記》由劉歆所補

　　〈冬官〉亡，確實的時間在何時，及《考工記》補亡出於何人，鄭玄《三禮目錄》皆無文。〈明堂位〉說官數云「周三百」，注云：「《周官》三百六十，

〔註31〕《周禮正義》，卷1，冊1，頁6。
〔註32〕據楊天宇所說，劉歆生長在長安，與河南緱氏縣相去甚遠。參見楊天宇撰：〈前言〉，《周禮譯注》，頁24。
〔註33〕〔劉宋〕范曄撰、〔唐〕李賢等注：《後漢書》（臺北：洪氏出版社，1978年10月），卷35，頁1207。

此云三百者，時〈冬官〉亡矣。」據此，孫氏以為〈冬官〉亡於先秦以前，而補《考工記》則在漢世。

又《釋文‧敘錄》及《隋書‧經籍志》並謂河間獻王時，李氏上《周官》五篇，失〈事官〉一篇，乃購千金，不得，取《考工記》以補之。據此，是購經、補《記》皆在河間獻王時事。然賈公彥〈敘周禮廢興〉引馬融〈周官傳敘〉則云：「劉向子歆，校理祕書，著於錄略，然亡其〈冬官〉一篇，以《考工記》足之。」馬融或有因二劉校書，此經始顯之意。但因追敘補闕之事，屬文先後，偶爾不次；未必《周官》初得，六篇本自備具，至向歆校書時，乃闕〈冬官〉，而足以《考工記》也。馬融此說，較隋唐諸儒不同的地方，在於《考工記》是由劉歆校書時所補入的。

2.《考工記》非漢博士作

〈禮器‧正義〉云：「《周官經》秦焚燒之後，孝文帝時，求得此書，不見〈冬官〉一篇，乃使博士作《考工記》補之。」孫氏以為此說尤為謬悠。據《漢書‧河間獻王傳》，河間獻王以孝景前二年（前155）立，立二十六年薨，實元光五年（前130）。故（古）《周官》之上於秘府，馬融以為武帝時，陸德明以為景帝時，皆在獻王既立之後。則文帝時，河間獻王尚未立，何以已得《周官》？且孝文時，雖置博士，然據趙岐《孟子題辭》，有《論語》、《孟子》、《孝經》，而無《周官》。何有博士作《考工記》？孫氏並引王應麟《漢書藝文志攷證》云：

> 齊惠文太子鎮雍州，有發楚王冢，獲竹簡青絲編簡廣數分，長二尺，有得十餘簡，以示王僧虔。僧虔曰：「是科斗書《考工記》。」然則《考工記》亦先秦古書，謂之漢博士作，誤矣！〔註34〕

故孔《疏》所云為誤。

3.《考工記》為東周齊人所作

許多人以為《考工記》是因為〈冬官〉亡失，而特意作一與〈冬官〉性質相近的書補之，使《周官》完備。實則不然。孫氏以為，《考工記》為先秦古書，本非為補〈冬官〉而作，故篇首不載〈司空〉之職，體例與五官亦絕異。

孫氏據鄭《注》云「此前世識其事者，記錄以備大數，《古周禮》六篇畢

〔註34〕《周禮正義》，卷74，冊13，頁3102。

矣」，以爲《考工記》成於晚周，故賈《疏》云：「雖不知作在何日，要知在秦以前，是以得遭秦滅焚典籍，〈韋氏〉、〈裘氏〉等闕也。」〈士冠禮・疏〉亦云：「《考工記》，六國時所錄。」而江永所論，則使作者更加明確，其云：

> 《考工記》，東周後齊人所作也。其言「秦無盧」、「鄭之刀」。屬王封其子友，始有鄭；東遷後，以西周故地與秦，始有秦；故知爲東周時書。其言「橘踰淮而北爲枳」，「鸜鵒不踰濟」、「貉踰汶則死」，皆齊魯間水；而終古、戚速、椑茭之類，鄭《注》皆以爲齊人語，故知齊人所作也。〔註35〕

由《考工記》所述之器物、地理、語言習慣等各方面比對，江永以爲與東周齊人近似，孫氏以爲是。

《考工記》之釋名，孫氏引鄭《詩・大雅・文王有聲》箋云：「考，稽也。」又《國語・齊語》說工云：「相語以事，相示以巧，相陳以功。」〈少儀〉云「工依於法，游於說」，鄭注云：「法謂規矩尺寸之數，說謂鴻殺之意。」又《釋名・釋典藝》云：「記，紀也，紀識之也。」以爲百工爲大宰九職之一，此書稽考其事，論而紀識之，故謂之《考工記》，亦以別於前五篇爲古經也。斯記之作，蓋於事功法說特詳，而工別爲職，實與五官文例略相類，故以此書補之。

四、對故書、今書的看法

鄭玄注經時，有言「故書」、「今書」者，〈天官・大宰〉注云「嬪故書作賓」賈《疏》云：

> 「故書」者，鄭注《周禮》時有數本，劉向未校之前，或在山巖石室，有古文，考校後爲今文。古今不同，鄭據今文，故云「故書」。

據賈公彥所敘，則劉向未校書之前爲古文，考校後以當時流行的隸書書寫，而爲今文。楊天宇根據賈《疏》，而言「所謂故書、今書，是指《周禮》在校書前後所用本子的不同」〔註36〕

不過，孫氏對賈說頗不以爲然，故引段玉裁云：

> 《周禮》以出於山巖屋壁入於祕府者爲故書，然則鄭君時所傳爲今

〔註35〕 同註34，頁3103。
〔註36〕 楊天宇撰：〈論鄭玄《三禮注》〉，《經學探研錄》（上海：上海古籍出版社，2004年11月），頁297。

書也。今書往往與故書不同，如今作嬪，故作賓是也。就故書中，亦復互異，今書亦然。蓋說者既殊，而轉寫乖異矣。鄭君所見故書，非真祕府所藏也，亦轉寫之本，目爲祕府本耳。鄭君擇善而從，絕無偏執。故司農故書作賓，已從今書作嬪，於此可見其例也。故賓今嬪，此即賓讀爲嬪，大約古字多假借。〔註37〕

則段氏以爲出於山巖屋壁入於祕府者爲故書，鄭玄所傳爲今書。

又引徐養原所云進一步說明：

《周禮》有故書今書之別。《疏》謂劉向未校以前爲古文，既校以後爲今文，非也。以鄭《注》考之，凡杜子春、鄭大夫、鄭司農所據之本，並是故書。故書今書，猶言舊本新本耳。《周禮》乃古文之學，何今文之有！劉向校書未卒業，子歆續成之。《周禮》蓋歆所校，杜子春、鄭大夫親從歆問，而並據故書作注，則故書乃校後之本也。〈醢人〉注云『故書鵰或爲鶉』，〈鄉師〉注云『今書多爲屯』，是故書今書皆非一本。然子春等於經文，但正其讀，不易其字。今書竟改之，後鄭就今書以校故書，而箸其異同於注。〔註38〕

則徐氏以爲：一，故書今書，猶言舊本新本；二，《周禮》爲古文之學，無今文；三，《周禮》爲劉歆所校，非劉向；四，鄭玄以今書（新本）校故書（舊本），並將二者異同錄於《注》中。孫氏以爲徐氏所說爲是，而詳述如下：

《周禮》故書、今書，與《儀禮》古文、今文不同。《儀禮》自有古今文兩家之學，《周禮》則自劉歆以來，止有古文之學，無所謂今文。徐氏謂故書亦爲校後之本，故書今書猶言舊本新本，足正賈《疏》之誤。但此經唯祕府所藏河間獻王所獻者爲祖本，或爲古文書，與孔壁諸經同，此非二鄭所得見。然則所謂故書者，有杜及二鄭所據之本，有後鄭所據之本，要皆不必祕府舊帙，不過校之今書，所出略前耳。今書則後鄭所見同時傳寫之帙。蓋故書今書，皆不能搞定其爲何家之本。至杜、鄭所校本外，又有賈、馬二家，亦今書之別本。以疏及《釋文》所引效之，〈大宗伯〉「圍敗」，馬本作「國敗」；〈巾車〉「有握」，馬本作「有幄」；〈梓人〉「脣鳴」，賈、馬作「胃鳴」，並不見於《注》，則今書或本甚多，鄭亦不能悉校矣。〈夏采〉

〔註37〕《周禮正義》，卷3，冊1，頁104。
〔註38〕同上注，頁105。

注謂〈士冠禮〉、〈玉藻〉故書「綏」作「綏」。《禮經》雖有古文，而《小戴記》則本不出壁中，無古文，而亦得有故書，斯亦故書、今書不過新舊本之證也。〔註39〕

則孫氏之意：一，《周禮》只有古文之學，無所謂今文。二，祕府藏本僅有劉歆得見，杜子春、二鄭從劉歆學《周禮》，應為劉歆校過之本，三，所謂的「故書」，不必一定是祕府舊帙，只是比「今書」較早的校本。四，「今書」亦是當時治《周禮》者之傳寫本，如馬融、賈逵、張恭祖等皆是。在鄭玄時存有多本，傳寫不同，各家又有所改定，即「故書」有眾本，各家說法不定；「今書」亦有眾本，其中又存有差異，鄭玄擇善而從。因此孫氏以為「故書今書，皆不能塙定其為何家之本」，而故書、今書，即如徐氏所言，為新校本、舊校本，非古文、今文之別也。

圖 7-1-A　《周禮》故書今書源流圖

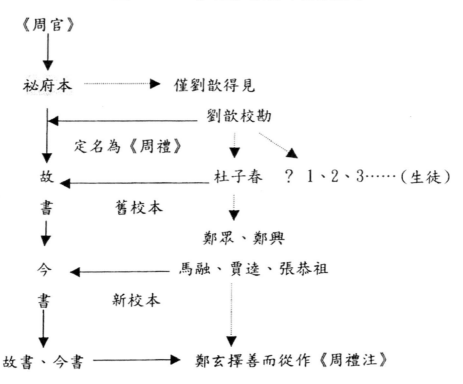

〔註39〕《周禮正義》，卷3，冊1，頁105。

第二節 「九旗」解——兼論《九旗古義述》

〈春官・司常〉經文「掌九旗之物名，各有屬，以待國事。日月爲常，交龍爲旂，通帛爲旜，雜帛爲物，熊虎爲旗，鳥隼爲旟，龜蛇爲旐，全羽爲旞，析羽爲旌」，鄭《注》以爲此即是九種旗幟之制。歷來的學者幾乎皆無異說，以鄭說爲宗。孫詒讓作《周禮正義》時，認爲此種說法有待商榷，因此引金榜《禮箋》說而提出「五正旗」的主張。《周禮正義》完稿後，孫氏反復思索這個問題，認爲自己並沒有妥善解決而耿耿於懷，於是又取《詩》、《儀禮》、《爾雅》諸經與九旗相涉之文，悉心校核，而成《九旗古義述》一卷七篇。本節主要針對鄭玄、孫詒讓對旗制的看法做比較分析；又比對《周禮正義》與《九旗古義述》二書之說法，以探討其前後想法的改變。

一、「九旗」鄭、孫二氏解

旗幟在上古的社會是很重要的物件，張光直云：

> 旗幟明顯地是一個貫穿先秦時代權威的重要象徵。沒有考古實物可以證實這一點，但是甲骨文和青銅銘文顯示出許多帶有旗的復合字體。〔註40〕

高舉的旗幟易爲眾人所見，旗所插之處即該部族駐地，旗所向之處即部族行動的目標。甲骨文的「族」字，作旌旗下有一枝箭的形狀「 」，表示在同一旗幟下的戰鬥單位之意。同一血族的人居住於同一區域，平日協力生產，戰時共同禦敵，旗幟掌握在指揮官手中以指揮之用，「旗」是一族人聚集生活的所在。〔註41〕旗上畫上圖形，以與別族區分。到了周代，旗幟的種類、名稱已經非常複雜，它的用途也遍及於如賓祭、師田、修禮、敷政各個方面。故孫詒讓曰：

> 古王者建國，必改正朔，易服色，異器械，以變民視。故賓祭、師田、修禮、敷政，咸以旗章爲尤重，肇自虞夏。爰迄有周，三統循環，五德更王。於是有五旗，以上法天官，下應方色，章物燦然，義咸有所取，非苟爲別異也。〔註42〕

〔註40〕 張光直撰，毛小雨譯：《商代文明》（北京：北京工藝美術出版社，1999 年 1月），頁 188。

〔註41〕 許進雄撰：《中國古代社會》（臺北：台灣商務印書館，1990 年 12 月），頁 409～410。

〔註42〕 〔清〕孫詒讓撰，雪克校點：《九旗古義述》（臺北：文史哲出版社，1988 年

依孫氏所言，旗幟上的圖形，到後來並非僅爲與別族區別，更有其「上法天官，下應方色」的特別涵義。

（一）鄭玄「九旗說」

《周禮‧春官‧司常》經文「掌九旗之物名，各有屬，以待國事。日月爲常，交龍爲旂，通帛爲旜，雜帛爲物，熊虎爲旗，鳥隼爲旟，龜蛇爲旐，全羽爲旞，析羽爲旌」，「司常」是爲王掌旌旗的官員，其文敘述了古代各種旗幟的形制。鄭玄認爲此「九旗」乃九種不同的旗幟，鄭《注》云：

> 通帛謂大赤，從周正色，無飾。雜帛者，以帛素飾其側。白，殷之
> 正色。全羽、析羽，皆五采，繫之於旞旌之上，所謂注旄於干首也。
> 凡九旗之帛皆用絳。〔註43〕

則鄭玄以爲九旗之中，「旜」通體用赤帛爲之，無章畫，亦無側飾；「物」正幅亦全以赤繒爲之，但以白繒飾其側，與旜通體赤帛爲異。「旞」、「旌」專以注羽得名，全羽即一羽備五采，爲旞；析羽即眾羽襍五采，爲旌。二旗有繆旂而無畫章。九旗之帛皆用紅色。各旗所畫圖代表的意義爲：

> 王畫日月，象天明也；諸侯畫交龍，一象其升朝，一象其下復也；
> 孤卿不畫，言奉王之政教而已；大夫士雜帛，言以先王正道佐職也；
> 師都，六鄉六遂大夫也。謂之師都，都民所聚也；畫熊虎者，鄉遂
> 出軍賦，象其守猛，莫敢犯也；州里，縣鄙鄉遂之官，互約言之。
> 鳥隼，象其勇捷也；龜蛇，象其扞難辟害也。……全羽析羽五色，
> 象其文德也。〔註44〕

歷來學者並無大異議。孔穎達、賈公彥等人皆從其說。

（二）孫詒讓「五正旗四通制說」

直到孫詒讓《周禮正義》，才提出「五正旗四通制」的說法。孫氏「五正旗」的說法，並非平空想像，主要得自金榜《禮箋》所言，其云：

> 〈巾車〉玉路建大常，金路建大旂，象路建大赤，革路建大白，木
> 路建大麾。《左傳》臧哀伯曰：「三辰旂旗，昭其明也。」《考工記》
> 曰：「龍旂九斿，以象大火也；鳥旟七斿，以象鶉火也；熊旗六斿，
> 以象伐也；龜蛇四斿，以象營室也。」〈曲禮〉曰：「行前朱雀而後

---

10 月，與《大戴禮記斠補》、《尚書駢枝》、《周書斠補》合刊），頁 263。
〔註43〕《周禮正義》，卷 53，冊 8，頁 2200。
〔註44〕同上注，頁 2207。

玄武，左青龍而右白虎，招搖在上，急繕其怒。」〈明堂位〉曰：「有
虞氏之旂，夏后氏之綏，殷之大白，周之大赤。」由是言之，大旂
為交龍，大赤為鳥隼，大白為熊虎，大麾為龜蛇。周赤、殷白、夏
黑、然則有虞氏之旂以青歟？《爾雅》：「素錦綢杠，纁帛縿，素陞
龍於縿。」是大常纁帛，象中黃之色也。〔註45〕

孫氏〈春官・司常〉疏云：

金氏以大旂、大白、大赤、大麾釋旂旗旟旐，略本呂大臨、陸佃説；
其謂大常色黃，與旂青、旟赤、旗白、旐黑分屬五方，説本鄭鍔、
陳傅良義，皆至塙。〔註46〕

並引《司馬法》説周旂黃，即指「大常」；又引《初學記》、《三國志》並謂大
常色象中黃；又引《太平御覽》證漢人釋〈曲禮〉已有以「招搖為中央之旗」，
配四官為五者。〔註47〕與金榜所説皆可互證。因而提出：

蓋此經九旗之內，正旗實只有五，常、旂、旟、旗、旐，分象五色。
故《大戴禮記・虞戴德篇》云：「天子以歲二月，為壇於東郊，建五
色。」《穀梁》莊公二十五年傳又説「天子救日置五麾」，楊《疏》
引糜信云「各以方色之旌，置之五處」是也。〔註48〕

則五正旗為常、旂、旟、旗、旐，分象黃、青、赤、白、黑五色。

又提出「四通制」的説法：

其旜物二者，則為縿斿純駁之異。凡旜，縿斿同色為純：物，縿斿
異色為駁。常、旂為天子諸侯所建，疑為有旜而無物。自旗以下，
則貴賤通建，故旜物兼有。經著旜物於常旂之後，旗旟旐之前，文
例最精。

又綜校諸經，知旜物為諸旗之通制，不入正旗之數，而後此及〈大
司馬〉二經義始可通，而《詩》、《禮》、《爾雅》諸文亦無不符合矣！
〔註49〕

縿，即旗之正幅，縿旁有斿，斿數依各種不同的旗而其數有異，〈春官・巾車〉

〔註45〕《周禮正義》，卷53，冊8，頁2200～2201。
〔註46〕同上注，頁2201。
〔註47〕同上注，頁2207。
〔註48〕同上注，頁2207。
〔註49〕同上注，頁2201。

經文「建大常，十有二斿」〔註50〕，〈考工記・輈人〉經文「龍旂九斿」、「鳥
旟七斿」、「熊旗六斿」、「龜蛇四斿」〔註51〕即是，故孫氏云：「此天子五旗斿
數，皆以尊卑遞減：大常十二斿，大旂即龍旂九斿，大赤即鳥旟七斿，大白
即熊旗六斿，大麾即龜旐四斿。」〔註52〕繚與斿同色者稱爲「旜」，繚與斿不
同色者稱爲「物」。以旜爲尊，以物爲卑。又，孫氏疏「全羽爲旞，析羽爲旌」
云：

> （旞、旌）二者又以注羽爲識別，亦五正旗之通制也。金榜謂旞旌
> 各通上諸旗，以有羽爲異，皆有旒繚，即畫日月等。其說亦塙。〈大
> 司馬〉治兵所辨止七旗，無旞旌，即其證也。蓋日月交龍等爲繚章，
> 全羽析羽爲杠飾。〔註53〕

杠，爲旌旗的竿子。杠飾，即指旗竿上的飾物。凡一羽備五采者謂之旞，眾
羽襍五采者謂之旌。以旞爲尊，以旌爲卑。旜、物、旞、旌四者的作用，在
於區別同一類旗的等級。此即四通制。

常、旂、旟、旗、旐五旗，又分爲不注羽、注全羽、注析羽三種，以五
旗隨事別異，有十五等；旟旗旐又各有旜、物，則共有二十四等：

表 7-2-1　五正旗四通制表

常			旂			旗						旟						旐					
旜			旜			旜			物			旜			物			旜			物		
不注羽	注全羽	注析羽	不注羽	注全羽	注析羽	不注羽	注全羽	注析羽	不注羽	注全羽	注析羽	不注羽	注全羽	注析羽	不注羽	注全羽	注析羽	不注羽	注全羽	注析羽	不注羽	注全羽	注析羽

常、旂、旟、旗、旐五正旗，或用旜、物，或注旞、旌，「隨所用而異制」，
不同的場合，有不同的組合，五正旗是基礎，四通制是應變。此即孫氏所言
「五正旗四通制」。

以表格比較鄭玄與孫詒讓二者的旗制說，如下：

〔註50〕《周禮正義》，卷52，冊8，頁2142。
〔註51〕《周禮正義》，卷77，冊13，頁3233～3236。
〔註52〕《周禮正義》，卷53，冊8，頁2201。
〔註53〕同上注，頁2202。

表 7-2-2　鄭、孫二氏旗幟說比較表

	鄭玄「九種旗幟說」		孫詒讓「五正旗四通制說」	
日月爲常	王畫日月，象天明也。	日月爲常		大常繡帛。中央法黃龍曰常。
交龍爲旂	諸侯畫交龍，一象其升朝，一象其下復也。	交龍爲旂	五正旗	大旂爲交龍。東方法青龍曰旂。
通帛爲旜	通帛謂大赤，從周正色，無飾。	熊虎爲旗		大白爲熊虎。西方法白虎曰旗。
雜帛爲物	以帛素飾其側。白，殷之正色。大夫士雜帛，言以先王正道左職也。	鳥隼爲旟		大赤爲鳥隼。南方法赤鳥曰旟。
熊虎爲旗	畫熊虎者，鄉遂出軍賦，象其守猛，莫敢犯也。	龜蛇爲旐		大麾爲龜蛇。北方法玄蛇曰旐。
鳥隼爲旟	鳥隼，象其勇捷也。	通帛爲旜	四通制	旜，緣斿同色爲純。
龜蛇爲旐	龜蛇，象其扞難辟害也。	雜帛爲物		物，緣斿異色爲駁。
全羽爲旞	全羽，五采，繫之於旞旌之上，所謂注旄於干首也。	全羽爲旞		全羽，爲杠飾。
析羽爲旌	析羽，五采，繫之於旞旌之上，所謂注旄於干首也。	析羽爲旌		析羽，爲杠飾。
旗幟顏色	凡九旗之帛皆用絳。	旗幟顏色		常色黃、旂色青、旗色白、旟色赤、旐色黑。

（三）鄭、孫二氏主張之矛盾

1. 鄭玄的矛盾——〈司常〉與〈大司馬〉建旗不同

〈春官・司常〉建旗之制與〈夏官・大司馬〉不同：

表 7-2-3　司常、大司馬建旗比較表

司　常	王建大常	諸侯建旂	孤卿建旜	大夫士建物	師都建旗	州里建旟	縣鄙建旐	道車載旞	斿車載旌
大司馬	王載大常	諸侯載旂	軍吏載旗	師都載旜	鄉家載物	郊野載旐	百官載旟		

　　鄭玄以〈大司馬〉爲出軍之法，以〈司常〉爲平時尊卑之常禮。鄭《注》云：

> 凡頒旗物，以出軍之旗則如秋，以尊卑之常則如冬，司常佐司馬時也。大閱備軍禮，而旌旗不如出軍之時，空辟實。〔註54〕

〔註54〕《周禮正義》，卷56，冊9，頁2328～2329。

〈司常〉賈《疏》云：「按大司馬，仲春教振旅，仲夏教茇舍，仲秋教治兵，仲冬教大閱。大閱，謂仲冬無事，大簡閱軍禮。」〔註55〕則仲冬為國家大閱軍事時，司常輔佐大司馬頒旗物，空有校閱之禮，不敢有仲秋治兵之旗，而用〈司常〉平時之旗，故曰「空辟實」。金榜駁之云：

> 四時之田，春辨鼓鐸，夏辨號名，秋辨旗物，至大閱備焉。鼓鐸號
> 名辨於春夏者無變也，不當獨於旗物空避實。〈司常〉云『大閱贊司
> 馬頒旗物』其所頒固即治兵之旗物也。〔註56〕

孫氏曰：「治兵大閱，同屬軍禮，不當有異，〈司常〉與此兩經乃互文錯見，義實同也。」〔註57〕則鄭玄因不知如何解釋〈司常〉與〈大司馬〉建旗之矛盾，而想出此彌縫之法，卻又造成〈大司馬〉經文之牴牾。

2. 孫詒讓的矛盾——〈司常〉前後文不對應

九旗幟之下文為：「及國之大閱，贊司馬頒旗物：王建大常，諸侯建旂，孤卿建旃，大夫士建物，師都建旗，州里建旟，縣鄙建旐，道車載旞，斿車載旌。」說明九旗之作用。鄭玄九旗說與此文相應，即「日月為常」→「王建大常」；「交龍為旂」→「諸侯建旂」；「通帛為旃」→「孤卿建旃」；「雜帛為物」→「大夫士建物」；「熊虎為旗」→「師都建旗」；「鳥隼為旟」→「州里建旟」；「龜蛇為旐」→「縣鄙建旐」；「全羽為旞」→「道車載旞」；「析羽為旌」→「斿車載旌」。若如孫詒讓「五正旗四通制說」，則「孤卿」、「大夫士」、「道車」、「斿車」無可對應，要如何解釋此段經文？孫氏曰：

> 云「孤卿建旃，大夫士建物」者，此為內百官府所建旗物。〈大司馬〉
> 治兵云「百官載旗」，與此異者，旃物為五旗之通制，而有尊卑純駁
> 之異，彼百官中通晐孤卿大夫士，則知此孤卿所建為鳥旟之旃，大
> 夫士所建則旟之物。〔註58〕

孫氏以為，〈司常〉此段文應與〈大司馬〉相互參看。〈大司馬〉有云「百官載旗」者，百官包括孤、卿、大夫、士。〈大司馬〉是統而言之，百官建旗，〈司常〉是析而言之，孤卿為尊，所建為通帛（旃為尊）的旟，大夫士為卑，所建為雜帛（物為卑）的旟。如此，便解決了「孤卿建旃，大夫士建物」無所對應的情況，也解決〈司常〉與〈大司馬〉建旗之不同。孫氏又曰：

〔註55〕《周禮正義》，卷53，冊8，頁2207。
〔註56〕同上注，頁2209。
〔註57〕同注54，頁2329。
〔註58〕《周禮正義》，卷53，冊8，頁2208。

云「道車載旞，斿車載旌」者，此冢上所建諸旗，而以注羽爲別異
也。依鄭説，道車爲象路，斿車爲木路。依金榜説，斿車亦兼有革
路，其説近是。金氏又謂，常、旂、旜、旗、旗諸旗有無羽者，蓋
賓祭之所用；其曰旞、曰旌，則以有羽爲異，道車、斿車所載是也。……
蓋此經與〈大司馬〉治兵旗物本同，唯以旞物旞旌錯文互見，鄭遂
疑其不同，而強爲之説，義實不可通，皆由不知九旗之中，正旗實
止有五，旞物旞旌爲五旗之通制，固削趾適屨，牴牾百出，漢唐禮
家，沿襲莫悟。唯金氏知旞旌即就五旗而注羽，斿車所載即大閲之
旗物，而道車載旞爲牽連類及，足補正鄭貫之義。〔註59〕

〈巾車〉言王之五種車子及用途：玉路，王祭祀時用；金路，王會賓客，饗諸
侯時用；象路，亦道車，王視朝或平時遊宴用；革路，亦兵車，王在軍所乘；
木路，亦斿車，王田獵時用。國家大閲軍事時，鄭、賈以爲王乘戎路、道車象
路、斿車木路，金路玉路不出，故經文不及。孫氏以爲鄭說未昳，根據金榜所
云，以爲此經以革路、木路同稱斿車（經典言兵車建旌者不可枚舉，則見析羽
者必不止田車可知），故云「斿車載旌」，木路、革路載大常而注析羽。

則依據孫氏「五正旗四通制」的説法，可解決〈司常〉前後文之矛盾，
亦可彌縫〈司常〉與〈大司馬〉之矛盾。孫氏認爲，唯有「五正旗四通制」
的説法，才能讀通〈司常〉本經與〈大司馬〉的經文意義。即使對照《詩經》、
《儀禮》、《爾雅》諸經所言旗制，亦無不符合，可見此説經得起檢驗。

不過，即使如金榜、孫氏所言，革路、木路同稱斿車，那麼「道車」在
這裡的作用爲何？孫氏無法解釋，只以「道車載旞爲牽連類及」帶過。如果
因爲提及革路、木路，順便提道車（象路），何以金路、玉路不提？如果只是
爲了再次強調「載旌」與「載旞」的不同，而提道車，似乎又與文例不類。

因此，不論是「九旗説」或「五正旗四通制」説，其中仍有無法解決的
矛盾。

二、《九旗古義述》撰作動機與內容

（一）撰作動機

光緒二十五年（1899）《周禮正義》完稿後，孫氏心中未感覺卸下重擔，
對《正義》旗制的疏解，不敢放心。於是在光緒二十六年夏，即著手撰寫《九

〔註59〕同注58，頁2209。

旗古義述》，並在當年寫畢，於光緒二十八年刊成。孫《譜》云：

> 夏，治《周禮‧司常》、〈大司馬〉注，以爲二千年來闕疑承譌，舊
> 誼莫明。迺取《詩》、《禮》、《爾雅》諸經，與旗物相涉之文，參綜
> 考覈，反復辨證，成《九旗古義述》一卷。遠匡許釋鄭詁之失，近
> 糾金榜《禮箋》之繆。〔註60〕

孫氏〈九旗古義述敘〉，述歷代「九旗」研究之情況，與其撰作《九旗古義述》
之由，云：

> 《周禮‧司常》掌九旗之名物，而〈巾車〉陳路建五正旗，其文制
> 昭晳不可增省。先秦、西漢儒家大師，如子夏、叔孫通、梁文之修
> 《爾雅》，毛公之傳《詩》，尚能識其大略，東漢以後，說經者漫失
> 其義。以汝南許君、北海鄭君之精博，尚不能無舛牾，……而旗識
> 古義沉霾千載矣！自是以降，劉成國（熙，有《釋名》）、孫叔然（炎，
> 有《爾雅注》）、郭景純（璞，有《爾雅音義》）以暨賈、孔義疏，率
> 敷闡鄭詁，無所匡益，而〈司常〉大閱、〈大司馬〉治兵，旗物錯文
> 互見，鄭君不得其說，則歸諸常變、空實之異，禮堂弟子如趙商輩
> 已疑之。宋、元迄今，說禮者間持異論，然皆未能有所發明。
>
> 余前著《周禮疏》，深善槃齋金氏《禮箋》說，……近儒懋堂段氏、
> 墨莊胡氏皆宗其說，余初亦無以易之。……諦審〈司常〉建旗一經
> 明冠以「及國之大閱，贊司馬頒旗物」云云，文義本相承貫，而金
> 氏鈲析章句，以「王建大常」以下爲更端別起，不蒙「大閱」爲文，
> 其說尤牽強，揆之私心，終未能釋然矣。積疑胸臆於今二十年。偶
> 紬〈司常〉、〈大司馬〉經注尋繹之，綜覽舊詁，疑牾益甚。乃取《詩》、
> 《禮》、《爾雅》諸經與九旗相涉之文，悉心校核，……蓋諸經之不
> 可理董者，以是求之而弁然若引弦以知矩，益信古經文例縝密，非
> 綜校互勘，未易通其條貫也。既檃括其略著之疏，而以二千年承訛
> 之舊義，非反復辯證無以釋學者之疑，故別述是冊以究其說，首舉
> 〈司常〉、〈大司馬〉九旗五正，以著其等例，而旁及《爾雅》常旐、
> 〈鄉射〉獲旜、〈士喪〉銘旌諸文，以廣其義證。〔註61〕

對「九旗」之說，歷代學者皆宗鄭，偶有疑者，卻無法提出有力的證據反駁。

孫氏撰《周禮正義》時，以金榜《禮箋》「九旗」解釋爲善，且段玉裁、胡承
珙皆宗其說，孫氏初亦無以易之。僅對金榜「王建大常」以下另起一段，不
承接上文「及國之大閱，贊司馬頒旗物」爲說感到牽強。孫氏說「積疑胸臆
於今二十年」，表示當初在撰寫《周官正義長編》時，不僅認爲鄭玄對九旗的
解釋錯誤，就連金榜的說法也感到不適，卻又無法解釋心中的疑惑。待《周
禮正義》完成後，又想到放在心中二十年的疑惑，於是取「《詩》、《禮》、《爾
雅》諸經與九旗相涉之文」，詳加校理，而撰成《九旗古義述》。全書共一卷，
七篇，分別爲：〈釋九旗五正弟一〉、〈釋膻物弟二〉、〈釋旛旌弟三〉、〈釋《周
禮》大閱治兵旗物弟四〉、〈釋《爾雅》常膻旟旆弟五〉、〈釋〈鄉射禮〉獲旌
弟六〉、〈釋〈士喪禮〉銘旌弟七〉。

　　《九旗古義述》於光緒二十六年（1900）完成後，隔年（1902）刊成。
孫致文認爲目前所見《周禮正義》中對旗制的疏解，已依《九旗古義述》的
論點作了修正，其云：

> 雖然《旗述》的撰作時間晚於《正義》，但《正義》初刊於清光緒卅
> 一年，而《旗述》刊行於光緒廿八年，因此我們推測，目前所見的
> 《正義》關於旗制的論述，應是據《旗述》的研究成果而修正的。
> 〔註62〕

孫延釗、朱芳圃的孫氏年譜中均未記載此事。不過，孫《譜》光緒二十九年
（1903）條云：

> 樊時勛先生菜謀以《周禮正義》鑄鉛版。今通行本即此。其版歸於余家，
> 按家藏《正義》定稿卷尚附識云：「光緒壬寅三月，從鮮堪前輩段觀，病中校讀至
> 《考工》，以目疾未卒業，癸卯二月，樊君時勛將付鉛印，匆匆寄還。念慈記。」
> 則定彙於鉛印之先，曾經仲弢、崚裏二先生校勘也。〔註63〕

「壬寅三月」即光緒二十八年，爲《九旗古義述》刊成之年。《周禮正義》撰
成後，八十六卷長帙還必須經過鈔手謄鈔，花費的時間應不少。又《九旗古義
述》於光緒二十六年撰成，二十七年初寫序，此書卷帙較少，二十八年三月
即刊成。但是否能在如此短的時間內，又要將《九旗古義述》的修正內容謄鈔
至《正義》，又要刊成《九旗古義述》，還要請黃仲弢、費念慈等人校勘《正

〔註62〕 孫致文撰：〈孫詒讓《九旗古誼述》解經方法試析〉，《第五屆近代中國學術研
　　　　討會》（中壢：中央大學中國文學系所，1999年3月），頁264。
〔註63〕 孫延釗撰：《孫徵君籀廎公年譜》（二），稿本，光緒二十九年條。

義》,則令人質疑。至於其內容,孫氏原意即是要補充《周禮正義》無法詳細說明的地方,而《周禮正義》的體例,也不容許孫氏針對一個制度,長篇大論,反覆辯證。《九旗古義述》的論點本來就與《正義》相同,只是補充了對鄭玄、金榜的糾謬,並旁及《詩經》、《儀禮》、《爾雅》等經與旗制相涉者,以廣其義證。因此,孫致文此說,恐怕不太妥當。筆者還是偏向於未將《九旗古義述》的內容植入《周禮正義》中。

(二) 內 容

1. 以本經釋疑

〈釋九旗五正弟一〉、〈釋旜物弟二〉、〈釋旟旐弟三〉等篇的內容,與《周禮正義》的內容大同小異,只是舉證更多,說解更加詳細。

〈釋《周禮》大閱治兵旗物弟四〉,主要駁斥有二,一為鄭玄以旜物別為旗在五旗之外,使經文不可通;一為金榜以「王建大常」以下為更端別起,不冢「大閱」為文。孫氏〈九旗古義述敘〉云:

> 而 (金榜) 於〈司常〉旗物,則以為賓祭陳路建旗之法,與〈大司馬〉四時大閱治兵之禮異。……竊念師田之建旗,所以表事章信,假令如鄭君及金氏說,應時更建,變易無方,則是適以滋惑,於禮難通。況諦審〈司常〉建旗一經,明冠以「及國之大閱,贊司馬頒旗物」云云,文義本相承貫,而金氏釽析章句,以「王建大常」以下為更端別起,不冢「大閱」為文,其說尤牽強,揆之私心,終未能釋然矣。〔註64〕

金榜不冢「大閱」為文,因為他認為〈司常〉所載是賓祭之禮,〈大司馬〉所載是大閱治兵之禮,兩者的旗制不同。這點孫氏在《周禮正義》解釋得很模糊,原因在於當初孫氏認為金氏的解釋很牽強,但又苦無證據反駁,才會有「道車載旞為牽連類及」這種解釋出現,因此「積疑胸臆於今二十年」。終於在《九旗古義述》中得到解決。孫氏以為,〈司常〉與〈大司馬〉所載是同一旗制,並非如鄭、金所說會「應時更建」,其云:

> 四時肄兵,春振旅,夏茇舍,秋治兵,冬大閱,其旗物並同。〈大司馬〉著治兵之旗物,〈司常〉著大閱之旗物,兩經亦本不異,唯有經文有錯綜參互,注疏家咸不得其解。〔註65〕

〔註64〕《九旗古義述》,頁264。
〔註65〕《九旗古義述》,頁279。

他發現注疏家的誤釋，是因爲〈司常〉與〈大司馬〉經文「錯綜參互」的關係，其實，其中是有跡可循的，他提出兩職經文有「同文重出」、「異文互見」與「錯文偏舉」的現象。以下的說解，皆在孫氏「五正旗四通制說」的前提下詮釋。

（1）同文重出

同文重出，即〈司常〉與〈大司馬〉建旗相同處，如：

〈司常〉王建大常，諸侯建旂。

〈大司馬〉王載大常，諸侯載旂。

按：兩經所載皆一致，故在解釋上沒有問題。

（2）異文互見

異文互見，指〈司常〉與〈大司馬〉建旗雖不同，實指同一件事，即同事不同文，如：

①〈司常〉孤卿建旜，大夫士建物。

　〈大司馬〉百官載旟。

　孫云：明孤卿所建爲旟之旜，大夫士所建爲旟之物。〔註66〕

　按：據孫氏所言，孤卿、大夫士都涵蓋在百官之下，統言之爲「百官」，析言之爲「孤卿大夫士」等等。〈大司馬〉言「百官載旟」，說明百官的職等可建旟，但百官之中亦分尊卑，則以旜、物區別，尊者建旜，卑者建物。孤卿爲尊，則建旟之旜，大夫士爲卑，則建旟之物。

②〈司常〉帥都建旗。

　〈大司馬〉軍吏載旗，帥都載旜。

　孫云：帥爲軍將，即軍吏之最尊者，明軍將及大小都所建者爲旗旜。其師帥以下軍吏，雖亦同建旗，而當爲物，經雖無文，可約推也。〔註67〕

　按：「帥都」，經文原作「師都」。孫氏引王念孫說：「師當爲帥。《說文》引《周禮》作『帥都建旗』，帥率古字通，則《周禮》本作『帥都』。〈大司馬〉『師都載旜』，師字亦當爲帥也。」將「師」改爲「帥」。〔註68〕孫氏以爲，帥、都應分別論之。〈大司馬〉所言，軍吏皆載

〔註66〕同注65。

〔註67〕《九旗古義述》，頁279。

〔註68〕《周禮正義》，卷53，冊8，頁2208。

旗，而帥爲軍吏中之最尊者，故應建旗之旝，特別提出以示其尊。其他卑於帥的軍吏，雖同建旗，但因職位較卑，雖經無文，但知建旗之物。〈司常〉僅舉其尊者，與〈大司馬〉互見，統言之軍吏建旗，析言之帥爲尊，建旗之旝；其他軍吏爲卑，建旗之物。

③〈司常〉州里建旟。

〈大司馬〉鄉家載物。

孫云：州里即鄉，明州里所建爲旟之物，而鄉大夫爲卿，則雖亦建旟而當爲旝，經雖無文，亦可約推也。

至家爲家邑，當與都相對，以都建旗旝例之，則家雖與鄉同建物，而所建之物實當爲旗而非旟，亦可約推也。〔註69〕

按：孫氏以爲〈司常〉所言「州里」，即六鄉之吏；「鄉」、「家」應分別論之，〈大司馬〉所言「鄉」，專指六鄉之官，與〈司常〉州里正同，皆通州長至比長諸官言之。故可得州里所建爲旟之物。鄉大夫爲卿，較州里爲尊，經雖無文，故可推知建旟之旝。家，即家邑，家邑之長爲大夫。應與「都」相對，都建旗之旝，家亦應建旗，不建旟。〈大司馬〉明言鄉、家載物，故「家」建旗之物，亦可推而知之。

（3）錯文偏舉

錯文偏舉，指〈司常〉、〈大司馬〉兩職建旗雖同，但有詳有略，而其義可互相補足。如：

〈司常〉縣鄙建旐。

〈大司馬〉郊野載旐。

孫云：「縣鄙建旐」而不及郊野，「郊野載旐」而不云縣鄙。縣鄙爲公邑，郊爲四郊，野爲六遂，亦含有公邑，兩職詳略異，而義足互相備。〔註70〕

按：《周禮》的行政區域劃分，都城之外爲郊，郊之外爲甸，甸之外爲稍地，稍地之外爲縣地，縣地之外爲畺地（如圖 7-2-A）。甸稍縣都之中，除六遂及王子弟、公卿大夫之采邑外，均爲公邑。孫氏以爲縣鄙爲公邑，郊爲四郊，野爲六遂，則〈司常〉與〈大司馬〉兩職的

〔註69〕《九旗古義述》，頁 279～280。
〔註70〕《九旗古義述》，頁 280。

「縣鄙」、「郊野」所涵蓋的區域重複，〈司常〉為詳，〈大司馬〉為略，以〈司常〉「縣鄙」補〈大司馬〉「郊野」。可知縣鄙、郊野都建旗。

圖 7-2-A　《周禮》行政區域劃分圖

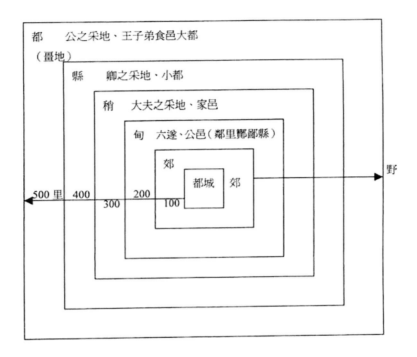

孫氏云：

> 蓋兩經文雖岐互，苟知旝、物為諸旗通制，則無不斟若畫一，而卿
> 以上建旝，大夫以下建物，實禮經徽號之大例，學者以此例校之，
> 可以得其會通矣！〔註71〕

因此，孫氏以為，二職的旗制，非如鄭玄以〈大司馬〉為出軍之法，以〈司常〉為平時尊卑之常禮；亦非如金榜所言，〈司常〉所載是賓祭之禮，〈大司馬〉所載是大閱治兵之禮。二職所載旗制皆為一事，即大閱治兵之禮。

孫氏認為，由於鄭玄主張九旗說，不將旝物排除於正旗中，而產生許多誤解，如帥都，帥當為軍將，都當為大小都，但鄭玄合而為一，於〈司常〉解釋為六鄉、六遂大夫，於〈大司馬〉又謂專屬遂大夫。鄉家當為六鄉及家

〔註71〕同注 70。

邑，而鄭玄亦合爲一，釋爲六鄉大夫。縣鄙當爲公邑，而鄭玄釋爲六遂之屬，與州里爲六鄉之屬互約言之。郊爲四郊之吏，本在六鄉之外，而鄭玄以爲鄉遂之州長，縣正以下，於經皆不合（見表 7-2-4）。以致同爲「帥都」，忽而載旜，忽而建旗；孤卿大夫士同此百官，忽而旜物異建，忽而又同載旟。這些都難以彌縫〈司常〉與〈大司馬〉的齟齬，而迫使鄭玄做出錯誤的解釋，謂〈司常〉大閱，異於〈大司馬〉治兵，爲空避實之說。下表即是鄭、孫二氏對建旗各官員的解釋：

表 7-2-4　鄭、孫二氏建旗職掌比較表

	孤卿建旜	大夫士建物	師（帥）都建旗	州里建旟	縣鄙建旟
司常	鄭：三公之副	鄭：中下大夫。	鄭：六鄉、六遂大夫。	鄭：縣鄙鄉遂之官。	鄭：六遂之屬。
	孫：冢卿，六卿之首（王引之說）	孫：中下大夫。	孫：帥爲軍帥，軍吏之最尊者。都，采邑之主。	孫：州里即六鄉之吏。	孫：縣鄙，公邑之吏。

	軍吏載旗	師（帥）都載旜	鄉家載物	郊野載旟	百官載旟
大司馬	鄭：軍吏，諸軍帥也。	鄭：師都，遂大夫也。	鄭：鄉遂（當作家），鄉大夫也。	鄭：郊，鄉遂之州長，縣正以下也。野，公邑大夫。	鄭：百官，卿大夫也。
	孫：軍吏，軍將下至伍長，皆是軍吏。	孫：帥，於軍吏中專舉軍將，以別於師帥以下。六軍之將。都，都家。大都，公之采邑；小都，卿之采邑。大小都之君長。與鄉遂無涉。	孫：鄉，專指六鄉之官，與〈司常〉州里正同，皆通州長至比長諸官言之。家，即家邑，家邑之長爲大夫。	孫：郊野得包四郊、六遂、公邑。	孫：通晐孤卿大夫士。

2. 尋他經佐證

孫氏除針對〈司常〉、〈大司馬〉經文中同文、異文、錯文現象解說釋疑外，又尋求《詩經》、《爾雅》、《儀禮》〈鄉射禮〉、〈士喪禮〉以佐其說。如：

《詩·鄘風·干旄》首章云「孑孑干旄」，次章云「孑孑干旟」，三章云「孑孑干旌」。〔註72〕孫氏以爲，此即建旗，而注以旜旟。《毛傳》於首章云：

〔註72〕《重栞宋本毛詩注疏附校勘記》，卷3之2，頁3右～6左。

「孑孑，干旄之貌，注旄於干首，大夫之旆。」《詩》無「旆」文，毛氏知為「旆」者，其實是隱據〈司常〉「孤卿見旜」、〈大司馬〉「百官載旟」二文為釋，而知彼旜即大夫所建之旆。五正旗皆有旜，為毛氏所固之，故於《傳》特著此語以補其義。〔註73〕

《爾雅‧釋天》云：「素錦綢杠，勳帛緣，素升龍於緣，練旒九，飾以組，維以縷。」郭《注》云：「以白地錦韜旗之竿，勳帛，絳也；緣，眾旂所著。畫白龍於緣令上向。練，絳練也。用綦，組飾旒之邊，用朱縷維連，持之不欲令曳地。」〔註74〕

孫氏以為此章即「大常之旜」。勳象中黃之色（採金榜說，不從郭《注》）。凡旜緣旂同色，而大常升龍獨用素色者，取其易於辨識（若纁緣之上更以纁為升龍，則遠望之緣章同色，易眩觀瞻）。

《爾雅‧釋天》又云：「緇廣充幅，長尋曰旐，繼旐曰旆。」郭《注》云：「帛，全幅長八尺，旆帛續旐末為燕尾者，義見《詩》。」郝懿行云：「充，終也。布幅廣二尺二寸，帛廣二呎四寸，然則旐之制，以緇帛廣二尺四寸，長八尺為之也。」〔註75〕

孫氏以為此即「龜旐之制」。鄭玄〈司常〉注以為九旗皆同用絳帛，但凡旐旜緣旂皆用緇帛，此繼旐之旆，即為「物」之別制，應用雜帛。〈士喪禮〉銘旌亦以緇為正幅，而頳末即擬旐旆為之，赤、頳同色，旆、末字通，故可相比例。孫氏云：

> 正旗凡五，〈釋天〉有其四。而此二旗特詳，又旐亦有旜，而獨釋物旆之制者，蓋五旗以常為最尊，旐為最卑，於尊者舉旜，卑者舉物，取其可相推約，文不具也。〔註76〕

《儀禮‧鄉射禮記》云：「旌各以其物，無物，則以白羽與朱羽糅，杠長三仞，以鴻脰韜上二尋。」鄭《注》云：「旌，總名也。雜帛為物，大夫士之所建也。無物者，小國之州長也。其鄉大夫一命，其州長士不命。不命者無物，此翿旌也。翿亦所以進退眾者。糅，雜也。杠，橦也。七尺曰仞。鴻，鳥之長脰

〔註73〕〈釋旜物第二〉，《九旗古義述》，頁272～273。
〔註74〕〔清〕郝懿行撰：《爾雅義疏》（臺北：藝文印書館，1987年4月），卷中之四，頁32下～33上。
〔註75〕《爾雅義疏》，卷中之四，頁34上。
〔註76〕〈釋《爾雅》常旜旐旆第五〉，《九旗古義述》，頁292～293。

者也。八尺曰尋。今文糅爲縮，韜爲翿。」〔註77〕

又云：「君國中射，則皮樹中以翿旌獲，白羽與朱羽糅。於郊，則闟中以旌獲；於竟，則虎中龍旜。大夫兕中各以其物獲。士鹿中翿旌以獲。」鄭《注》云：「國中，城中也。謂燕射也。於郊，謂大射也。大射於大學。於竟，謂與鄰國君射也。畫龍於旜，尚文章也。」〔註78〕

孫氏以爲，「獲旌各以其物」，即〈司常〉「王建大常」以下是也（不同級別的貴族，使用各種不同的旗幟）。唯不命之士無物，則獲用翿旌，徒有羽而無繆斿，與九旗之旌異。孫氏云：

> 諸侯當用交龍之斿，大射於郊用旌獲旌，即謂斿旜之注析羽者。於竟，與鄰國君射，用龍旜，則即斿之爲旜制者。此旜有畫龍，則通帛非無畫章之謂，此其確證矣。〔註79〕

〈鄉射禮〉此處旜有畫龍，可見鄭玄在〈司常〉旜爲通帛，無畫章的解釋與此處矛盾，故以「畫龍於旜尚文章」爲旜之別制來彌縫，殊不知斿旜正法本有畫章。

《儀禮·士喪禮》云：「爲銘各以其物，亡，則以緇長半幅，䞓末長終幅，廣三寸，書銘於末，曰某氏某之柩。竹杠長三尺。」鄭《注》云：「銘，明旌也。雜帛爲物，大夫士之所建也。以死者爲不可別，故以其旗識識之。亡，無也。無旌，不命之士也。半幅，一尺；終幅，二尺。今文銘皆爲名，末爲旆也。杠，銘橦也。」〔註80〕

孫氏以爲，凡喪禮，銘旌各用其生前之旗物爲之。其云：

> 《周禮·司常》「大喪，共銘旌」《注》云：「銘旌，王則大常也。」若然，經云「各以其物」者，謂命士以上生前有旗物者，孤卿即以斿旜爲銘旌，大夫士即以旗物爲銘旌也。其云「無物」者，則別據不命之士言之。不命，故無物，而比擬斿物爲之。〔註81〕

故銘旌，王則大常、諸侯則斿、師都則旗、百官則旜（孤卿旜之旜，大夫士旜之物），以此類推。

〔註77〕　〔漢〕鄭玄注，〔唐〕賈公彦疏：《重栞宋本儀禮注疏附校勘記》（臺北：藝文印書館，1989年據嘉慶二十年江西南昌府學本影印），卷13，頁12左～13右。

〔註78〕　同上注，頁19左～20右。

〔註79〕　〈釋〈鄉射禮〉獲旌第六〉，《九旗古義述》，頁298。

〔註80〕　《重栞宋本儀禮注疏附校勘記》，卷35，頁9右～10右。

〔註81〕　〈釋〈士喪禮〉銘旌第七〉，《九旗古義述》，頁299。

孫氏舉《爾雅·釋天》、《儀禮》〈鄉射禮〉獲旌、〈士喪禮〉銘旌為佐證，以證明「五正旗四通制」放之諸經皆準，「更以是推之，《詩》、《禮》、《爾雅》則亦無不可通，〈干旄〉之旛，《毛傳》以為大夫之旜，即〈司常〉之孤卿建旜，〈鄉射記〉國君龍旜，即〈司常〉之諸侯建旂。蓋孤卿所建之旜即旛，而諸侯所建之旂皆旜也。《爾雅》旗旆即雜帛為物之別制，故〈士喪〉擬之以為無物者之銘旌，則知緇赬異色，亦即雜帛之確詁矣。」〔註82〕

三、後人的評價

孫氏「五正旗四通制」之說，雖然可以彌縫〈司常〉、〈大司馬〉兩職之矛盾，但旋即遭受到質疑，胡玉縉即指出幾個疑點：

其一，胡氏以為孫氏是因為要彌縫《周禮》與《詩·干旄》、〈鄉射記〉、《爾雅·釋文》、〈士喪禮〉四文，因此即使經文明言九旗，而孫氏以為止有五旗。

其二，胡氏以為孫氏既以〈司常〉旜、物次常、旂後，旗、旛、旐前為錯文示別，皆有微意精義；又以〈大司馬〉旗列旜、物前，為文偶不次，不為義例，很明顯是想要曲護自己旜、物、旐、旌四者為諸旗通制之說。

其三，胡氏以為，孫氏以「約推」、「以分率推約」這種推測性語言，尤臆測之不足憑。（孫氏以約推的方式建構出「五旗旜物等差表」、「五旗綏斿度數表」，見《九旗古義述》）

其四，金榜以旂為青色，本無所據，然猶作疑詞，孫氏卻捕風捉影，直斷旂為青色，文中以金榜說為據，不勝枚舉。胡氏為孫氏感到惋惜：「甚矣！其為金氏異說所惑也。孫氏負經學盛名，此書足誤後學！」〔註83〕

季旭昇認為，孫氏的說法可以彌縫〈司常〉與〈大司馬〉之齟齬，然其說謂旜、物、旐、旌非旗之專名，恐非周代之實。〔註84〕又從《周禮》文例上來看，亦有不可解者：

其一，帥、都、家皆舉其長，而鄉為例外。若依帥、都家之例，鄉載物當釋為鄉大夫載物，然鄉大夫為卿，依〈司常〉，卿當建旜，不建物。孫氏見

〔註82〕 〈九旗古義述敘〉，頁265。
〔註83〕 胡玉縉撰：〈九旗古義述跋〉，《許廎學林》（臺北：世界書局1963年4月），頁311～313。
〔註84〕 季旭昇撰：〈九旗考〉，《中國學術年刊》（1983年6月），第5期，頁3。

其不合，遂以鄉大夫屬帥，而以鄉吏當鄉，致令帥、都、鄉、家四者文例不一。

其二，孫氏析「帥都載旜」為軍將、都，而皆建旗之旜；析「郊野載旐」為四郊、六遂、公邑，而皆載旐；獨於「鄉家載物」析之為鄉載旜、家載旗，亦嫌文例不一。〔註85〕最後，他得出的結論是：《周禮》九旗與他經傳建旗不同，然猶必據《周禮》以說他經傳之建旗者，以鄭玄既謂《周禮》為周公所作，則此九旗必為周制，周代諸經傳所述旗幟皆當遵循此制故也。殊不知《周禮》本為周代儒家之政治理想，其中所述制度多刺取自異時異地，重加組織而成，故《周禮》可反映周代部分之政治情況，而非周代一時一地之政治實錄。〔註86〕

不過，孫致文認為孫氏正是運用文例作為解經起點，建構出《周禮》是一部結構嚴密、語言形式前後一貫的典籍。〔註87〕

吳土法從「旗物古制」、「《周禮》經義」兩方面看鄭玄與孫詒讓的是非得失，他認為，不論是從旗幟緣章、顏色、周代旗幟緣章實際情況或旗物通制上來看，孫氏的說法都比鄭氏來得正確，並且一九六五年春洛陽北窯西周墓M453出土的一件三叉形銅器，也為孫氏提供了強有力的實物依據。〔註88〕但從《周禮》經義上看，則是鄭氏比孫氏所說較正確。他更從數詞使用上統計，將《周禮》所有出現數詞的地方擷取出來，如：三酒、三德、四籩、四豆、五刑、王之五路、六典、王后六服、七事、八柄、龜之八命、九職、九儀之命、十輝之法、荒政十有二等，製成表格，以觀其數為虛詞或實指，得出此書出現的數詞皆為實指，即所標數詞的大小與所指事物的多少完全對應，「不

〔註85〕 季旭昇撰：〈九旗考〉，頁14。

〔註86〕 同上注，頁3。

〔註87〕 孫致文撰：〈孫詒讓《九旗古誼述》解經方法試析〉，頁278。

〔註88〕 此器通體成三叉形，中部作長骹窄葉矛形，鋒頂略殘，矛骹作圓鑒，下大上小，兩側附向上彎曲的刺，下部兩側有半環形小鈕。刺身兩面平素，中部彎曲處下側各帶小環鈕一個，矛正面陰鑄銘文「南」字，殘高27、寬20.5、豎徑2.3厘米。學術界一般稱之為「南字銅干首」。蔡運章先生說：「這種銅器的形狀與商周金文於字上部的構形頗為相似，是我們確認它們為銅干首的主要依據。」他並認為，干首是旗杆頂端繫旄和懸鈴的構件，器中刺上的兩個小鈕，當是用來懸鈴的，旄骹下部的兩個小鈕應是用來綁繫羽旄的。孫詒讓等全羽、析羽為諸旗通制之說，得此出土實物的印證，可以說是確不可移了。參見吳土法撰：〈「九旗」鄭、孫說平議〉，《文史》，第2輯（2004年5月），頁208～217。

僅反映了作爲法典的《周禮》在語言表述上的嚴肅性，而且，還從語言的角度提供了〈司常職〉「九旗」的經義當是九種旗幟的佐證」。〔註89〕

從以上諸家所疑所述，綜而論之，筆者以爲，孫詒讓的旗制解，探究出來的是史實而非經義。從《周禮》經文的敘述方式，應是明明白白的九旗，而非如孫氏所說「其旜物二者，經著旜物於常旂之後，旗旟旐之前，文例最精」、「唯以旜物旞旐錯文互見」，《周禮》作者爲什麼要用這麼曲折隱諱的方式告訴讀者旗制實際上是「五正旗四通制」？原因在於孫氏發現《周禮》與諸經所載旗制不同（五旗制），又不想將錯就錯的情況下而想出的辦法。當他決定要探究事實的眞相時，就注定與《周禮》經文所敘背離。

從另一個角度看，鄭玄因相信《周禮》爲周公所作，而作「九旗」解，孫氏作「五旗」解，不遵從鄭玄，或可與本章第一節相呼應，作爲孫詒讓對《周禮》作者存疑的佐證。

圖 7-2-B　黃以周《禮書通故》旗制圖

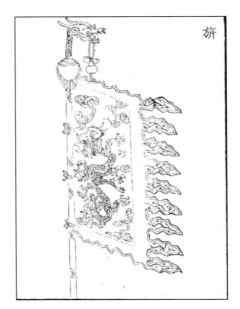

王建大常　　　　　　　　　　　諸侯建旂

〔註89〕同注88，頁221。

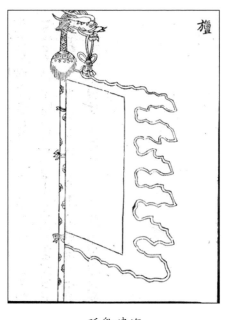

孤卿建

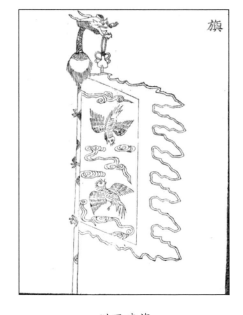

大夫士建物

師都建旗

州里建旗

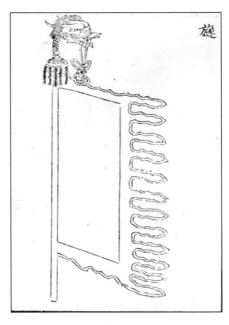

縣鄙建旐　　　　　　　　道車載旟

第三節　「職方氏」解

　　《周禮》將天下土地劃分為九州，以分封天下國土。王畿為中心，九州土地分為九畿，方圓千里的土地為王畿，王畿以外的土地按照爵位等級分封給諸侯。為方便管理，將九州土地畫為圖，此即〈夏官〉「職方氏」的職掌。職，主也；方，四方土地。《周書》中亦有一篇〈職方〉，內容與〈夏官・職方氏〉幾乎如出一轍，學者每每在判定《周禮》、《周書》的真偽時，或以為《周禮》抄《周書》，又或以為《周書》襲《周禮》。

　　鄭玄注《周禮》，為調停〈職方氏〉與《禮記・王制》對土地制度描述的不同而有曲解的情況發生；而唐人注經有「疏不破注」之例，使得賈公彥非但對鄭玄誤釋處不能一一糾舉外，反而為彌縫鄭玄的曲解而使經義更加隱晦。

　　《周禮》一書，自漢代發現至清末，歷代疏解一共經過三次大整合，即漢代鄭玄《周禮注》、唐代賈公彥《周禮疏》與清代孫詒讓《周禮正義》，《周禮正義》更被譽為清代經學家最好的一部書。孫詒讓如何處理二「職方」之關係？又如何解決鄭、賈的曲解？這是孫氏在撰作《周禮正義》時所要面臨的問題，也是本節所要探討的。

一、《周禮‧職方氏》與《周書‧職方》之比較

（一）《周書》之定名與成書

1. 定　名

《周書》之名，有稱「周書」、「逸周書」、「汲冢周書」。最早見於《說文解字》，許慎稱其爲《逸周書》。《漢書‧藝文志》，著錄《周書》七十一篇，班固自注云「周史記」，顏師古注云：

> 劉向云：「周時誥誓號令也，蓋孔子所論百篇之餘也。」〔註90〕今（唐）存者四十五篇矣。〔註91〕

馬宗霍〈《說文解字》引《書》考‧敘例〉，云：

> 《說文》引之，稱《逸周書》，亦或單偁《周書》，無「逸」字。朱右曾謂《周書》稱逸昉《說文》，不逸而逸，無以別於「逸尚書」，故宜復《漢志》之舊題。愚案，《尚書》百篇中本有〈周書〉，而此在彼中〈周書〉之外，故許君冠「逸」字以別之耳。其無「逸」字者，段玉裁以爲或詳或略錯見，愚疑傳寫者或偶奪之，同爲一書，許君不應或逸或否也。〔註92〕

馬宗霍所說「逸周書」一名之由來與《周禮》定名的情形相同，《周禮》原稱《周官》，但《尚書》中有一篇〈周官〉，劉歆爲免混淆，將《周官》改名爲《周禮》。在馬氏〈坿引逸周書考〉〔註93〕中，列有：祢、菖、翰、曩、翼、俒、獤、燩、夠、匪共十字，其中菖、獤、夠字下引稱《周書》，其餘字下引稱《逸周書》。是如段玉裁所言或詳或略錯見，或如馬宗霍所言爲傳寫奪之，則不得而知，不過很有可能此書在漢代即存在兩種稱呼。

由於《說文》將其稱爲「逸周書」，因此後代有些刻本把它題作《逸周書》，屈萬里認爲這一個名稱雖然較「汲冢周書」好些，但究竟不是它的原題，因此認爲仍應按照《漢志》的舊稱，稱爲《周書》。

《隋書‧經籍志》著錄十卷，沒有篇數，但原注云：

〔註90〕 劉向以爲七十一篇《周書》是古文《尚書》所刪逸篇，這就是後來稱其爲「逸周書」之故。

〔註91〕 〔漢〕班固撰，〔唐〕顏師古注：《漢書》（臺北：洪氏出版社，1975 年 9 月），卷 30，〈藝文志第十〉，頁 1706。

〔註92〕 馬宗霍撰：《說文解字引經考》（臺北：臺灣學生書局，1971 年 4 月），頁 111。

〔註93〕 同上注，頁 269～277。

汲冢書，似仲尼刪書之餘。〔註94〕

王鳴盛〈汲冢周書〉一文以爲，《周書》自〈度訓解〉第一至〈器服解〉第七十，加序一篇，共七十一篇，與《漢志》數目相同，劉向以爲「周時誥誓號令」是也，與汲冢之書毫不相涉。楊慎謂《漢志》本有《周書》，李善注文選，遠在晉後，而其所引只稱「逸周書」，不稱「汲冢周書」。至宋太宗修《太平御覽》，首卷列目始有「汲冢周書」之名，蓋當時宋儒臣求汲冢七十五篇而不得，遂以《逸周書》七十篇充之。〔註95〕

孫詒讓〈周書斠補敘〉云：

《周書》七十一篇，《七略》始著錄。自《左傳》以逮墨、商、韓、呂諸子，咸有誦述，雖雜以陰符，閒傷詭駁，然古事古義多足資考證，信先秦雅記壁經之枝別也。隋、唐《志》繫之汲冢，至爲疏舛；《晉書》記荀勗、束晢所校汲冢古文篇目，雖有《周書》，與此實不相涉。今汲縣晉石刻〈太公呂望表〉引竹書《周志》「文王夢天帝服玄禳以立於令狐之津」云云，乃眞汲冢所得《周書》，以七十一篇書校之，文例殊異，斯其符驗矣。〔註96〕

孫氏此文，說明兩個重點：第一，由於隋〈經籍志〉、唐〈藝文志〉稱其爲「汲冢書」，於是後代的傳本多將其題作「汲冢周書」，是錯誤的；第二，《晉書》所記荀勗、束晢所校汲冢古文篇目，雖有《周書》，實際上與此《周書》毫不相涉。與王鳴盛說同。屈萬里〔註97〕、李學勤亦同意此說。〔註98〕

2. 成書時間與真僞

《周書》的成書時間，古人有二說。一說作於戰國時人，一說作於漢後人。

〔註94〕〔唐〕魏徵等撰：〈經籍志〉，《新校本隋書附索引》（臺北：鼎文書局，1990年7月），卷33，志第28，頁959。

〔註95〕〔清〕王鳴盛撰：《蛾術編》（臺北：信誼書局，1976年7月，據道光21年世楷堂藏版影印），冊1，卷4，頁13下～14上。

〔註96〕〔清〕孫詒讓撰：《周書斠補》（臺北：文史哲出版社，1988年10月），頁59。

〔註97〕屈萬里認爲，《周書》是漢代以來流傳著的古籍，並非出於汲冢。宋人李燾的〈汲冢周書序〉已經知道此書在西漢時曾入中祕，但他還以爲汲冢也出現過。丁黻的〈汲冢周書序〉和王應麟的《漢書藝文志考證》才肯定它不是出於汲冢。參見屈萬里撰：《先秦文史資料考辨》（臺北：聯經出版事業公司，1993年9月），頁396。

〔註98〕李學勤撰：《失落的文明》（上海：上海文藝出版社，1997年12月），頁332。

　　主張作於戰國時人者，如宋人李燾云「抑戰國處士私相綴續，託周爲名，孔子亦未見」、宋人陳振孫云「相傳以爲孔子刪書所餘，未必然也。文體與古書不類，似戰國後人倣傚爲之者」。懷疑爲戰國時人而不確定者爲宋人黃震云「此書出汲冢，多類兵書，後多類周誥。然伐商遷雒之事多與今《尚書》合，而文無一語相合。非戰國之士傚而爲之歟？然不可曉也」。〔註99〕孫詒讓云「信先秦雅記壁經之枝別也」。〔註100〕

　　主張作於漢後人者，如姚際恆「殆漢後人所爲也」。〔註101〕

　　郭沫若以爲，《周書》中可信爲周初文字者僅有三十二篇，〈世俘〉即其一，最爲可信。〈克殷〉及〈商誓〉次之，其他則均係僞託，惟非僞託於一人或一時。〔註102〕

　　屈萬里以爲〈商誓〉、〈度邑〉、〈皇門〉、〈芮良夫〉、〈世俘〉等篇爲西周晚年或東周初年之作，其餘多爲戰國時人所作。並以爲姚際恆所謂「漢後人所作」與事實不合。雖然他認爲不會有僞作的資料，並考證出其中三十五篇的撰成年代〔註103〕，不過其餘二十五篇，他也表明沒有確切的證據，證明它們產生的時代。

　　李學勤則以爲《周書》各篇不出一手，年代不同，如朱右曾所說「〈克殷〉篇所敘，非親見者不能；〈商誓〉、〈度邑〉、〈皇門〉、〈芮良夫〉諸篇，大似《今文尚書》，非僞古文所能彷彿」〔註104〕；〈世俘〉、〈商誓〉、〈皇門〉、〈嘗麥〉、〈祭公〉、〈芮良夫〉等篇，均可信爲西周作品。其餘諸篇，〈度訓〉、〈命訓〉等多篇文例相似，可視爲一組，而《左傳》、《戰國策》所載春秋時荀息、狼瞫、魏絳等所引〈武稱〉、〈大匡〉、〈程典〉等篇，皆屬於這一組。由此足見在書中佔較大比例的這一組，時代也不很遲。〔註105〕

〔註99〕　李燾說見〈汲冢周書序〉、陳振孫說見《直齋書錄解題》、黃震說見《黃氏日鈔》，通見張心澂編著：《僞書通考》（上海：上海書店，1998年1月），頁504～505。

〔註100〕〔清〕孫詒讓撰：《周書斠補》，頁59。

〔註101〕〔清〕姚際恆撰：《古今僞書考》（臺北：臺灣開明書店，1977年10月），頁19。

〔註102〕郭沫若撰：《中國古代社會研究（外二種）》（石家莊：河北教育出版社，2001年5月），頁286。

〔註103〕《先秦文史資料考辨》，頁397～399。

〔註104〕〔清〕朱右曾撰：〈逸周書集訓校釋序〉，黃懷信、張懋鎔、田旭東撰，李學勤審定：《逸周書彙校集注》（上海，上海古籍出版社，1995年12月），下冊，頁1323。

〔註105〕《失落的文明》，頁332～333。

綜合以上各家所論，則《周書》非成於一人一時，但時間最晚不會晚於戰國。除了以上各篇較為確定撰成時間外，其餘諸篇或無法確定年代，或以為偽託，〈職方〉即包括在此類中。

（二）〈職方氏〉與〈職方〉之因襲

〈職方氏〉與〈職方〉之間雖有字句的差異，但內容幾乎如出一轍，將《周禮正義・職方氏》與《周書・職方》[註106]之異文表列如下（異文處以＿表示）：

表 7-3-1 《周禮・職方氏》、《周書・職方》異文對照表

《周禮・夏官・職方氏》	《周書・職方》
1. 職方氏掌天下之圖，以掌天下之地，辨其邦國、都鄙、四夷、八蠻、七閩、九貉、五戎、六狄之人民與其財用、九穀、六畜之數要，周知其利害。乃辨九州之國，使同貫利。	1. 職方氏掌天下之圖，以掌天下之地，辯其邦國、都鄙、四夷、八蠻、七閩、九貉、五戎、六狄之人民與其財用、九穀、六畜之數，周知其利害。乃辯九州之國，使同貫利。
2. 東南曰揚州，其山鎮曰會稽，其澤藪曰具區，其川三江，其浸五湖，其利金錫竹箭，其民二男五女，其畜宜鳥獸，其穀宜稻。	2. 東南曰揚州，其山鎮曰會稽，其澤藪曰具區，其川三江，其浸五湖，其利金錫竹箭，其民二男五女，其畜宜雞狗鳥獸，其穀宜稻。
3. 正南曰荊州，其山鎮曰衡山，其澤藪曰雲瞢，其川江漢，其浸潁湛，其利丹銀齒革，其民一男二女，其畜宜鳥獸，其穀宜稻。	3. 正南曰荊州，其山鎮曰衡山，其澤藪曰雲夢，其川江漢，其浸潁湛，其利丹銀齒革，其民一男二女，其畜宜鳥獸，其穀宜稻。
4. 河南曰豫州，其山鎮曰華山，其澤藪曰圃田，其川熒雒，其浸波溠，其利林漆絲枲，其民二男三女，其畜宜六擾，其穀宜五種。	4. 河南曰豫州，其山鎮曰華山，其澤藪曰圃田，其川熒雒，其浸陂溠，其利林漆絲枲，其民二男三女，其畜宜六擾，其穀宜五種。
5. 正東曰青州，其山鎮曰沂山，其澤藪曰望諸，其川淮泗，其浸沂沭，其利蒲魚，其民二男二女，其畜宜雞狗，其穀宜稻麥。	5. 正東曰青州，其山鎮曰沂山，其澤藪曰望諸，其川淮泗，其浸沂沭，其利蒲魚，其民二男二女，其畜宜雞犬，其穀宜稻麥。
6. 河東曰兗州，其山鎮曰岱山，其澤藪曰大野，其川河泲，其浸盧維，其利蒲魚，其民二男三女，其畜宜六擾，其穀宜四種。	6. 河東曰兗州，其山鎮曰岱山，其澤藪曰大野，其川河泲，其浸盧維，其利蒲魚，其民二男三女，其畜宜六擾，其穀宜四種。
7. 正西曰雍州，其山鎮曰嶽山，其澤藪曰弦蒲，其川涇汭，其浸渭洛，其利玉石，其民三男二女，其畜宜牛馬，其穀宜黍稷。	7. 正西曰雍州，其山鎮曰嶽山，其澤藪曰彊蒲，其川涇汭，其浸渭洛，其利玉石，其民三男二女，其畜宜牛馬，其穀宜黍稷。
8. 東北曰幽州，其山鎮曰醫無閭，其澤藪曰貕養，其川河泲，其浸菑時，其利魚鹽，其民一男三女，其畜宜四擾，其穀宜三種。	8. 東北曰幽州，其山鎮曰醫無閭，其澤藪曰貕養，其川河泲，其浸菑時，其利魚鹽，其民一男三女，其畜宜四擾，其穀宜三種。

[註106] 〔清〕孫詒讓撰，王文錦、陳玉霞點校：《周禮正義》（北京：中華書局，2000年3月），冊10，頁2636～2694。〔晉〕孔晁注：《逸周書》（臺北：臺灣中華書局，1980年10月，《四部備要》本據抱經堂本校勘）頁7下～9下。

9. 河內曰冀州，其山鎮曰霍山，其澤藪曰楊紆，其川漳，其浸汾潞，其利松柏，其民五男三女，其畜宜牛羊，其穀宜黍稷。	9. 河內曰冀州，其山鎮曰霍山，其澤藪曰揚紆，其川漳，其浸汾露，其利松柏，其民五男三女，其畜宜牛羊，其穀宜黍稷。
10. 正北曰並州，其山鎮曰恒山，其澤藪曰昭餘祁，其川虖池、嘔夷，其浸淶易，其利布帛，其民二男三女，其畜宜五擾，其穀宜五種。	10. 正北曰並州，其山鎮曰恆山，其澤藪曰昭餘祁，其川虖池、嘔夷，其浸淶易，其利布帛，其民二男三女，其畜宜五擾，其穀宜五種。
11. 乃<u>辨</u>九服之<u>邦國</u>，方千里曰王<u>畿</u>，其外方五百里<u>曰</u>侯服，又其外方五百里<u>曰</u>甸服，又其外方五百里<u>曰</u>男服，又其外方五百里<u>曰</u>采服，又其外方五百里<u>曰</u>衛服，又其外方五百里<u>曰</u>蠻服，又其外方五百里<u>曰</u>夷服，又其外方五百里<u>曰</u>鎮服，其外方五百里<u>曰</u>藩服。	11. 乃<u>辯</u>九服之<u>國</u>，方千里曰王<u>圻</u>，其外方五百里<u>爲</u>侯服，又其外方五百里<u>爲</u>甸服，又其外方五百里<u>爲</u>男服，又其外方五百里<u>爲</u>采服，又其外方五百里<u>爲</u>衛服，又其外方五百里<u>爲</u>蠻服，又其外方五百里<u>爲</u>夷服，又其外方五百里<u>爲</u>鎮服，又其外方五百里<u>爲</u>藩服。
12. <u>凡邦國千里</u>，封公以方五百里，則四公；<u>方四百里，則六侯；方三百里，則七伯；方二百里，則二十五子；方百里，則百男</u>，以周知天下。<u>小大</u>相維，王設其牧，制其職，各以其所能。制貢，各以其所有。王將巡守，則戒于四方，曰：「各脩平乃守，攷乃職事，無敢不敬戒，國有大刑。」及王之所行，<u>先道</u>，<u>帥</u>其屬而巡戒<u>令</u>。王殷國亦如之。	12. <u>凡國</u>，公侯伯子男，以周知天下。凡邦國<u>大小</u>相維，王設其牧，制其職，各以其所能。制貢，各以其所有。王將<u>巡狩</u>，則戒于四方，曰：「各脩平乃守，攷乃職事，無敢不敬戒，國有大刑。」及<u>王（者）</u>之所行道，率其屬而巡戒命。王殷國亦如之。

各段文字的差異，孫詒讓《周禮正義》的解釋如下：

1. 辨，《周書》作「辯」，同聲假借字。要，《周書》無「要」字，疑捝。

2. 鳥獸，《周書》作「雞狗鳥獸」，於文爲贅，蓋誤衍。

3. 雲瞢，《周書》作「雲夢」，同。

4. 波溠，《周書》作「陂溠」，同聲假借字。

5. 雞狗，《周書》作「雞犬」，義同。

6. 無。

7. 弦蒲，《周書》作「彊蒲」；淫沇，《周書》作「涇納」，字並通。

　　按：孫氏未解釋「弦」與「彊」何以字通？王念孫云：「『彊蒲』，《周官》及羣書皆作『弦蒲』，蓋弦與強字形相似，弦誤爲強，又誤爲彊耳。當改正。」則王念孫的解釋可說明「弦」與「彊」之關係。〔註107〕

8. 無。

9. 楊紆，《周書》作「揚紆」，同聲假借字；「汾潞」，《周書》作「汾露」，聲同字通。

10. 無。

11. 邦國，《周書》作「國」。按：孫氏無解釋。邦國與國同。

　　王畿，《周書》作「王圻」，字通。

　　曰，《周書》作「爲」，孫氏無解釋。按：義同。

12. 「凡邦國千里，封公以方五百里，則四公；方四百里，則六侯；方三
　　百里，則七伯；方二百里，則二十五子；方百里，則百男，以周知天
　　下」《周書》作「凡國公侯伯子男，以周知天下」，孫氏無釋。

　　小大，《周書》作「大小」，孫氏無釋。

　　守，《周書》作「狩」，假借字。

　　攷，《周書》作「考」，古今字。

　　王，《周書》作「王者」，王下「者」字衍。（筆者根據之《逸周書》
　　本無「者」字）

　　先道，《周書》作「道」，「道」上挩「先」字。

　　帥，《周書》作「率」，古今字。

　　令，《周書》作「命」，義同。

　　從上表之對照，顯示二〈職方〉確有因襲。各段文字的差異，孫氏認爲
皆是假借字、古今字之別，而最大的差異在第十二段，〈職方氏〉記有封地之
里數與國數，〈職方〉則無。

　　二者因襲關係爲何，以爲〈職方〉抄自〈職方氏〉者，如孔晁云：「此在
《周官・大司馬》下，穆王使有司抄出之，欲時省焉。」〔註108〕孫詒讓《周
禮正義・職方氏》云：

　　　　《周書・職方》次〈史記篇〉之後，〈史記〉爲穆王時書，故敘注並
　　　　冡彼爲説。然今本《周書》殽襍，未必周史官之舊次，敘亦似後人
　　　　所補作，孔晁強爲之説，不足據。（頁 2636）

《周書斠補・職方》云：

　　　　此蓋六國時人摭《周官》入此書，故其文悉同。孔安國〈尚書敍〉
　　　　則云孔子述〈職方〉以除九丘，蓋因此書爲孔子所刪之餘，遂以爲
　　　　孔子所述，尤不足據也。（頁 155）

則孫氏雖然認爲〈職方〉抄自〈職方氏〉，但非如孔晁說爲穆王使有司抄出者。

　　又如劉知幾云：

　　　　《周書》者，與《尚書》相類，即孔氏刪約百篇之外，凡爲七十一

───────────────

〔註108〕《逸周書》，頁 7 下。

章，上自文武，下終靈景。甚有明允篤誠典雅高義，時亦有淺末恒
説，淳穢相參，殆似後之好事者所增益也。至若〈職方〉之言與《周
官》無異，〈時訓〉之説比〈月令〉多同，斯百王之正書，五經之別
錄者也。〔註109〕

章學誠云：

　　《逸周書》七十一篇，……毋論其書文氣不類，醇駁互見，即如〈職
　　方〉、〈時訓〉諸解，明用經記之文。〔註110〕

則從文氣是否一貫來質疑〈職方〉。姚際恆亦以爲「〈職方〉篇襲《周禮・職
方氏》」。〔註111〕

　　以爲〈職方氏〉襲自〈職方〉者，如陳澧云：

　　穆王作〈呂刑〉入《尚書》，作〈職方〉何不可入《周禮》乎？〔註112〕

雖提出質疑，卻沒有證據說明〈職方氏〉抄自〈職方〉。

　　又如王樹民云：

　　〈職方〉篇之作，竊意當在戰國末年，而出燕齊人士之手。……〈職
　　方〉之變爲周制，蓋在編入《逸周書》之後。《周書》既不見重，故
　　〈職方〉篇除漢武帝取幽，並立十三州時一言及外，亦少見稱。其
　　後《周官》書成，采以爲〈夏官・職方氏〉，後世尊爲經典，而職方
　　遂得確爲周制。〔註113〕

彭林先生亦云：「〈職方氏〉文全襲自《逸周書・職方》。」〔註114〕則以爲〈職
方氏〉襲用〈職方〉。

　　不過，若以孫氏《周禮正義》所提出「大宰八法爲綱領」的解經方法，
以其中「官聯」一法釋之，或可解決此問題。官聯，即有關官吏聯合辦事的

〔註109〕〔唐〕劉知幾撰：〈六家第一〉，《史通》（臺北：臺灣商務印書館，1979 年 11
　　　　月，《四部叢刊》本據明萬曆刊本，又據孫潛夫顧千里校本作札記影印），〈內
　　　　篇〉，卷之 1，頁 2 右。
〔註110〕〔清〕章學誠撰，葉瑛校注：〈書教・中〉《文史通義校注》（北京：中華書局，
　　　　2000 年 1 月），頁 39。
〔註111〕《古今僞書考》，頁 19。
〔註112〕〔清〕陳澧撰：《東塾讀書記》（臺北：世界書局，1975 年 5 月），卷 7，頁 2
　　　　右。
〔註113〕王樹民撰：〈《周書》《周官》〈職方〉篇校記〉，《禹貢半月刊》（1934 年 3 月），
　　　　第 1 卷第 1 期，頁 11。
〔註114〕彭林撰：《周禮主體思想與成書年代研究》（北京：中國社會科學出版社，1991
　　　　年 9 月），頁 212。

法則。與「職方氏」為官聯者，據《周禮正義》，有「司會」、「大司徒」；其文又與〈大司馬〉、〈大行人〉可相互參照。

表 7-3-2　〈職方氏〉官聯表

與〈職方氏〉為官聯		可與〈職方氏〉相互參照之職官	
天官 司會	地官 大司徒	夏官 大司馬	秋官 大行人
掌國之官府、郊野、縣都之百物財用凡在書契版圖者之貳。	掌建邦之土地之圖與其人民之數。而辨其邦國都鄙之數。	掌制畿封國以正邦國。乃以九畿之籍，師邦國之政職。方千里曰國畿，其外方五百里曰侯畿，又其外方五百里曰甸畿，又其外方五百里曰男畿，又其外方五百里曰采畿，又其外方五百里曰衛畿，又其外方五百里曰蠻畿，又其外方五百里曰夷畿，又其外方五百里曰鎮畿，又其外方五百里曰蕃畿。	邦畿方千里，其外方五百里謂之侯服，歲壹見，其貢祀物。又其外方五百里謂之甸服，二歲壹見，其貢嬪物。又其外方五百里謂之男服，三歲壹見，其貢器物。又其外方五百里謂之采服，四歲壹見，其貢服物。又其外方五百里謂之衛服，五歲壹見，其貢材物。又其外方五百里謂之要服，六歲壹見，其貢貨物。九州之外謂之蕃國，世壹見，各以其所貴寶為摯。……十有二歲，王巡守殷國。

從官聯來看《周禮》，「大司徒」掌管天下各國土地的地圖與記載人民的戶籍；「司會」掌管王國中的戶籍、土地的地圖，以全面了解各種財物的收支情況及記載使用情況；「職方氏」則掌管天下的地圖，以掌握天下的地理，辨別各諸侯國、王畿內的采邑，以及臣服於王的外族的人民，他們的財物數目，以周知各地的利害。各官皆有各自的職責。又〈職方氏〉職文，與〈大司馬〉、〈大行人〉相彷彿，孫氏云：「職方制畿服之官法，受之大司馬者也。」（頁2684）只是〈大司馬〉「九服」作「九畿」；「邦國」〈大司馬〉作「國畿」、〈大行人〉作「邦畿」，義皆相同。

若說〈職方氏〉抄自〈職方〉，豈不要大費周章再創作〈司會〉、〈大司徒〉、〈大司馬〉、〈大行人〉以與〈職方氏〉相聯事？而司會、大司徒、大司馬、大行人又各有其官聯的對象，如司會與大宰官聯，大宰又與小宰、大府、內府、司書、大司徒、閭師、掌交官聯，職職相關，事事相連，若說〈職方氏〉襲自〈職方〉，豈非《周禮》一書是根據〈職方〉一文而鋪陳全書？由此可知，〈職方氏〉並非抄自〈職方〉而來。

又如黃沛榮所言，某事掌某職之語，為《周禮》全書之通例；「邦國都鄙」、「周知其利害」、「以周知天下」、「亦如之」為《周禮》習語；「四夷」、「八蠻」

等以數字冠之詞，亦《周禮》所有之特色。〔註115〕顯示〈職方氏〉與《周禮》全書相合，無矛盾之處。

反觀《周書》，乃雜纂而成，劉起釪將《周書》七十一篇（實存五十九）內容分爲七種，其中除了第一種與第二種可以視爲「誥誓號令」的《尚書》的較早逸篇和經過加工的篇章看待，第三種只可作爲《尚書·周書》有關連的可作參考的資料性文件。其他四種三十餘篇皆不可看作《尚書》的逸篇，只能算作戰國以來私家作品〔註116〕，〈職方〉即包括在其中。面對一本來源不一的古書，如何能說他書抄自此書？王樹民一文爲了證明《周禮》成於西漢末年〔註117〕、彭林先生一文爲了證明《周禮》成於漢初〔註118〕，則不得不主張〈職方氏〉襲自〈職方〉。

二、孫氏對鄭《注》與賈《疏》之糾謬

據孫氏《周禮正義》，鄭《注》與賈《疏》對〈職方氏〉之疏謬有以下各條：

表 7-3-3　〈職方氏〉鄭《注》、賈《疏》疏謬表

職 方氏經文	鄭注經義		賈疏誤釋者
	合經義	不合經義	
掌天下之圖	天下之圖，如今司空輿地圖也。		此職方兼主夷狄，漢夷狄不置郡國，故不言。 □孫氏云：非也。
七閩	《國語》曰：「閩，芈蠻矣。」 □孫氏云：證閩爲蠻之別。		案〈鄭語〉，史伯曰「蠻，芈蠻矣」，注云「謂上言叔熊避難於濮蠻，隨其俗如蠻人也，故曰蠻」。彼不作閩者，彼蓋後人轉寫者誤，鄭玄以閩爲正，叔熊居濮如蠻，後子從分爲七種，故謂之七閩也。 □孫氏云：賈強爲傅合，恐不塙也。
四夷、八蠻、七閩、	周之所服國數		賈《疏》引《鄭志》答趙商：「〈職方氏〉四夷，四方夷狄也。」……《爾雅》之數與〈明堂〉同，皆數耳，

〔註115〕黃沛榮撰：〈論《周禮·職方氏》之著成時代〉，《三禮論文集》（臺北：黎明文化事業公司，1982 年 10 月），頁 118～121。

〔註116〕劉起釪撰：《古史續辨》（北京：中國社會科學出版社，1997 年 4 月），頁 615～616。

〔註117〕〈《周書》《周官》〈職方〉篇校記〉，頁 11。

〔註118〕《周禮主體思想與成書年代研究》，頁 247。

九貉、五戎、六狄			無別國之名。今五六者，正是數耳，其事鄭不甚明之，未知何者是是，亦不著其錯誤。 □孫氏云：孔、賈反依《鄭志》改此注義，僂矣。
	爾雅曰「九夷、八蠻、六戎、五狄，謂之四海」		□孫氏云：賈《疏》未知《爾雅》李、郭本異，妄有所疑，賈又謂《詩箋》或後人轉寫之誤，疏矣。
其浸波溠		波讀爲播，〈禹貢〉曰「滎播既都」	
其川涇汭		汭在豳地	
其浸渭洛		洛出懷德	
其浸汾潞		潞出歸德	
其川虖池、嘔夷		嘔夷，祁夷與？出平舒	
	無徐梁		無徐梁，〈禹貢〉有徐梁無幽并。《爾雅》云「兩河間曰冀州，河南曰豫州，濟東曰徐州，河西曰雍州，漢南曰荊州，江南曰揚州，燕曰幽州，濟河間曰兗州，齊曰營州。《詩譜》曰「雍梁荊豫徐揚之民，咸被其化」。數不同者，〈禹貢〉所云堯舜法，《爾雅》所云似夏法，《詩譜》所云似殷法，亦與〈禹貢〉三代不同，是以州名有異。自古已來，皆有九州，惟舜時暫置十二州，至夏還爲九州，故《春秋》云「夏之方有德也，貢金九牧」是也。 □孫氏云：據鄭《書注》，則周〈職方〉幽并二州實沿舜制，至《爾雅·釋地》九州，賈《疏》謂似夏法，其說非也。
凡邦國千里	周九州之界方七千里		賈《疏》約〈王制〉注義，謂先王之作土有三，若太平之時，土廣萬里，中國七千；中平之世，土廣七千，中國五千；衰末之世，土廣五千，中國三千。 □孫氏云：〈王制〉注及賈《疏》所說三代土地廣狹之差，實非塙論也。
		周公變殷湯之制，雖小國，地皆方百里	
	是每事言「則」者，設法也。設法者以待有功，而大其封。		設法也，設法者以待有功，而大其封者。必知不即封而言設法以待有功者，以其稱公者，惟有二王後，乃東西大伯。今八州皆言方千里封公則四公，八州豈有三十二公乎？明知五者皆是設法以待有功，乃大其封也。若無功，縱本是公爵，惟守百里地，謂若虞公、虢公，舊是殷之公，至周仍守百里國，以無功故也。故注〈王制〉云「是以周世有爵尊而國小，爵卑而國大」。

		周二百一十國，以男備其數焉，其餘以爲附庸。	
王殷國亦如之	十二歲王若不巡守，則六服盡朝，謂之殷國。		賈《疏》云：「王有故，不巡守於方岳之下，則春東方盡來，夏南方盡來，……王待之亦各於其時，在國外爲壇，行朝覲盟載之法。……王殷國所在無常，或在畿內國城外即爲之，或向畿外諸侯之國行之，故有戒令之事也。」 □孫氏云：賈說失之。

以下舉例說明之：

（一）對賈《疏》之糾謬

1. 釋「四夷」之不墝

「四夷」，鄭《注》云「周之所服國數」，賈《疏》引《鄭志》〔註119〕解釋云：「〈職方氏〉四夷，四方夷狄也。」賈氏所引《鄭志》說，即孔晁《周書·職方》所本。賈、孔二人皆以「四夷」爲所有外族之總名。不過，孫氏認爲，「四方夷狄」用來解釋〈師氏〉四夷之隸及〈鞮鞻氏〉四夷之樂，則正相當；解釋〈職方氏〉的「四夷」，則不適合，其理由如下：經文以「四八七九五六」並舉，鄭氏釋爲「所服國數」，此其一；鄭玄不破鄭司農「東方曰夷，南方曰蠻，西方曰戎，北方曰狄」之說，則不以「四夷」爲四方夷之目可知，此其二；又〈象胥〉云「掌蠻、夷、閩、貉、戎、狄之國使」〔註120〕，夷在蠻下，則「四夷」非總目之文可知，此其三。孔晁、賈《疏》反依《鄭志》改此注，則誤以服周國數爲夷狄總名。

此外，鄭玄引《爾雅·釋地》以解說，賈《疏》疑《詩經·小雅·蓼蕭序》「澤及四海」箋「九夷、八狄、七戎、六蠻，謂之四海」與《爾雅》、《禮記·明堂位》所釋不同，爲後人轉寫之誤。孫氏認同孔疏的說法，《爾雅·釋地》有兩文，郭璞本作「九夷、八狄、七戎、六蠻，謂之四海」；李巡本作「九

〔註119〕《鄭志》，鄭小同撰（鄭玄孫）。《後漢書·鄭玄傳》云「門人相與撰玄答諸弟子問五經，依《論語》作《鄭志》。」是此書爲鄭玄門人所撰述，記玄答弟子問五經之義者。鄭珍《鄭學錄》謂玄卒時小同僅四五歲，不及記述其祖師徒答問，必是玄卒後門人各出所記師說，後來由小同編定爲十一卷，故《隋志》歸之小同撰。書已佚，今猶見於經書、《通典》、《水經注》及唐宋類書等所引。參見孫啓治、陳建華編：《古佚書輯本目錄（附考證）》（北京：中華書局，1997年8月），頁86。

〔註120〕《周禮正義》，卷73，冊12，頁3061。

夷、八蠻、六戎、五狄，謂之四海」，且於「謂之四海」下，又有「八蠻在南方，六戎在西方，五狄在北方」三句。此三句唯李巡本有之，孫炎、郭璞本皆無。鄭玄與李巡同時，所見《爾雅》應同本，賈《疏》不知，故有所疑。

孫氏以為，歷來學者對蠻夷諸國的解說頗紛紜，經記並約舉大數，文多錯異，以鄭玄之精博，猶未聞其別國之名，故學者諸多揣測，僅能存闕待考。

2. 謂「九州」為夏法之謬

鄭《注》云：「此州界，揚、荊、豫、兗、雍、冀與〈禹貢〉略同，青州則徐州地也，幽、並則青冀之北也，無徐、梁。」賈《疏》引《詩譜》曰「雍、梁、荊、豫、徐、揚之民，咸被其化」。其數不同者，賈氏以為〈禹貢〉所云為堯舜法，《爾雅》所云似夏法，《詩譜》所云似殷法，亦與〈禹貢〉三代不同，是以州名有異。〈職方氏〉與〈禹貢〉、《爾雅》、《詩譜》九州之名如下：

表 7-3-4　九州異名表

〈職方氏〉	〈禹貢〉	《爾雅·釋地》	《詩譜》
揚、荊、豫、青、兗、雍、幽、冀、並	揚、荊、豫、青、兗、雍、冀、徐、梁	揚、荊、豫、兗、雝、冀、徐、幽、營	揚、荊、豫、雍、徐、梁

※禹治水之後，舜分冀州為幽州、并州；分青州為營州，始置十二州。十有二州，謂冀、兗、青、徐、荊、揚、豫、梁、雍、并、幽、營也。

孫氏以為，鄭云「無徐、梁」，則周九州既增幽並，故省此二州也。《漢書·地理志》顏《注》：「省徐州以入青州，並梁州以合雍州。」

又《尚書·舜典》「肇十有二州」，肇，始也。《爾雅·釋文》引鄭《注》云：「舜以青州越海，而分齊為營州；冀州南北太遠，分衞為並州，燕以北為幽州，新置三州，並舊為十二州也。」據鄭《尚書》注，孫氏以為《周禮·職方》幽、並二州實沿舜制。

《爾雅·釋地》九州，賈《疏》謂似夏法，孫氏以為其說不塙。

《詩·周南、召南譜》孔《疏》引《爾雅》孫炎《注》云「此蓋殷制」；又〈釋地〉郭《注》、《爾雅·釋文》引李巡說並與孫同，則賈《疏》所言「似夏法」則不塙。不過《爾雅》雜采古書，沒有明確的理由確信其必為殷制，但是〈釋地〉九州與〈禹貢〉不同，其非夏法則無疑也。〔註121〕

孫氏以為，「九州」名義，大抵就州中所屬山川國邑為稱，歷代學者望

〔註121〕《周禮正義》，卷64，冊10，頁2683～2684。

文生義，沒有定論。又，此經九州名雖多因襲虞夏殷制，而疆域則不甚同。
〔註122〕孫氏《正義》雖未引王鳴盛說，但王氏說法與孫氏同，其云：

> 文王在殷時則三分有二，當指殷六州言。《周書・程興篇》所謂「文
> 王合六州之侯，奉勤於商」是也。故賈氏遂以《詩譜》爲殷法，既
> 以《詩譜》爲殷法，不得不以《爾雅》爲夏法，〈禹貢〉爲堯舜法矣！
> 〔註123〕

或可相與爲證。

（二）對鄭《注》彌縫〈職方氏〉與〈王制〉的看法

〈職方氏〉與〈王制〉，二篇封國的不同，鄭玄在注解《周禮・職方氏》
與《禮記・王制篇》時，即嘗試要調停這兩篇經文的不同，因此將〈王制〉
解釋成夏殷制，將〈職方氏〉解釋成周制。不過，他的調停與曲解，賈公彥
既不能匡鄭注之失，反而強爲之說，使後代讀〈職方氏〉、〈王制篇〉者益加
迷惑。孫詒讓在撰作《周禮正義》時，也必定要面對這個問題，「鄭《注》簡
奧，賈《疏》疏略，未能盡通」，是孫氏自幼讀《周禮》的感想，他是否能將
鄭、賈二人交代未清的地方解釋清楚？以下是他的看法。

1. 三代土地廣狹之解釋

〈職方氏〉經文「凡邦國千里」，鄭《注》云「周九州之界方七千里」。〈王
制注〉又云：

> 禹承堯舜而然矣，要服之內，地方七千里，乃能容之。夏末既衰，
> 夷狄內侵，諸侯相並，土地減，國數少。殷湯承之，更制中國方三
> 千里之界，亦分爲九州，而建此千七百七十三國焉。周公復唐虞之
> 舊域，分其五服爲九，其要服之內亦方七千里，而因殷諸侯之數，
> 廣其土，增其爵耳。〔註124〕

是鄭謂虞夏地大而國多，故爵土爲三等，以百里、七十里、五十里爲限。殷
地狹於虞夏而國少，故仍夏制，周初亦然。至周公致太平，斥大九州之界，
同於虞夏，而封國之數，猶因殷舊，地增國少，故得廣土增爵，此即鄭玄爲
通〈職方氏〉、〈王制〉、《孟子》以調停其說之意。

〔註122〕《周禮正義》，卷63，冊10，頁2641。

〔註123〕〔清〕王鳴盛撰：〈《周禮・職方氏》賈《疏》非是〉，《蛾術編》，卷37，頁
20下。

〔註124〕《重栞宋本禮記注疏附校勘記》，卷11，頁12左。

賈《疏》亦承鄭《注》義，謂先王之作土有三，一爲太平之時，土廣萬里，中國七千；二爲中平之世，土廣七千，中國五千；三爲衰末之世，土廣五千，中國三千。賈《疏》所謂的太平之時，即虞夏及周公制禮時；衰末之世，即夏末殷初時；其中平之世，則〈王制注〉引《孝經》說「周千八百諸侯，布列五千里內」。

孫氏以爲，〈禹貢〉五服地，只有五千里，與周要服內七千里不同。夏末殷初，中國三千里；武王時，中國五千里，皆爲推測之語，無文可證。則鄭玄〈王制注〉注及賈《疏》所說三代土地廣狹之差，實非塙論。又〈大司馬〉孫疏云：

> 求之古籍，既無塙證，且道路迂曲，較之鳥道雖有增多，亦斷無倍加之理，其說仍不可據。竊謂自禹至周，更歷三代，戶口日增，疆宇漸闢，故禹之九州五服爲五千里，周之九州王畿並六服爲七千里，每面益地千里，差較無多，理所宜有。至於蕃國三服，地既荒遠，不過因中土畿服之制，約爲區別，王會所及，蓋有不能盡以道里限者矣。要之〈禹貢〉、〈職方〉服數既異，不宜彊爲比傅，諸家之說，削趾適屨，鉏鋙益甚，今無取焉。（頁 2295）

可知孫氏不滿於鄭氏有意的調停，賈氏的強爲比傅，反而使經義更加晦澀。

2. 三等、五等地制之解釋

鄭《注》云「周公變殷湯之制，雖小國地皆方百里」。不過〈王制〉「公侯田方百里，伯七十里，子男五十里，不能五十里者，不合於天子，附於諸侯，曰附庸」並無二百里至五百里的層層劃分，鄭玄〈王制注〉解釋云：

> 此地，殷所因夏爵三等之制也。殷有鬼侯、梅伯，春秋變周之文從殷之質，合伯子男以爲一，則殷爵三等者，公、侯、伯也。異畿內謂之子，周武王初定天下，更立五等之爵，增以子男，而猶因殷之地，以九州之界尚狹也。周公攝政，致大平，斥大九州之界，制禮，成武王之意，封王者之後爲公及有功之諸侯大者，地方五百里；其次侯，四百里；其次伯，三百里；其次子，二百里；其次男，百里。〔註125〕

賈《疏》更曲爲之解，謂周公之時，不問有功無功，皆先溢滿百里，待更有功，乃依其爵，益之地爲二百里至五百里之等。孫氏以爲賈《疏》所釋與〈王

〔註125〕《重栞宋本禮記注疏附校勘記》，卷 11，頁 2 左～3 右。

制〉注顯然不合。

又鄭玄認為〈王制〉所云，為武王增爵未增地之制；〈職方氏〉所云，為周公爵、地並增之制。孫氏對鄭氏為調停兩經之舛牾，而想出此說法，並不以為然。

3.「州二百一十國」之解釋

〈王制〉云：

> 凡四海之內九州，州方千里，州建百里之國三十，七十里之國六十，五十里之國百有二十，凡二百一十國。名山大澤不以封，其餘以為附庸間田。八州，州二百一十國。〔註126〕

此為畿外，共一千六百八十國，又云：

> 天子之縣內，方百里之國九，七十里之國二十有一，五十里之國六十有三，凡九十三國。〔註127〕

此為畿內，共九十三國。畿內加畿外則有一千七百七十三國：

> 凡九州千七百七十三國。〔註128〕

鄭《注》云：

> 周公制禮，九州大界方七千里，七七四十九，方千里者四十有九也。其一為畿內，餘四十八，八州各有方千里者六。設法，一州封地方五百里者不過四，謂之大國；又封方四百里者不過六，又封方三百里者不過十一，謂之次國；又封方二百里者不過二十五；及餘方百里者，謂之小國。盈上四等之數，并四十九，一州二百一十國，則餘方百里者百六十四也。凡處地方千里者五，方百里者五十九，其餘方百里者四十一，附庸地也。〔註129〕

鄭玄的用意在於此經五等封地里數，雖與〈王制〉不合，而一州封國之總數當與彼同，因此取〈王制〉「州二百一十國」為解。但一州以五等國數計算，只有一百四十六國（四公、六侯、十一伯、二十五子，百男），數目不及〈王制〉的二百一十國，又復增男國為一百六十四，以補其數，但如此還是不夠，因此把其餘的算為附庸國。孫氏於此，並未表示贊同或不贊同。只說「此及

〔註126〕《重栞宋本禮記注疏附校勘記》，卷11，頁8左。
〔註127〕同上註，頁11右。
〔註128〕同上註，頁12左。
〔註129〕同上註，頁8左～9右。

〈王制〉注所謂『方百里者四十一爲附庸地』者，固未爲定論矣」。（頁 2690）
不過鄭玄這種「設法」〔註 130〕，則太過牽強了。

第四節　孫詒讓疏解《周禮》的貢獻

孫詒讓在思想上受父親孫衣言及南宋永嘉學派「經世致用」的影響，在
治學方法上受乾嘉學者的影響，在孫氏的心目中，《周禮正義》不僅僅是疏解
經義之作，更期待《周禮正義》能成爲治國的根本。但是，正如橋本秀美先
生所言：

> 吳廷燮給《續修四庫提要》寫的《周禮正義》提要説：「歷來諸儒
> 重在治經，而是書則欲通之於治國。」只據〈周禮正義序〉立論，
> 沒有舉出書中內容作爲證據，《周禮正義》的讀者恐怕都不會覺得
> 「是書欲通之於治國」，難道可以説〈序〉自是〈序〉，與內容未必
> 相干？〔註 131〕

《周禮正義》的寫作方式，爲傳統的注疏體，確實很難讓讀者從中領悟到治
國的門徑。不過，作爲傳統的注疏體而言，他又有些值得提出說明的貢獻：

就體例而言，《周禮正義》提供完備的凡例，使讀者可以按圖索驥。尤其
在這種卷帙繁浩的古書，孫氏提供讀者一個清晰的凡例，可使讀者了解他所
使用校勘的版本，如孫氏經文以《唐石經》、鄭《注》以明嘉靖仿宋本、賈《疏》
以阮校宋十行本爲本，再輔以《蜀石經》、宋槧諸本、《經典釋文》、清人校記
等；文獻的取捨，如魏晉以後儀制不取；解經的方法，如以大宰八法爲綱領、
歸納經文義例等；以及解經的態度，如折衷鄭、王，匡賈謬，補鄭闕等。

就形式而言，《周禮正義》示範了一個完整的注釋體。孫氏以前的著作，
在引用前人的資料時，往往標注不夠明確，使讀者容易張冠李戴。《正義》卻
能清楚標明出處，除以示不略人之美，亦使讀者方便複查。

就內容而言，《周禮正義》擺脫注疏家曲護鄭《注》的迷思，而能就事論
事，依靠證據論斷。鄭《注》、賈《疏》常以後代制度比況《周禮》中之制度，
以今制況古制，雖然有助於讀者理解經文，但嚴格說來不是注疏家解經的正

〔註 130〕鄭玄云：「是每事言則者，設法也。設法者，以待有功而大其封。」見《周禮
　　　　正義》，頁 2685。
〔註 131〕橋本秀美撰：〈《周禮正義》的非經學性質〉，紀念《周禮正義》出版百年暨陸
　　　　宗達先生百年誕辰學術研討會，杭州，2005 年 10 月。

途，孫氏盡可能予以補正。且孫氏資料蒐集之富，疏解詳實，遇無法解決之處，寧闕不論。

就孫氏的《周禮》思想而言，歷來學者皆肯定孫氏《周禮正義》一書的價值，唯有對孫氏維護「周公作《周禮》」的說法頗有微詞。從孫氏討論《周禮》作者的行文態度來看，筆者認為孫詒讓有意閃避這個問題。其次，從其疏解《周禮》的態度，可看出孫氏對鄭《注》及賈《疏》調停〈職方氏〉與〈王制〉之差異，有存疑、有糾正，並不如其他相信《周禮》為周公所作的學者，極力彌縫鄭、賈之錯誤。而這僅僅是孫氏眾多糾鄭、賈錯誤的其中一部分而已。再者，孫氏以「官聯」解釋〈職方氏〉，對歷來質疑《周禮・職方氏》襲自《周書・職方》的說法不攻自破。

孫氏身為古文經學家，古文經學家一貫的立場，以為六經是周公的舊典，他們所崇奉的，孔子以上，首推周公。不過，孫詒讓卻在維護周公正統的地位與以經論經、如實疏解經文中徘徊。最後，在信仰與真理之中，他選擇了真理。這從本論文中所舉的例子，如對「九賦」、「九旗」的疏解，都可以說明。因此，認定孫氏以為《周禮》的作者就是周公，或許還有商榷的空間。

也因為孫詒讓這種追求真理的解經態度，在同樣尊鄭《注》的情況下，使他與賈公彥形成強烈的對比。朱熹雖稱五經疏中《周禮疏》最好，可是賈公彥逃不開「疏不破注」的緊箍咒，明知鄭玄錯誤，還要想辦法迴護；孫詒讓沒有這個包袱，即使在凡例中他還有些擔心受人撻伐，低調地表示自己「匪敢破壞家法」，只不過是學習「康成不曲從杜、鄭之意」的精神而已。這個學習鄭玄精神的孫詒讓，卻是「所發正數十百事」，將鄭玄、賈公彥的錯誤一一都糾舉出來。成為清代最後一部，也是最好的一部經學新疏。

第八章　託古之作——《周禮政要》

第一節　傳統經學的變革與西學的衝擊

　　經學發展到晚清，面臨了前所未有的困境。許多人將晚清經學衰敗的原因歸咎於西學的入侵，造成經學迅速消退。不過，「學術思想的流變，常因內發的與外鑠的兩種因素的變化而有所不同」〔註1〕，所謂「內發的」指的是思想內部規律的發展；所謂「外鑠的」則指外在時代及環境的影響。因此，我們雖不能否認西學的確衝擊著傳統經學，更不能忽視傳統經學內部規律的變化。

一、內發——漢學的衰微與公羊學思想的興起

　　自十九世紀中葉以後，中國進入了一個前所未有的混亂局面。內有白蓮教的動亂、太平天國的起義；外有鴉片戰爭及英法聯軍的入侵。清王朝搖搖欲墜，維持了兩千年以上的儒家秩序開始解體，與政治密不可分的「經學」，中心地位也隨之發生了動搖。

　　清代經學進入乾嘉之世而達到全盛時期，學者們專致於名物訓詁研究，其治學的根本方法，在於「實事求是」、「無徵不信」；其研究範圍，「以經學為中心，而衍及小學、音韻、史學、天算、水地、典章制度、金石、校勘、輯逸等等」〔註2〕，他們之所以必須借助文字音義、考證、輯佚、辨偽等工夫，

〔註1〕　王家儉撰：〈由漢宋調和到中體西用——試論晚清儒家思想的演變〉，《國立台灣師範大學歷史學報》第12期（1984年6月），頁179。
〔註2〕　梁啟超撰：《清代學術概論》，《梁啟超史學論著四種》（長沙：岳麓書社，1998

是因為「經典的時代久遠，文字闕脫、亡佚，非經由這些工具，無法達到探尋經典本義的目的」﹝註3﹞；而引論取材，「多極於兩漢，故亦有『漢學』之目」。﹝註4﹞不過，即使在全盛時期，「含蓄不滿的聲音已經出現」。﹝註5﹞而這些「含蓄不滿的聲音」正可以說明經學的內部的自省已逐漸蘊釀，並且時間相當早。前一種學術自興起、流行至到達巔峰，其中已包含衰落的因素，後一種學術挾帶著前一種學術的改良因子，隨時蓄勢待發，等待的只是一個適切的時機，取而代之。

道光、咸豐之間，情勢有所轉變，考據學在此時期已發明殆盡，「所餘者不過糟粕」，﹝註6﹞「末流不僅繁瑣可厭，而且也與求實的初衷大不相合」。﹝註7﹞

在當時，方東樹雖站在宋學的衛道立場強烈攻擊漢學家﹝註8﹞，但針對漢學家一股腦鑽研於典章制度的考證，也指出其中的事實：

> 又按漢學諸人堅稱義理存乎訓詁典章制度，而如《考工》車制，江氏有考，戴氏有圖，阮氏、金氏、程氏、錢氏皆言車制，同時著述，言人人殊，詫不知誰為定論。他如蔡氏賦役，沈氏祿田，任氏、江氏、盛氏、張氏宮室，黃氏、江氏、任氏、戴氏衣服冕弁，各自專門，亦互相駁斥，不知誰為真知定見，莊子所謂有待而定者邪！﹝註9﹞

年8月），頁24。

﹝註3﹞ 林慶彰撰：〈導言〉，《清代經學國際研討會論文集》（臺北：中央研究院中國文哲研究所籌備處，1994年6月），頁6。

﹝註4﹞ 《清代學術概論》，頁24。

﹝註5﹞ 艾爾曼舉了三個例子，例如：戴震雖然被公認為考據學權威，但是他始終認為，他聲望得以確立的考據「支離」之學與為人忽略的哲學研究存在著衝突，這種衝突困擾了他的一生。章學誠同戴震一樣，都喜歡研究視野比當時考據學更為開闊的哲學問題。在論述浙東學派時，試圖重新高揚浙東學派的經世風氣。紀昀雖然力倡漢宋之別，但是他承認漢學、宋學都不能獨立地存在。他提倡一種修正學說，認為宋學是探索經典義理的指南，而漢學可以做宋學的補充，糾正其空疏之弊。〔美〕艾爾曼撰：〈考據運動的終結〉，《從理學到樸學──中華帝國晚期思想與社會變化面面觀》（南京：江蘇人民出版社，1997年3月），第六章，頁161～162。

﹝註6﹞ 《清代學術概論》，頁71。

﹝註7﹞ 麻天祥等撰：《中國近代學術史》（長沙：湖南師範大學出版社，2001年2月），頁47。

﹝註8﹞ 黃愛平撰：〈樸學的衰微與經世思潮的崛起〉，《樸學與清代社會》（石家莊：河北人民出版社，2003年1月），第三章，頁102～105。

﹝註9﹞ 〔清〕方東樹撰：《漢學商兌》（臺北：廣文書局，1963年1月），卷下，頁34上～34下。

他認爲「明之固佳，即未能明，亦無關於身心性命，國計民生學術之大物」。
〔註10〕而文獻的考證雖然表面上看來是「實學」，實際上對於世道人心，是毫
無作用的「虛學」，它只能當作求得眞理的一項工具，而不是結論：

> 漢學家皆以高談性命爲便于空疎無補經術，爭爲實事求是之學，衍
> 爲篤論，萬口一舌，牢不可破。以愚論之，實事求是，莫如程朱，
> 以其理信而足可推行，不誤於民之興行，然則雖虛理而乃實事矣！
> 漢學諸人，言言有據，字字有考，只向紙上與古人爭訓詁形聲，傳
> 注駁斥，援據羣籍。證佐數百千條，反之身己心行，推之民人家國，
> 了無益處，徒使人狂惑失守，不得所用。然則雖實事求是，而乃虛
> 之至者也。〔註11〕

而漢學家心中亦明白漢學、宋學二者應當並重，因而開始檢視專注漢學的弊
病，段玉裁在〈與陳恭甫書〉云：

> 今日大病，在棄洛、閩、關中之學不講，謂之庸腐，而立身苟簡，
> 氣節壞、政事腐，天下皆君子而無眞君子，未必非表率之故也。故
> 專言漢學，不講宋學，乃眞人心世道之憂，而況所謂漢學者如同畫
> 餅乎！〔註12〕

他更在晚年追悔平生「喜言訓故考核，尋其枝葉，略其本根，老人無成，追
悔已晚」。〔註13〕焦循則將「經學」與「考據」作區隔，不得以「補苴掇拾」
的考據與「講求性靈」的經學混爲一談：

> 經學者，以經文爲主，以百家子史、天文術算、陰陽五行、六書七
> 音等爲之輔，彙而通之，析而辨之，求其訓故，核其制度，明其道
> 義，得聖賢立言之指，以正立身經世之法。……蓋惟經學可言性靈，
> 無性靈不可以言經學。……不知起自何人，強以「考據」名之。……
> 本朝經學盛興，在前如顧亭林、萬充宗……，近世以來，在吳有惠
> 氏之學，在徽有江氏之學、戴氏之學，……。均異乎補苴掇拾者之
> 所爲，是直當以「經學」名之，烏得以不典之稱之所謂「考據」者

〔註10〕　《漢學商兌》，頁 34 下。
〔註11〕　《漢學商兌》，卷中之上，頁 16 下。
〔註12〕　轉引自錢穆撰：《中國近三百年學術史》（北京：商務印書館，1997 年 8 月），
　　　　　上冊，頁 404。
〔註13〕　〔清〕段玉裁撰：〈博陵尹師所賜朱子小學恭跋〉，《經韻樓集》（臺北：大化
　　　　　書局，1977 年 5 月，段玉裁遺書・下冊），卷 8，頁 14。

混目於其間乎！〔註14〕

他之所以深惡於考據，「正爲其不能用思以求通」。〔註15〕阮元亦有類似調和漢宋的論調：

> 兩漢名教得儒經之功，宋、明講學得師道之益，皆於周孔之道得其分合，未可偏譏而互誚也。〔註16〕

並且對漢學、宋學做公允的批評：

> 綜而論之，聖人之道，譬若宮牆，文字訓詁，其門逕也。門徑苟誤，踕步皆歧，安能升堂入室乎！學人求道太高，卑視章句，譬猶天際之翔，出於豐屋之上，高則高矣，戶奧之間未實窺也；或者但求名物，不論聖道，又若終年寢饋於門廡之間，無復知有堂室矣。〔註17〕

舉足輕重的漢學家們的這些想法與言論逐漸影響其他學者，於是從專漢學轉而形成「漢宋兼采」之風。〔註18〕艾爾曼指出，阮元在去世前最後十年，逐漸重視義理之學，這是十九世紀儒家話語轉向漢宋折衷的又一標誌。宋學、今文經學對漢學的挑戰並不意味著想恢復宋明理學或今文經學的原始形態，他們只想糾正考據學派忽略、冷漠道德或政治問題的偏向。對理學合理性的重新肯定，也並不是要全然摒棄考據方法和技巧。他們試圖折衷漢宋之學，這種公開的折衷傾向是向漢學挑戰的重要成果之一。〔註19〕

但是，漢宋兼采不能完全解決逐漸腐敗的國家所存在的許多複雜問題，於是，積極的今文經學家將「公羊學思想」推上晚清的政治舞臺。

漢學內部的僵化，再加上白蓮教的動亂、太平天國的起義，動搖清王朝的統治基礎，尤其太平天國的破壞，造成考據學的溫床——江浙一帶，文獻多被焚燬、學者忙於逃避戰亂，已沒有餘裕從事考據之業。〔註20〕有識之士

〔註14〕〔清〕焦循撰：〈與孫淵如觀察論考據著作書〉，《雕菰集》（上海：商務印書館，1937年5月），卷13，頁213～214。

〔註15〕錢穆撰：《中國近三百年學術史》（北京：商務印書館，1997年8月），下冊，頁518。

〔註16〕〔清〕阮元撰，鄧經元點校：〈擬國史儒林傳序〉，《揅經室集》（北京：中華書局，1993年5月），上冊，頁37。

〔註17〕〈擬國史儒林傳序〉，頁37～38。

〔註18〕錢穆撰：《中國近三百年學術史》，下冊，頁540～541。

〔註19〕〈考據運動的終結〉，頁170～171。

〔註20〕艾爾曼：「我們難以對太平天國對江南學校、書院、圖書館的破壞程度做出準確的估計，但是，江南學界的基礎大致已毀滅殆盡。除了他們賴以生存的基礎設施蕩然無存外，安定的環境也喪失了，顛沛流離的逃難、士大夫們的參

面對驟變的國勢，也不再沉溺於考據研究，轉而關注社會現實，尋求各種途徑以解決社會問題，挽救世道人心。於是，專以發揮義理，講求切合時政，達到經世致用目的的「公羊學思想」，在這個適切的時機，蓬勃地發展起來。正如梁啓超所說「經世致用觀念之復活，炎炎不可抑」了。〔註21〕艾爾曼認為，今文經學實際上是清代考據學者在過去兩個世紀中辛勤研究積累的文獻考證成果的副產品。不過，清代今文經學確實存在著改革意識，與蘇州、揚州的同行相比，常州學派的改革意識尤為明顯。此外，今文經學家也力圖扭轉漢學瑣碎考辨的學風。〔註22〕

「公羊學思想」在晚清蓬勃發展並非偶然，它之所以能夠取代瑣碎的漢學與空疎的宋學，迎合晚清政治、社會的需求，在於能與當代時政緊密結合。其中劉逢祿（1776～1829）是晚清今文經學自立門戶的關鍵人物。〔註23〕他在嘉慶年間所撰作的《春秋公羊經何氏釋例》在「公羊學」史上具有創新的價值。劉氏以「張三世」作為「春秋公羊學」的根本義例，在何休《春秋公羊經傳解詁》的基礎上加入合乎時代需要的解釋，並重新標舉何休的「三科九旨」，作為「微言大義」的中心：

> 《春秋》緣禮義以致太平，用乾坤之義以述殷道，用夏時之等以觀夏道等之不著，義將安放？故分十二世以為三等，有見三世，有聞四世，有傳聞五世。若是者，有二義焉。于所見微其辭，于所聞痛其禍，于所傳聞殺其恩，此一義也。于所傳聞世見撥亂始治，于所聞世見治稟稟進升平，于所見世見治太平，此又一義也。由是辯內外之治，明王化之漸，施詳署之文，魯愈微而《春秋》之化益廣，世愈亂而《春秋》之文益治。〔註24〕

相當程度地把握了「公羊三世說」所蘊藏的微言奧旨。田漢雲認為，劉逢祿這樣的分析，實際上指明一個事實：當社會進入動亂時期，新的思想理論可能應運而生；等到社會處於動亂至極的地步，新理論往往進入比較成熟的階

軍入伍，這種種因素使江南考據學到1860年前後，陷於停滯狀態。」參見〈考據運動的終結〉，頁173。
〔註21〕 《清代學術概論》，頁72。
〔註22〕 〈考據運動的終結〉，頁165。
〔註23〕 田漢雲撰：《中國近代經學史》（西安：三秦出版社，1996年12月），頁55。
〔註24〕 〔清〕劉逢祿撰：〈釋三科例上〉，《劉禮部集》（上海：上海古籍出版社，1995年，《續修四庫全書》據浙江圖書館藏清道光十年（1830）思誤齋刻本影印），卷4，頁1上。

段，未來社會中將在新理論的指導下逐步走向有序和興盛。〔註25〕劉氏更借助微言大義的闡發，疾呼「《春秋》欲攘蠻荊，先正諸夏；欲正諸夏，先正京師；欲正士庶，先正大夫；欲正大夫，先正諸侯；欲正諸侯，先正天子京師」〔註26〕，呼籲統治者內振朝綱，由內而外，就能抵擋排山倒海而來的外敵。在面對嘉道年間清政權日漸衰敗的困境以及西方國家進逼中國的危機，劉逢祿的言論鞏固了社會的秩序〔註27〕，並受到知識份子的重視，紛紛承襲其學說。鴉片戰爭後，更由龔自珍、魏源、廖平、康有為等人繼續發皇，成為晚清傳統經學一股經世致用的新勢力。

二、外鑠——西力衝擊下的傳統經學

　　不幸的是，晚清的傳統經學所遭受到的衝擊還不僅止於內部的改變，還必須迎擊潰堤而來的——西學。

　　清道光、咸豐以後，西方世界與中國的接觸，已隨著傳教與通商而逐漸頻繁。在鴉片戰爭（1840）之前，以中國為中心的優越感，以及歷代累積的經驗，造成中國人具有一切自足，無待外求的心理。因此對西學輸入中國，一向是採取輕蔑、不鼓勵的態度；〔註28〕但在鴉片戰爭之後，西方列強的交相侵略及接二連三的不平等條約，再加上內亂不斷，清政府完全無力應付，中國實際上已瀕臨瓜分的地步。知識分子見國家災難深重，急切地尋求救國自強的對策。這時，取法西學的意見被迫去正視之。早期的取法西學，學的是西方的科技和工藝，但慢慢地他們也發現，西方的強大，不僅僅是表面的船堅炮利，更深層的內涵，是制度與觀念。

　　面對西學，知識分子一方面肯定西學可以挽救中國的頹勢，一方面又害怕傳統學術被西學消滅於無形，到底是接受還是排斥，在他們的心中反覆矛盾。張之洞認為：

〔註25〕《中國近代經學史》，頁59。

〔註26〕〔清〕劉逢祿撰：〈釋九旨例下〉，《劉禮部集》，卷4，頁16下。

〔註27〕如周予同所言：「前階段的常州學派偏於純學術，目的在於鞏固封建社會的統治秩序。到了後階段，常州學派就提倡『經世致用』了，這是跟鴉片戰爭和太平天國起義又有關係的。」參見朱維錚編，周予同撰：〈清學〉，《周予同經學史論著選集》（上海：上海人民出版社，1996年7月〔增訂版〕），第7章，頁908～909。

〔註28〕梁啟超云：「蓋當時之人，絕不承認歐、美人除能製造、能測量、能駕駛、能操練之外，更有其他學問。」參見《清代學術概論》，頁91。

於是圖救時者言新學，慮害道者守舊學，莫衷於一。舊者因噎而食
廢，新者歧多而羊亡；舊者不知通，新者不知本。不知通，則無應
敵制變之術；不知本，則有非薄名教之心。……學者搖搖，中無所
主，邪説暴行，橫流天下。……吾恐中國之禍，不在四海之外，而
在九州之內矣！〔註29〕

於是他適時爲大家找到一個折衷的方案：

今欲強中國，存中學，則不得不講西學。然不先以中學固其根柢，
端其識趣，則強者爲亂首，弱者爲人奴，其禍更烈於不通西學者
矣。……今日學者，必先通經以明我中國先聖先師立教之旨，考史
以識我中國歷代之治亂、九州之風土，涉獵子集以通我中國之學術
文章，然後擇西學之可以補吾缺者用之、西政之可以起吾疾者取之，
斯有其益而無其害。〔註30〕

最後，提出「中學爲體，新學爲用」的想法。〔註31〕這樣的想法普遍爲衆
人接受，梁啓超即説「而其流行語，則有所謂『中學爲體，西學爲用』者，
張之洞最樂道之，而舉國以爲至言」〔註32〕，可見這種「中西調和」的主
張不只是張之洞個人的想法，也代表晚清「傳統知識分子共同心態的反應」。
〔註33〕

　　經學肩負著穩定社會秩序的重責〔註34〕，自有它面對西學的方法，孫春
在指出，晚清的今文經學家之所以可以接受西學，一方面是基於「公羊學」
以文化而不以血統判分夷夏的內外觀；另一方面尤其是根源於「三世」義中
「遠近大小若一」的太平大一統理想。孔子改制，爲萬世立法，可以包容現
屬「諸夏」的各國，那麼他們的長處有什麼不能取法的？而且公羊學家們更

〔註29〕〔清〕張之洞撰，李鳳仙評注：〈勸學篇序〉，《勸學篇》（北京：華夏出版社，
　　　　2002年10月），頁1。

〔註30〕〈循序第七〉，《勸學篇》，上，頁60。

〔註31〕張之洞言：「一曰：新舊兼學。四書五經、中國史事、政書、地圖爲舊學；西
　　　　政、西藝、西史爲新學。舊學爲體，新學爲用，不使偏廢。」參見：〈設學第
　　　　三〉，《勸學篇》，下，頁94。

〔註32〕《清代學術概論》，頁91。

〔註33〕〈由漢宋調和到中體西用──試論晚清儒家思想的演變〉，頁188。

〔註34〕如余英時所言：「從長期的歷史觀點看，儒學的具體成就主要在於它提供了一
　　　　個較爲穩定的政治和社會秩序。」參見余英時撰：〈現代儒學的回顧與展望─
　　　　─從明清思想基調的轉換看儒學的現代發展〉，《現代儒學論》（上海：上海人
　　　　民出版社，1998年11月），頁1。

爲各西學西政找到了典籍中的根據，那就更沒有問題了。〔註 35〕今文經學家藉著「公羊學思想」已經佔據了晚清大部分的經學舞臺；對於西學，又採取積極進取的態度；再加上隱含著微言大義、說理性強的公羊思想在比附西學的時候容易自圓其說，晚清的經學界幾乎已遭今文經學家壟斷。不過，身爲古文經學家也不甘示弱，紛紛尋求經典與西學的關係，希望能稍稍穩固古文經學家不易維持的地位。

在討論晚清經學家如何以中學比附西學之前，必須先介紹一個關鍵人物——嚴復。他先後翻譯了赫胥黎《天演論》、斯密亞丹《原富》、穆勒約翰《名學》、《群己權界論》、孟德斯鳩《法意》、斯賓賽爾《群學肄言》等書，介紹自由、平等、人權等觀念，使中國知識分子大開眼界，進而心嚮慕之。余英時即指出，當時今古文兩派所共同接受的西方思想，較具代表性的論點爲：抑君權而興民權、興學會、個人之自主。〔註 36〕相信都是由嚴復翻譯這些書而得來的觀念。翻譯這些西學書籍，並非漫無目的，嚴復深切感受到亡國變種的巨變即將出現在這塊土地上，爲了保種自強，他發揮自己中西兼通的長處，有選擇地將西方政治、經濟、哲學等名著進行翻譯介紹，希望能啓迪人民的思想，改變中國的現狀。不論古、今學派，經學家們只要抓住其中一個觀念或一個制度，便加以發揮比附，今文經學家最明顯的例子就是康有爲、梁啓超、廖平等人；古文經學家有劉師培、孫詒讓、章炳麟等人。筆者將晚清經學家以中國經學比附西學之現象分爲「理論的比附」與「制度的比附」兩類，舉例說明之。另外依照《續修四庫全書總目提要》內容，將晚清比附西學的著作擇出，列表說明，附於本章後。

（一）理論的比附

1. 社會達爾文主義

嚴復《天演論》是赫胥黎（Thomas Huxley,1825～1895）《進化論與倫理學》（*Evolution and Ethics*）的節譯本，此書雖宣導達爾文（Charles Darwin,1809～1882）的進化論思想，卻在一定的程度上以自然界生存鬥爭的進化來解釋人類社會歷史現象。不過，正如本章前文所言，晚清學者常常擷取西學中一

〔註35〕 孫春在撰：《清末的公羊思想》（臺北：臺灣商務印書館，1985 年 10 月），頁 132。

〔註36〕 〈現代儒學的回顧與展望——從明清思想基調的轉換看儒學的現代發展〉，頁 4～6。

個他們需要的概念，即加以引申論述，嚴復在翻譯《天演論》時也有這樣的傾向。也就是說，他不是忠於原著的直譯，但盡量以不失原意來傳達。在翻譯的過程中，他不斷拿斯賓塞（Herbert Spencer, 1820～1903）與赫胥黎相對照，並加上自己的意見，或發抒對中國現狀的感慨。根據李佩珊統計，在這本譯作中，嚴復以「復案」的批注有三十三處，內容幾乎佔了全書的三分之一。其中，有十處介紹並讚揚斯賓塞的主張，介紹達爾文《物種起源》的內容卻只有四處。〔註37〕因此，達爾文的競爭求存與自然篩選說只是媒介，嚴復還加入了斯賓塞與赫胥黎的觀點，以及嚴復本人對他們學說的詮釋。

　　嚴復將翻譯的重心放在「物競天擇」的詮釋上，強調「救國保種」的思想。所謂的「天擇」，包涵了自然淘汰和人為淘汰兩種方式。前者在競爭中，聽任某一物種自生自滅；後者在物競中可以經過人的主觀努力，使不適於生存的生物，得以生存與發展。同理，在經過人的主觀努力下，可以使自己的種族或民族保持下來。李珍指出，嚴復認為當時的中國應該避免自然淘汰的結果，力爭以人力戰勝自然規律，從而自立於世界民族之林。因此，中國人不能再妄自尊大，要清醒地認識自己正處於亡國滅種的重要關頭，只有發憤圖強，才能改變現狀。〔註38〕

　　《天演論》於光緒二十四年（1898）正式出版，在中國屢戰屢敗之後，這種「優勝劣敗」、「適者生存」的理論，衝擊著時人的思想，並蔚為風尚。它所傳播的思想，就是「社會達爾文主義」。

　　「社會達爾文主義」在晚清成為相當流行的一種社會理論，必須說明的是，它不等同於達爾文的「進化論」。嚴復翻譯「物競天擇」一詞雖然源自於達爾文的「競爭求存」（struggle for existence）與「自然篩選」（natural selection）說，但內涵卻與達爾文的原義不盡相同。「社會達爾文主義」的創建者是英國學者斯賓塞，他把人類社會的發展規律等同於自然生物界的觀點，而發展出這個理論。〔註39〕吳展良指出，所謂的「社會達爾文主義」，是一個非常模糊的字眼。Richard Hofstadter 的經典之作《美國思想裡的社會達爾文主義》（*Social Darwinism in American Thought*）將它稱為「概括地改

〔註37〕李佩珊撰：〈社會達爾文主義和達爾文進化論在中國〉，《自然辯證法通訊》1991年第3期（1991年6月）頁31。

〔註38〕李珍撰：〈《天演論》評介〉，《天演論》（北京：華夏出版社，2002年10月），頁11。

〔註39〕李佩珊撰：〈社會達爾文主義和達爾文進化論在中國〉，頁30。

裝了達爾文的思想，而將生物學的概念連接到社會的意識型態上」，這個定義至今仍廣爲學界所接受。然而此說不僅太模糊籠統，而且言過其實。據 R. C. Bannister 的研究，社會達爾文主義只是個迷思而已，它其實是「改革派達爾文主義」在宣傳時爲了攻擊假想敵的弱點而捏造出來的。Bannister 發現，幾乎沒有人試圖將「自然篩選說」完全應用到社會上，而他稱此爲「『保守達爾文主義』例證的貧乏」。Bannister 力言，眞正的達爾文主義者不會將自然法直接應用到人類社會上。〔註40〕即使如此，在晚清的社會中，往往把這些不同的概念混爲一談，甚至，也不想去釐清它們之間的差異。

康有爲在《論語注》中就運用了「進化」的觀念闡述世界的文明、進步，完全是由於人與人互相競爭的結果，〈八佾〉篇中「君子無所爭，必也射乎」一章：

> 然進化之道，全賴人心之競，乃臻文明；禦侮之道，尤賴人心之競，乃能圖自存。孔子制禮十七篇，皆寓無窮之意，但於「射禮」見之。凡人道當禦侮圖存之地，皆當用之。……以爭，而國治日進而不敢退；以爭，而人才日進而不敢退。……故議院以立兩黨而成治法，眞孔子意哉！惟議院讙噪，或致毆爭，此則無揖讓之意。……凡禮，皆立兩黨，則又不止爲射起。即萬國全合太平大同，而兩黨互爭之義施之於政教藝業，皆不可廢者。〔註41〕

以上康氏注文，與「君子無所爭」的主題實無大關聯，康氏只是想藉由本章的「爭」字，來闡述「競爭」對人類進化的重要性，人類進化的途徑，就是從人心的競爭開始，有競爭才會進步。孔子所要強調的是「無所爭」的「不爭」，而康氏卻著眼在「競爭」的「爭」字上，與孔子的本意恐怕是相違背的，而康氏卻說這是「眞孔子意」，可見他藉由西學比附經書，達到他宣揚人類進步的動力在「競爭」的思想。再者，他將各國議院立兩黨議政，互相監督、互相競爭，促使國家進步，比附成發揮了孔子「射禮」眞意。但是卻又無法解釋議員們在議會中鼓譟爭吵，甚至鬥毆的現象，故以「此則無揖讓之意」一語略過。

又如〈述而〉篇中，陳司敗因魯昭公娶同姓女子（周朝禮法是同姓不婚），

〔註40〕 吳展良撰：〈嚴復的「物競天擇」說析論：嚴復與西方大師的演化觀點比較研究〉，《臺大文史哲學報》（2002 年 5 月），第 56 期，頁 27。

〔註41〕 康有爲撰：《論語注》（北京：中華書局，1984 年 1 月），頁 34。

問孔子昭公是否知禮一事，康有爲比附《天演論》中「適者生存」的觀念加以發揮：

> 傳曰：「男女同姓，其生不繁。」日本皇族即王朝公卿，皆娶同姓，
> 至今二千五百年，皇族不過二十人。其伯爵日野秀逸，八百年之世
> 爵也，告吾曰：「吾國千年之世，公卿凡二十家，其人數少則十餘，
> 多無過六十者，皆以娶同姓，故人丁不繁。不若中國用孔子制，必
> 娶異姓，故人數四萬萬，繁衍甲于大地。今亦漸知不可，多有娶異
> 姓者矣。」歐人醫院所考，姊妹爲婚，多盲啞不具體。摩西之約，
> 英法之律，亦知禁娶姊妹爲妻，而曾祖以外之親不禁，故人數僅半
> 中國。……生理學之理，桃李梅梨之屬，以異種合者，其產必繁碩
> 味美；雞羊牛馬之種以異種合者，必碩大蕃滋。蓋一地同種之物，
> 含氣無多，取而合之，發生自寡。……今地球大通，諸種多合，但
> 當汰惡種而合良種耳。……故中國之異姓爲婚，而人類冠于大地，
> 此孔子之大功，而不可易之要義也。〔註42〕

此段即是今日所謂的「優生學」。日本以及西方各國在以往的觀念是：同姓聯
姻是使皇族血統更加純正的方法。但實際上卻正好相反，姨表爲婚，反而因
爲血緣太近造成後代身體上的殘缺或早夭，而使人口越來越少。康氏以爲中
西交流日漸頻繁，應該「汰惡種而合良種」，同姓近親不婚，壞的基因自然被
淘汰。不過中國自周代便深闇此理，實行「同姓不婚」的制度，使中國人口
冠於全球。這樣的印證，直接證實了孔子的先見之明，間接也暗示孔子「不
可易」的地位。

康有爲《孟子微》並將公羊三世說與進化論相結合：

> 蓋孔子欲平均天下，本不欲有侯封，但封建甚古，始於民之部落自
> 立，積而成土司，據亂之世，驟未能去，故只限制其國土，務削小
> 之，使之不能日逞兵戎，以爭戰虐民，此不得已之意也。……孔子
> 先發大夫不世之義，故亂世去大夫，升平去諸侯，太平去天子，此
> 進化次第之理。〔註43〕

「不嗜殺人者能一之」條又說：

〔註42〕《論語注》，頁103。
〔註43〕康有爲撰，樓宇烈整理：《孟子微・禮運注・中庸注》（北京：中華書局，1987
　　　　年9月），卷3，頁77。

若天下之定於一，此乃進化自然之理。人道之始，由諸鄉而兼併成
部落，由諸部落兼併而成諸土司。古之侯國，即今之土司也。合諸
土司必有雄長，合諸大長即爲霸，其文明有治法者，四夷皆服，是
即中國之天子。〔註44〕

康氏以爲，人類由群聚而兼併成部落，由部落再兼併成侯國，眾侯國最後臣
服於「文明有治法者」，而形成大一統的局面，像古代的秦、泰西的羅馬，都
是「物理積併之自然」，他更預言，將來必「混合地球，無復分別國土」，最
後成爲「一大一統之徵」，然後「太平大同之效乃至」，沒有戰爭、殺戮，共
享世界和平。

2. 盧梭「民約論」

「社會契約論」可以說是奠立近代社會基礎的第一個重要學說。「契約論」
認爲社會關係來自彼此平等的個人與個人的自由同意，也因此成爲近代民主
的第一個奠基理論。

「契約論」在盧梭（Jean-Jacques Rousseau,1712～1778）之前便已提出，
由盧梭將其作了重要的修正與轉變。最重要的代表是霍布斯（Th.Hobbes,
1588～1679）、洛克（J.Locke,1632～1704）和盧梭。霍布斯的「契約論」主
張可簡述爲三項要義：第一，每個人天生都是平等的，但爲了避免自然狀態
中權力慾望的無限擴充會導致全面戰爭，於是每一個人與其他每一個人訂定
契約，結成社會；第二，契約簽訂之後，人們將絕對主權讓渡給君主，霍布
斯藉此論點成立其絕對王權論；第三，由於王權之職責在保護人民安全，若
保護之效益存在，則人民自當盡其力以維護之，保護之效益既毀，則主權不
復所寄。

但是，實際奠定民主政治基礎的，則是洛克的「契約論」中所含的自由
主義（liberalism）與代議政治。按照馬奎迪（R.Macridis）的看法，民主的四
個樞紐概念：平等、個人人權與自由權（其中包含私有財產權）、治權立基於
被治者的同意，以及對國家的設限（意即不使國家干預個人的自由與創造），
都是在洛克的著作中獲得詳細的發展。

到了盧梭，「契約論」獲得了根本的轉折：它擺脫了用以說明社會源起的
奠基性迷思（mythe fondateur）色彩〔註45〕，而成爲一個說明權力基礎的理論。

〔註44〕《孟子微・禮運注・中庸注》，卷3，頁78。
〔註45〕所謂「奠基性迷思」（mythe fondateur）這一概念是克拉瓦（M. Claval）對呂

他認為，每個人的自由和平等皆是不可讓渡的。政治權力的基礎不在自然，
而在契約。他在《社約論》第一章便開宗明義交代：

> 社會秩序是個神聖的法權，此一神聖之權又是其他一切權的基礎。
> 可是這權並非來自自然，所以必然是根據契約。〔註46〕

又說：

> 既然沒有人有支配其同類的自然權力，而且暴力並不產生任何權，
> 那麼契約便是人與人間合法權力的基礎了。〔註47〕

可見盧梭「契約論」的思考核心，在於自由、平等的人。肯定每一個人都是
生而自由和平等的，自由和平等是不可讓渡的，因為「放棄自由，便是放棄
做人，便是放棄做人的義務和權利」。〔註48〕

　　中國知識分子對盧梭的學說給予熱烈的響應，梁啟超即受很深的影響，
他說：

> 十八世紀之學說，其所以開拓胸襟，震撼社會，造成今日政界新現
> 象者有兩大義，一曰平等，二曰自由，吾風受其說而心醉焉，曰其
> 庶幾以此大義移植於我祖國，以蘇我數千年之憔悴乎！〔註49〕

這裡所說的「十八世紀之學說」，指的即是盧梭的《民約論》。

　　劉師培的《中國民約精義》，態度就沒有梁啟超這麼熱烈，他想要表達的
是盧梭《民約論》中的主張，我國傳統經典早已論述，他說：

> 吾國學子知有「民約」二字者，三年耳。大率據楊氏廷棟所譯和本
> 盧騷《民約論》以為言。顧盧氏《民約論》，於前世紀歐洲政界為有
> 力之著作，吾國得此，乃僅僅於學界增一新名詞，他者無有。而笠

格爾「奠基性事件」概念的發展，用以指稱契約論所言之想像的社會奠基事
件在近代社會科學形成時扮演的作用。所謂的「迷思」或「神話故事」往往
是在解說某物的開端，霍布斯與洛克是以契約論來說明「國家」或「政治社
會」的起源。為此，克拉瓦認為契約論是近代社會科學的第一個「奠基性迷
思」。對霍布斯而言，人們由於害怕全面戰爭帶來死亡，因此藉著簽訂契約，
成立國家，從自然狀態進入社會狀態。洛克也將人與人的「同意」視為一奠
基性事件，用以解釋政治體的起源。參見沈清松撰：〈導言〉，《社約論》（臺
北：臺灣商務印書館，2000 年 4 月），頁 7。

〔註46〕盧梭撰，徐百齊譯：《社約論》，頁 3～4。
〔註47〕《社約論》，頁 11。
〔註48〕《社約論》，頁 12。
〔註49〕梁啟超：〈中國專制進化史論〉，《新民叢報》第 17 號，1902 年 9 月 1 日，文
　　　　集之九，頁 82。

舊頑老，且以邪說目之，若以爲吾國聖賢從未有倡斯義者。〔註50〕

《中國民約精義》分上古、中古、近世三篇，他從政治、倫理等方面梳理儒家經典及其他文獻中的思想資料，藉以發揮民主思想，他認爲《尚書》中「民惟邦本，本固邦寧」（〈五子之歌〉）反映了民本思想，與《民約論》中政府的定義是相同的：

> 三代之時爲君民共主之時代，故《尚書》所載以民爲國家之主體，以君爲國家之客體，蓋國家之建立，由國民凝結而成。趙太后謂：不有民，何有君？是君爲民立，在戰國之時且知之，而謂古聖獨不知之乎？《民約論》之言曰：「所謂政府者，非使人民奔走於政府之下，而使政府奔走於人民之中也。」吾嘗謂中國君權之伸，非一朝一夕之故。……故觀《尚書》一經，可以覘君權專制之進化。然而君權益伸，民權益屈。……後世以降，人民稱朝廷爲國家，以君爲國家之主體，以民爲國家之客體，……君民共主之世，遂一變而爲君權專制之世矣。夫豈《尚書》之旨？〔註51〕

而《詩》的作用，是要使下情能夠上達，〈板〉有言「先民有言，詢於芻蕘」，即是證據，且與《民約論》「以公意爲立國之本」的說法不謀而合：

> 「詢芻蕘」即謂通民情，斯固然矣。然古人作詩之旨，即在於達民情。鄭漁仲《六經典論》引陳君舉曰：「嘗觀之《詩》，刑政之苦，賦役之重，天子諸侯朝廷之嚴，后妃夫婦衽席之秘，聖人舉爲詩，而使天下匹婦之微，皆得以其言達於上。」……由鄭氏索引之書觀之，則太師之陳詩，爲周時達民情之善政，……則周代之詩，雖謂即一國之公意可也。觀《民約論》以公意爲立國之本，……則太師之陳詩，詎非國家之重務哉？此古人所以聞詩知政也。〔註52〕

他更認爲《春秋公羊傳》、《春秋穀梁傳》很早就反映出重視民權、民意的主張：

> 《民約論》云：「當眾相聚之時，公舉一人爲帝王，眾議檢同則可。」又云：「上古之初，民紛擾不可終日寧，乃相約公戴一人以長之，後遂有君主之名。」是上古立君必出於多數人民之意。《穀梁》以稱魏

〔註50〕 劉師培：《中國民約精義・序》，《劉申叔先生遺書（一）》（臺北：臺灣大新書局，1965年8月），頁1。

〔註51〕 《中國民約精義・書》，《劉申叔先生遺書（一）》，卷1，頁2～3。

〔註52〕 《中國民約精義・詩》，卷1，頁3。

人立晉爲得眾之辭，得眾者，即眾意檢同之謂也，此民約遺意僅見
於周代者。〔註53〕

劉師培非常有系統地將傳統經學與《民約論》相比附，爲「西學中源說」提
供了一個表面上有力的證據，因此在當時社會產生不小的迴響。

（二）政治體制的比附

1. 議會制度

光緒十年（1884）之後，西洋的議會制度成爲不可或缺的議論問題，因爲
知識分子認爲議會制度具體地實現了「君民一體，上下一心」的關係。〔註54〕
西洋的政治制度可與中國的傳統經學相結合，並認定議會制度是具體實現中國
傳統經學之意者。就當時而言，僅注意到這個制度，就具有很深的意義，因爲
日後的改革論都以議會制度作爲重要的項目。

以梁啓超與劉師培而言，他們都堅信中國古代已有議會的制度。梁啓超
認爲西方各國之所以強盛的原因，是他們實行「議院制度」，「議院制度」所
代表的意義是「君權」與「民權」的契合。雖然在中國古代並沒有「議院」
之名，不過，古代的先哲王們卻是依賴「議院」的觀念而治理天下的：

法先王者法其意，「議院」之名，古雖無之，若其意則在昔哲王，所
恃以均天下也。〔註55〕

他撰寫了〈古議院考〉，努力地翻檢中國的經書，徵引與「議院制度」相類似
的內容，目的就是要證明我國古代雖無議院之名，卻有議院之實，在各經書
中反映「議院」觀念的經文，如：

其在《易》曰：上下交泰，上下不交否。其在《書》曰：詢謀僉同。
又曰：謀及卿士，謀及庶人。其在《周官》曰：詢事之朝，小司寇
掌其政，以致萬人而詢焉。一曰詢國危，二曰詢國遷，三曰詢立君，
以眾輔志而蔽謀。其在《記》曰：與國人交止於信。又曰：民之所
好，好之；民之所惡，惡之，此之謂民之父母。好民之所惡，惡民
之所好，是謂拂人之性，災必逮乎身。其在《孟子》曰：國人皆曰

〔註53〕 《中國民約精義·春秋穀梁傳》，卷1，頁5。
〔註54〕 詳細內容參見〔日〕小野川秀美撰，林明德、黃福慶合譯：〈晚清變法論的成
立〉，《晚清政治思想研究》（臺北：時報文化出版事業有限公司，1985年11
月16日），第二章，頁49～86。
〔註55〕 梁啓超：〈古議院考〉，《飲冰室文集類編（上）》（臺北：華正書局，1974年7
月），頁477。

賢，然後察之。國人皆曰不可，然後察之。國人皆曰可殺，然後殺之。〈洪範〉之卿士，《孟子》之諸大夫，上議院也；〈洪範〉之庶人，《孟子》之國人，下議院也。苟不由此，何以能詢？苟不由此，何以能交？苟不由此，何以能見民之所好惡？故雖無議院之名，而有其實也。〔註56〕

他並在經書中找出中國實行「議院制度」之實的例子：

滕文公欲行三年之喪，而父兄百官皆不悅，此上議院之公案也；周厲無道，國人流之於彘，此下議院之公案也。鄭人游於鄉校，以議執政，子產弗禁；漢昭帝始元六年，詔公卿問賢良文學，民所疾苦，遂以鹽鐵事相爭議，辯論數萬言，其後卒以此罷鹽鐵。是雖非國家特設之議員，而亦陰許行其權也。至於漢官之制，……各郡皆有議曹矣。西國每邦、每城皆有議會，亦即此意也。〔註57〕

中國既然早已有議院制度之實，那麼晚清為什麼不實行議院制度呢？梁啟超指出「凡國必風氣已開，文學已盛，民智已成，乃可設議院」。〔註58〕晚清是一個社會動亂的時代，如果設議院，只有亂上加亂而已。因此他強調「強國以議院為本，議院以學校為本」，中國如果要君權與民權平均，必須廣設學校，讓人民有知識，才有可能建立起議院制度，國家才會強盛。

劉師培也認為議會制度是早就存在於中國的《周禮》中的，他說：

《周官》之制，與議院之制同，此其所以能申民情與。雖然，一國之人至眾，非人人有議政之識也，即非人人能操議政之權。欲人人有議政之識，故《周官》之制，首重學校之教民。欲人人操議政之權，故《周官》之規，首重鄉里之選舉，凡此皆申民權之本也。要而論之，一國之中，有法律、有敕令，非經國人所公定者，不得為法律，雖有君主之敕令，亦無使人民遵守之權，此法律所以重於命令也。泰西各國之憲法，君主於事關緊要時可發敕令代法律，而中國古代，當國家危險時，尤必行使民集言之制，即西人所謂特別會議也。故觀於《周禮》一書，而知古代民權之伸，幾等於歐西各國，詎不善哉！〔註59〕

〔註56〕梁啟超：〈古議院考〉，頁478。
〔註57〕同上注。
〔註58〕同上注，頁478～479。
〔註59〕《中國民約精義・周禮》，卷1，頁7。

對君主、政府與人民的關係與權責劃分得最精細，則是《孟子》一書。政府是執政大臣介於君主與人民溝通的唯一橋樑：

> 《孟子》一書，於君主、政府、人民三級，晰之最精。政府者，乃國家執政大臣介於君民之間而爲君民交接之樞紐也。……《民約論》云：人民雖有統治之權，然不能舉通國人民統治之，於是乎有政府；政府之中不可無人以長者，於是乎有君主。是則政府者，受人民之直接監督者也。君主者，受人民之間接監督者也。故孟子立法，厥有二說：一與人民以選舉政府之權，一與政府以改易君主之權。……吾觀泰西民主之國，選舉議院之權操於國民，彈劾總統之權操於上議院。孟子之立法，殆即此意也夫。然欲行此法，不得不重削君主之權，欲重削君主之權，不得不重與君主之責。其所謂君主之責者，一曰從法，……一曰愛民。〔註60〕

即使在經書中可以找到與西學相符合的主張，不過劉師培「然欲行此法，不得不重削君主之權」一語，卻透露了長期身爲治國指導原則的經書，對中國執政者所能產生的作用，僅能道德勸說，而無實際的制裁作用。

2. 君主立憲

在晚清的改革運動中，康有爲是戊戌變法的領導人物，他希望以立憲政體作爲基礎，建立新的王朝。他的《孔子改制說》、《新學僞經考》及《大同書》逐漸支配著激進論者的思想，成爲變法的張本。他們認爲經書與西政不是異質之物，兩者有密切的連帶關係。康有爲雖初學古文，但最後卻捨棄古文而探今文，在《公羊》學的微言大義中找到孔子的眞義。他認爲輸入西洋的立憲政體，就是遵從孔子的眞意，並以爲歷史的演變過程是據亂世、升平世、太平世，最後就是大同社會。而邁向大同社會的第一步是共和政體，中國應急速輸入西洋的君主立憲政體，作爲朝向共和政體的前提。在他的《禮運注》、《論語注》中，可以常常看到關於「自由」、「平等」、「憲法」、「立憲」的字眼，如《禮運注》：

> 仁運者，大同之道；禮運者，小康之道。撥亂世以禮爲治，故可以禮括之。禮者，猶希臘之言憲法，特兼該神道，較廣大耳。此篇明孔子禮治之本，大義微言多在，學者宜思焉。〔註61〕

〔註60〕《中國民約精義·孟子》，卷1，頁12～13。

〔註61〕康有爲撰，樓宇烈整理：《孟子微·禮運注·中庸注》，頁238。

《論語・泰伯注》：

> 子曰：「巍巍乎，舜禹之有天下也而不與焉！」

> 此實爲立憲君主之法，雖有天下，而實公天下，故不與。舜恭己垂裳，南面無爲，禹之勞爲公僕，而不敢有君天下之心，借舜禹以明之，孔子之微言也。〔註62〕

《論語・衛靈公注》「無爲而治，其舜也與」的解釋：

> 子曰：「無爲而治，其舜也與，夫何爲哉？恭己正南面而已矣。」

> 舜任官得人，故無爲而治。蓋民主之治，有憲法之定章，有議院之公議，行政之官，悉由師錫，公舉得人，故但恭己，無爲而可治。……此明君主立憲，及民主責任政府之法。今歐人行之，爲孔子預言之大義也。〔註63〕

又《論語・爲政注》「爲政以德，譬如北辰」的解釋：

> 行太平大同之政，人人在宥，萬物熙熙，自立自由，各自正其性命。……升平世則行立憲之政，太平世則行共合之政。〔註64〕

不論古今學派，不管是否贊同西學傳入中國，經學家們都極盡比附之能事，他們的動機不盡相同，有的只是將比附西學當成手段，藉以改制才是目的，如康有爲；有的只是要證明西學所言，中國經典的內容早已存在，不足以師法，如劉師培。在當時確實掀起一股風潮，不過對於認識西方或宣揚傳統經學，其實沒有太大的幫助。他們往往擷取經書中的隻字片語，比附西學西制，這種簡單化的做法，反而戕害了中學、西學的內涵，梁啓超對晚清此種現象覺醒最快，批評最中肯：

> 摭古書片詞單語以傅會今義，最易發生兩種流弊：一、倘所印證之義，其表裏適相吻合，善已；若稍有牽合附會，則最易導國民以不正確之觀念，而緣「郢書燕說」以滋弊。例如：疇昔談立憲，談共和者，偶見經典中某字某句與立憲共和等字義略相近，輒摭拾以沾沾自喜，謂此制爲我所固有。其實今世共和，立憲制度之爲物，即泰西亦不過起於近百年，求諸彼古代之希臘、羅馬且不可得，遑論

〔註62〕 康有爲撰，樓宇烈整理：〈泰伯第八〉，《論語注》（北京：中華書局，1984年1月），頁118～119。

〔註63〕 〈衛靈公第十五〉，《論語注》，頁229～230。

〔註64〕 〈爲政第二〉，《論語注》，頁16～17。

我國。而比附之言，傳播既廣，則能使多數人之眼光之思想，見局
見縛於所比附之文句，以爲所謂立憲、共和者不過如是，而不復追
求其眞諦之所存。……此等結習，最易爲國民研究實學之魔障。二、
勸人行此制，告之曰，吾先哲所嘗行也；勸人治此學，告之曰，吾
先哲所嘗治也。其勢較易入，固也，然頻以此相詔，則人於先哲未
嘗行之制，輒疑其不可行；於先哲未嘗治之學，輒疑其不當治。無
形之中，恆足以增其故見自滿之習，而障其擇善服從之明。〔註65〕

葛兆光對此種現象刻畫也相當傳神與貼切，他說：

很多人都在試圖發掘關於古典的歷史記憶，解釋面前的新世界，可
是，當傳統的古典一但遇到新鮮的世界，它的解釋要麼有些圓枘方
鑿，要麼有些捉襟見肘。於是，在透過舊經典的回憶和解釋中，新
世界的圖像像透過不平的玻璃鏡，有些走樣，而經典的原本涵意也
彷彿被浸過水的紙本，有些模糊，用來解釋的和被解釋的都在這個
時代的語境中上演了「變形記」。〔註66〕

筆者以爲，造成這種現象的原因，是經學家太相信經典的神通廣大，能
夠涵蓋一切，所以當碰上西學的時候，便直覺地尋求經典的幫助，不自覺地
想以傳統經學去解釋、去應對。另一方面，由於新的知識不斷輸入，成爲一
股流行，經學在當時不論古今學派，其實已陷入困境，經學家想藉由西方理
論科學挽救頹勢。因此，雖然是「郢書燕說」，是「變形記」，晚清的經學家
仍被當代此種現象所侷限而不自知，無法抽離。

孫詒讓在這股熾烈的「以西學比附中學」的風氣中，撰作了一部表面以
「《周禮》爲綱，西政爲目」，實際藉以伸張個人改革理想的著作──《周禮
政要》。

第二節　《周禮政要》撰作與內容

光緒二十一年（1895）四月，清廷與日本議定喪權辱國的《馬關條約》，
舉國譁然。康有爲、梁啓超聯合十八省公車舉人一千三百人上萬言書，痛陳

〔註65〕《清代學術概論》，頁84～85。

〔註66〕葛兆光撰：〈應對變局的經學──晚清對中國古典的重新詮釋（一）〉，李國
章、趙昌平主編：《中華文史論叢》第 64 輯（上海：上海古籍出版社，2000
年 12 月），頁 15。

民族危亡的嚴峻形勢。這次上書內容廣博，幾乎羅舉了康有爲代表的維新派變法改革的全部主張，「公車上書」總體上包括「權宜應敵之謀」與「立國自強之策」兩個方面的內容。前者針對日本侵略提出拒和、遷都、練兵、等應急之策，試圖達到「塞和款而拒外夷，保疆土而延國命」之目的；後者在國家的政治制度、經濟建設、文化教育等方面，提出一系列變法改制的重大意見。〔註 67〕正式揭開了維新變法的序幕，無奈都察院不予代奏。其後，康、梁等人又與各省在京士大夫議開強學會及強學書局，意欲共謀雪恥圖強，孫詒讓友人黃紹箕列名會籍，曾寄北京強學會發行的《中外紀聞》及上海分會發行的《強學報》給孫氏。孫氏聞此事亦感憤慨，又見〈強學書局章程〉，因倡「興儒救國」之論。並參照〈強學書局章程〉，補其未逮，撰成〈興儒會略例二十一條〉，以「尊孔振儒爲名，保華攘夷爲實」，並「合全國各行省四萬萬人爲一體，以廣甄人才、厚積群力」〔註 68〕爲宗旨。希望團結眾人之力，振興儒學，保國退敵。

不過，對於一個沒有政治資源的讀書人而言，滿懷著熱情與理想，終究只能流於紙上談兵，孫氏在〈與梁卓如書〉中，無奈地表示「揆之時勢，萬不能行」，最後只能「拉雜摧燒之」。〔註 69〕孫氏面對國家「海疆多故，世變日亟」，卻只能在家「睠懷時局，撫卷增喟」〔註 70〕，想要貢獻一己之力，卻又苦無門道，心中的焦急與不安，可想而知。

光緒二十七年（1901），朝廷重議更制，於光緒二十六年十二月十日，以及次年二月三日曾兩次下詔，通令京外各大臣參酌古今中西政治，對朝章、國故、吏治、民生、科舉、學校、軍制諸端，各抒所見，陳候甄擇施行：

> 丁未，諭內閣，世有萬古不易之常經，無一成不變之治法，……大抵法積則敝，法敝則更，要歸於強國利民而已。……我中國之弱，在於習氣太深，文法太密，庸俗之吏多，豪傑之士少，……公事以文牘相

〔註67〕 徐徹、董守義主編，馬東玉撰：〈政體改革一波三折〉，《清代全史》（瀋陽：遼寧人民出版社，1993 年 3 月），第 9 卷，頁 169～170。

〔註68〕 孫延釗編述：《孫徵君籀公年譜》（二），稿本，光緒 21 年條。

〔註69〕 《孫徵君籀公年譜》（二），稿本，光緒 21 年條。孫延釗按語：「家藏原稿，既已摧燬，延釗初未及見。庚午冬，延釗客滬上，於黃仲弢先生詁嗣厚卿所覓得副稿，蓋當時錄示仲弢先生者，竊喜此副僅存於世，以迻錄入譜，俾後人有所考焉。」

〔註70〕 〔清〕孫詒讓撰，王文錦、陳玉霞點校：〈周禮正義序〉，《周禮正義》（北京：中華書局，2000 年 3 月），頁 5。

往來，而毫無實際；人才以資格相限制，而日漸消磨。誤國家者，在一私字，困天下者，在一例字。至近之學西法者，語言文字，製造機械而已。此西藝之皮毛，而非西政之本源也。居上寬，臨下簡，言必信，行必果，我往聖之遺訓，即西人富強之始基。中國不此之務，徒學其一言一話，一技一能，而佐以瞻徇情面，自利身家之積習，舍其本源而不學，學其皮毛而又不精。天下安得富強耶！總之法令不更，錮習不破，欲求振作，當議更張。著軍機大臣、大學士、六部九卿、出使各國大臣、各省督撫，各就現在情形，參酌中西政要，舉凡朝章、國故、吏治、民生、學校、科舉、軍政、財政，當因當革，當省當併；或取諸人，或求諸己：如何而國勢始興，如何而人才始出，如何而度支始裕，如何而武備始修。各舉所知，各抒所見，通限兩簡月，詳悉條議以聞，再由朕上稟慈謨，斟酌盡善，切實施行。〔註71〕

　　侍郎盛宣懷雖與孫氏素未謀面，但久聞孫氏治《周禮》學而有成，又知同鄉翰林院編修費念慈（1855～1905）與孫氏於論學上頗契合，於是請託費氏修書於孫氏，「以捃摭周制，證通時務為內容」，希望能合乎朝旨所謂「參酌古今中西之意」〔註72〕，乞請代撰條陳，且索之甚急，孫氏才慨然應允，以十大的時間，完成《變法條議》四十篇。其中包含對朝政的弊端與陋習如廢拜跪、除忌諱、革宮監、裁冗官、革吏役、改兵制、伸民權等事多所批評，期待國家能真正的改革，實施新政。不料費念慈、盛宣懷讀後，顧慮頗多，最後並未上呈朝廷。從這一事件可以看出，官員們對朝廷改革的決心存疑，恐呈上條陳卻遭不測；清廷迫於內失民心、外遇強權的窘境，而提出實施新政的口號，想平息全國人民的公憤，最後僅流於形式，終至滅亡。

　　《變法條議》上呈未果，次年四月，孫氏檢閱副稿，易題為《周禮政要》，分成二卷，並補作〈自敘〉，方便瑞安普通學堂刊行，作為教學用書。光緒二十九年（1903），上海求新圖書館以評點本《周禮政要》鉛印出版。

一、《周禮政要》撰作動機

　　身為一個傳統知識分子，一個古文經學家，孫詒讓並不如外界認為思想守

〔註71〕　《清實錄‧德宗景皇帝實錄》（北京：中華書局，1987 年 7 月），卷 476，頁
　　　　　12～15，光緒 26 年庚子 12 月丁未條。
〔註72〕　《孫徵君廎公年譜》（二），稿本，光緒 27 年條。

舊、迂腐。從未出過洋，卻對西方知識有濃厚的興趣。自光緒十一年（1885）起，孫氏開始閱讀徐繼畬《瀛環志略》、魏源《海國圖志》及外人新譯《地理備攷》、《海道圖說》、《長江圖說》等史地類書籍；次年，又閱讀有關科學技術的中譯本西籍，如上海譯印出版的格致彙編等。光緒十三年起，更經常訂閱上海《申報》、廣學會《萬國公報》等時事報刊。又陸續購得馮桂芬《校邠廬抗議》〔註73〕、梁啓超《變法通議》〔註74〕、黃遵憲《日本國志》〔註75〕、譚嗣同《仁學》〔註76〕、嚴復翻譯的《天演論》、《原富》、《法意》、《群學肄言》〔註77〕等書，閱讀時常用朱筆略加圈點，亦間有墨筆的箋語，書於各冊中。

不論對書中的立說贊成與否，代表著孫氏對西方知識的渴望。最值得一提的是，在閱讀西方譯書的過程中，孫氏認爲讀外國書僅看譯本，不夠眞切，因此想學習西文，方便自己直接看原文書，孫《譜》云：

> 時有普通學堂西文教習上海人蔡君華卿，寄寓我家，公因乘便請其
> 教讀英文，印用普通學堂課本，蔡君口講之後，公隨手在課本上以
> 朱筆細楷附注讀音於英文字旁，如是者學習兩三月。惟同時尚須兼
> 顧著述舊業及地方任務，不能專心研讀，復以腦力漸就衰退，深有
> 得一遺十之感，戚友力勸止，乃輟學。〔註78〕

〔註73〕見《孫徵君籀公年譜》：
光緒 12 年秋，閱馮桂芬遺著《校邠廬抗議》二卷，隨筆批注意見，凡 26 條，中有附記年月日者。
光緒 19 年 12 月，重閱馮氏《校邠廬抗議》，識於冊尾云：
此書及《顯志堂集》，曩曾展閱一過，有楠記，所論與余同者，大致十得七八。今續購新印本讀之，再就最近時事見聞所及加綴案語數條，以申余之前說，不知可作補正否。光緒癸丑十二月十六日識。

〔註74〕見《孫徵君籀公年譜》：
光緒 22 年 3 月，閱梁啓超《變法平議》一過，以爲剴切詳明，於中國貧弱瘠敗之故，洞究原本云。

〔註75〕見《孫徵君籀公年譜》：
光緒 25 年 4、5 月間，讀浙江書局刊本黃遵憲《日本國志》40 卷，隨手加朱墨筆箋記於各冊中，凡 55 條。

〔註76〕見《孫徵君籀公年譜》：
光緒 26 年春，讀瀏陽譚復生先生嗣同遺著《仁學》，有朱筆圈點。

〔註77〕見《孫徵君籀公年譜》：
光緒 31 年 11 月，檢侯官嚴幾道先生復譯著各種，即赫胥黎《天演論》、斯密亞丹《原富》、孟德斯鳩《法意》、約翰穆勒《羣己權界論》、斯賓塞爾《群學肄言》、甄克思《社會通詮》，瀏覽一過，在諸書中各有朱筆圈出之語多處。

〔註78〕《孫徵君籀公年譜》（二），稿本，光緒 28 年 4 月條。

孫氏這種正確、認真的求學態度，在今天中西學術交流如此地開放、便利的環境下，相信仍有許多學者自嘆弗如，更遑論孫氏當時所處的環境是封閉的社會，他卻能克服傳統的包袱，吸收西方的知識與經驗。因此，「西學」、「改革」、「變法」這些新穎的觀念，在孫氏的心中，與「傳統學術」是不矛盾也非對立的。他在〈周禮政要序〉說：

> 中國變法之議，權輿於甲午，而極盛於戊戌。蓋儵變而中阻，政法未更，而中西新故之辯，舛馳異趣，已不勝其譁聒。夫政之至精者，必協於羣理之公，而通於萬事之變。一切弗講，而徒以中西新故畫區吟以自隘，吾知其憒然一無所識也。〔註79〕

最精練的執政者，在於眼光的獨到，必須能於紛亂的事理中取得平衡，以服眾口，又能掌握萬事的變化，而不是耽溺在中西、新舊的詭辯中無法自拔。

　　如上所言，《變法條議》是《周禮政要》的前身。光緒二十七年，當孫氏應盛宣懷之請，以十日寫成《變法條議》後，並錄一副本留存，自題八首絕句於副本上，同時繫以短敘，說明《周禮政要》撰作之由：

> 光緒辛丑，天子將更法自強，廣求眾議，友人屬為具橐，迺以《周禮》為綱，西政為目，成此四十篇，陳古剴今，覬以杜守舊者之口，與詁經屬文誼例不能強同。偶存此副，遂示家塾子弟，輒題八絕句，用代跋尾。崗陽後五日書。〔註80〕

「以《周禮》為綱，西政為目」，這種以中學比附西學的書寫型態，是晚清知識分子抒發個人理想的標準模式，也可說是當時社會的風潮。雖然彼時接受西方知識的學者不少，但有更多保守的學者是採排斥的態度，他們無法接受自己一生所學的中學，轉瞬間都被西學所取代，唯有以此法，才可「杜守舊者之口」。上可迎合當政者改革的口號，下可安撫守舊者焦躁的情緒，也突顯夾在此二者之間的知識分子的無奈。

　　八首絕句如下：

> 六典周官炳揭櫫，軿軒絕域更蒐書。
> 中西政理元同貫，始信荊公太闊疏。

> 太平經國細參詳，王道由來足富強。
> 重見始元論鹽鐵，昔年星散幾賢良。

〔註79〕〔清〕孫詒讓撰：《周禮政要》（北京：北京出版社，2000 年 1 月，《四庫未收書輯刊》影清光緒 28 年瑞安普通學堂刻本），第 4 輯第 5 冊，頁 1。
〔註80〕《孫徵君籀公年譜》（二），稿本，光緒 27 年條。

鍥舟瞀論陋儒冠，急就奇觚屬草難。
縱是屈平能制法，卻愁騰怨到椒蘭。

百年禮樂未嫌遲，微管經綸亟救時。
周室成均漢街彈，承平治教此芟茲。

黨獄紛紛士氣傷，秋荼禁網到文章。
蘭陵祭酒杜門久，猶有新書法後王。

縣蔿孫通世所宗，議郎博士自雍容。
中興事業由圖讖，作奏何勞屬蔿冀。

午貫姑榆戰教宗，漫天飛熷苦連烽。
殺機金火終當盡，要看潛霆起蟄龍。

東西瀛海帀環球，行見隆平接盛周。
中外文明儻同軌，豈徒閎侈說齊鄒？〔註81〕

王季思（1906～1996）家中亦藏有此八首眞跡，是孫氏在光緒二十九年至姻親戴家拜年，偶至同村王季思家中書樓小坐，寫贈與王父。王家所藏，除「周官」作「周經」、「絕域」作「絕國」、「政理」作「學術」、「參詳」作「推詳」外，其餘皆與孫《譜》中所記載相同。王氏說這八首詩在其童年時即讀過，不過由於用典較多，除了「『中西學術原同貫』、『王道由來足富強』等富有時代氣息，又明白流利的句子外，許多地方看不懂」〔註82〕，後來到瑞安中學讀書時，住在孫家，向孫家借到《周禮政要》來閱讀，才稍加明白八絕句之意，而後作箋釋。孫《譜》所錄此八絕句，於艱澀難懂處，孫詒讓亦稍作解釋，與王氏所釋內容比對，互爲詳略。

此八絕句的內容，除說明《周禮政要》的主旨外，並強調有部分的《周禮》內容可以視爲近代政治、經濟、文化、教育的基礎，可以作爲變法自強的根據。同時也提出自己對整個改革的看法，應從興辦學校與地方自治開始，興辦學校可以「儲立法行政之材，開守舊者之蒙固」，地方自治則「使法之必行，而袪積弊」。〔註83〕對因義和團反對基督教的教案而引起的八國聯軍侵華戰爭，孫氏相信戰爭總有結束的一天，被視作蟄龍的中華民族將奮起飛翔。

〔註81〕《孫徵君籀公年譜》（二），稿本，光緒27年條。
〔註82〕王季思撰：〈孫仲容（詒讓）先生《自題〈周禮政要〉八絕句》手寫稿淺釋〉，《古籍整理與研究》（上海：上海古籍出版社，1987年）1987年第1期，頁163。
〔註83〕《孫徵君籀公年譜》（二），稿本，光緒27年條。

可見孫氏對國家有著深厚的感情，並寄予熱烈的期望。

二、《周禮政要》比附西學舉隅

　　《周禮政要》一書共分為上、下兩卷。上卷篇目分為：朝儀、冗官、重祿、達情、宮政、奄寺、吏胥、鄉吏、教胄、廣學、通藝、選舉、博議、廣報、通譯、觀新、治兵、巡察、圖表、會計。下篇為：戶版、口稅、廛布、券稅、金布、券幣、漁征、度量、礦政、冶金、水利、教農、樹藝、保商、同貨、效工、效醫、獄訟、論刑、收教。每卷二十篇，共四十篇。

　　孫氏撰作此書的體例，可以分為三個層次，第一層引《周禮》經文中相關的典制，附以鄭玄的注語，說明其立論的根據，如〈冗官〉，先引〈天官·敘官〉、〈大宰〉中與設官分職相關的條文：

　　〈天官敘官〉

　　　　設官分職，以為民極。注：鄭司農云：「置冢宰、司徒、宗伯、司馬、司寇、司空，各有所職，而百事舉。」

　　〈大宰〉

　　　　乃施灋於官府，而建其正，立其貳，設其攷，陳其殷，置其輔。注云：正謂冢宰、司徒、宗伯、司馬、司寇、司空也。貳謂小宰、小司徒、小宗伯、小司馬、小司寇、小司空也。考，成也。佐成事者，謂宰夫、鄉師、肆師、軍司馬、士師也。殷，眾也，謂眾士也。輔，府史庶人在官者。〔註84〕

再引〈地官·槀人〉「冗食」以釋「冗官」：

　　〈槀人〉

　　　　掌共外內朝**冗食**者之食。注云：**冗食**者，留治文書，若今尚書之屬，諸直上者。

孔廣森云：「尚書散屬，漢時號冗官。〈申屠嘉傳〉曰：『外埦垣，故冗官居其中』是也。官無常員，其給食亦無常例就，謂之**冗食**。」〔註85〕「冗官」，即散官，有官階而沒有固定職事的官吏；「冗食」，即指在官府中服公事的人，以事留外內朝者，故官供其食。以其為散吏，故謂之「冗食」。

〔註84〕《周禮政要》，頁 4。
〔註85〕《周禮正義》，〈地官·槀人〉，卷 31，頁 1242。

第二層，孫氏以「謹案」的方式，先將《周禮》以下至清的官制作一敘述，再將中、西制度做了詳細的比較。

第三層，則是孫氏個人觀察晚清政治環境的弊病所提出的見解。

由於《周禮政要》的成書目的較一般書籍不同，他必須符合盛宣懷所託「以挭撫周制，證通時務爲內容」，並能合乎朝旨所謂「參酌古今中西之意」，其實是限制了孫氏的行文內容與範圍。孫氏在此限制之中，必須想盡辦法將《周禮》的內容與晚清的時務，以及西制作一比附、結合，難免有牽強附會的情形。筆者將全書比附西制的內容製成表格，舉出較典型的例子，以方便觀察《周禮政要》附會西學的實際狀況：

（一）朝　儀

比附：〈大祝〉、〈司士〉、〈司儀〉、〈考工記總敘〉。

中		西
異	今：有拜跪而無坐揖。	西國崇信基督，唯入堂禮拜有跪禮，此外臣見君，子見親，亦無拜跪。
同	古：古常朝之儀，有立有坐而無跪，有揖而無拜。	

□西國禮與中國古禮雖不同，然其簡而易行，則一也。

按：當時世界的潮流，已少有對君王跪拜之禮，清廷卻仍堅持覲見君王需跪拜，而此禮卻是古禮所沒有的。孫氏指出，乾嘉盛世，猶不能強英使行跪拜禮，更何況晚清國勢頹敗。孫氏云：「禮莫大於因時，義或在斯乎！」〔註86〕表現了孫氏雖然身爲一個傳統的知識分子，卻不固執守舊的一面。

（二）冗　官

比附：〈天官敘官〉、〈大宰〉、〈地官・槀人〉。

中		西
異	今：設官猥多，而事之舉者轉少，故冗官之弊興而今爲尤甚。	西國官無虛設，職事徑省。美國各州，知事與次官參謀長互相出入，日本變法，至以縣令直隸政府，以親王之貴，下爲令長。
同	古：周六官三百六十職，各有職掌，鄭〈注〉所謂各有所職而百事舉也。故有冗食而無冗官。冗食者，無常職而以更直食於公者也。	

□中國古制與西國設官各有職掌，官無虛設。

〔註86〕《周禮政要》，頁3。

按：職事的煩瑣，皆由於冗官的眾多而形成。減少冗官的好處是「層級少則情易通，職掌專則事畢舉」；以孫氏估計，依照以上做法，再加以「除滿漢之畛域，通文武為一途」，內外員缺可簡汰三分之一，則「妙簡賢俊，專其責成」，則「事無不舉」。由此可見，冗官之消耗國力如此嚴重，不僅僅是國家必須支付龐大的人事費用，更重要的是「賢者苦於牽制，而不得展其才；不肖者易於推諉，而得以藏其拙」〔註87〕，因此有效率的減少冗官，是富國的第一要務。

（三）重　祿

比附：〈內史〉。

	中	西
異	今：後世制祿之法，歷代不同。大較古豐今殺。而以元為最薄。近年度支缺乏，京官有減折，外官有攤扣，所餘亦既無幾。	歐美各國，奉糈至豐，將相大臣，多者數千磅，下至末秩小吏，亦必量其身家食用之需，務使充裕，政法修明，實由於此。
同	古：周制祿有田有粟，司祿授田以夫畮為差；廩人賦粟以鍾鬴（ㄈㄨ丶）為率。依〈王制〉說公卿大夫同視五等諸侯，元士亦視附庸；《孟子》則謂元士得視子男，其文舛異，要其匪頒之厚，為可徵矣。

□周制與西國皆重祿。

按：「度支不乏」、「內顧無憂」〔註88〕，說明政府官員在收入豐厚的情況下，才能無後顧之憂，全心盡力為國家效命；收入豐富，才能夠杜絕一些不守法的官員貪污、收賄、舞弊。

（四）達　情

比附：〈小宰〉、〈宰夫〉、〈保氏〉、〈大僕〉、〈大司寇〉、〈禁殺戮〉、〈掌交〉。

	中	西
異	今：我朝鑒明季攻訐之弊，設御史以司參劾給事，中以司封駁言，官各有專職，廷臣非有言責者，不得妄有陳奏。	西國民氣最伸，自官吏以逮庶人，皆得親見國主自陳，國主有過，刑官亦得援律以治之。
同	古：周以保氏教國子，而兼諫王惡，蓋諫雖無專官，而達窮有令，遏訟獄有禁，自公卿至庶民，凡有復逆，無不達於上。蓋亦所以豫防隔塞之弊。

□中國古制與西國皆下情能上達。

〔註87〕《周禮政要》，頁5。
〔註88〕《周禮政要》，頁8。

按：雖然孫氏的改良方案措詞慷慨激昂，希望文武官民、有志之士皆能
「直攻朝廷缺失」，但在君主專制時代，是永遠無法實施的政策。即
使如孫氏所言，聖祖「求言若渴」，世宗、高宗亦曾下詔「求言圖治」，
但最後都流於形式，僅「摭拾膚詞」、「吹求瑣屑」。〔註89〕以孫氏《周
禮政要》而言，這部書也是應光緒帝的詔書而產生，最後的下場是
連上呈的機會都沒有，就被當初委託的盛宣懷擋下了。因此，在君
主專制時代，「下情能上達」，只能是一種政治理想。

（五）宮　政

比附：〈大宰〉、〈小宰〉、〈宰夫〉、〈宮正〉、〈宮伯〉、〈宮人〉、〈大府〉、〈內
府〉、〈外府〉、〈司書〉、〈職幣〉、〈內宰〉、〈內小臣〉、〈寺人〉、〈內豎〉。

	中	西
異	今：內務府諸臣任意糜費，公爲欺罔，交結內侍，一切宮中傳辦物件，輒以宮門費賂內監。至於外省織造及各關監督之虛糜乾沒，則尤不可僂指。	西國王宮，服用並有常額，皆司於宰相及計部。法、美各國則由議院公議，國主不以自私。
同	古：周之宮政，掌於大宰、小宰，自內宮奄官及宿衛士庶子咸隸焉；王之財用則掌於大府、司會、司書等；而衣服膳羞則掌於膳夫、玉府、內司服等官，皆天官之屬也。	

□西國與《周禮・天官》掌宮政制實暗合。

按：孫氏云：「朝廷每有大典禮、大工程，內務府諸臣即藉以爲致富之資。」
「西人每聞中國內務府費用之鉅，詫爲未聞，而不知其皆入司官胥
吏之囊橐也。」〔註90〕可見官員貪污嚴重，已到了動搖國本的程度，
整肅內務府成爲當務之急。本篇的訴求，與〈冗官〉、〈重祿〉及〈奄
寺〉實互爲表裡。

（六）奄　寺

比附：〈天官敘官〉、〈內宰〉、〈春官敘官〉、〈掌戮〉。

	中	西
異	今：內監人等，均係家屬自願送入宮充役，則與自宮無異，童孺無知，而虧形傷體，長爲廢人。	西國皆不用奄寺，惟土耳其、波斯回教諸國，尙沿舊制。歐美眾論，咸有遺議，以爲與文明之化，不無微硋，其持論甚高。

〔註89〕《周禮政要》，頁 10～11。
〔註90〕《周禮政要》，頁 14。

同	古：奄官始於周代，其員數至少。《周官》所列不過四十人，有爵者惟內小臣一官，然亦不逾上士。其人皆以犯宮刑者爲之，明先王哀矜庶刑，不欲使永淪廢棄。其時民間必無自宮以希進者，即有之，亦必非王者所容。

□周代用奄官，所以示無棄犯人，與後世自殘入宮不同，而與西國不用奄寺，其意則同。

> 按：古時用奄官，其意在使受宮刑之犯人不自暴自棄，與後世爲謀一官職而自殘入宮者不同。孫氏此篇主要痛陳奄人誤國之惡與自宮之不人道，應自光緒帝起除革。「巨奄竊柄」、「毒流海內」〔註91〕，可見宦官流禍無窮。歷朝時有宦官爲禍，尤其明朝亦因委用宦寺而亡國，爲人君者應引以爲鑒戒。

（七）鄉　吏

比附：〈地官敘官〉、〈遂人〉、〈鄉大夫〉。

	中	西
異	今：隋以後，始令丞尉，不得用本郡人。今中土縣邑，大者數百里，戶盈十萬，而以一縣令治之，極耳目之明，竭手足之力，亦必不能周知其情，則不得不假手於架書糧書地保之屬，其品既雜，率爲民害。	今泰西之制，亦有鄉官，如英國縣令名「敵司退克」〔註92〕，外有振恤官、保衛官、學校官、營造官、稅歛官，皆由民舉。以社會爲分治，寬鄉一「爬理司」〔註93〕分爲數社，狹鄉合數爬理司爲一社，社各有五官，悉由民舉刑官，月審由選授，季審由民舉。刑官咸與警察長爲關聯，其制極精密。
同	古：周六官員數約五萬人。而鄉遂官居其大半。大凡鄉遂之官，通共三萬七千八百七十二人。以距王城二百里之內，設官如此之多，而不嫌其冗，何也？經固云使民自興，而出使長之，入使治之矣。	

□周與西國之地方官皆由民舉。

> 按：最了解一個行政區域內的事務，即生於斯、長於斯的人民。需要一個人來治理地方事務，較之朝廷派任，當然還是由這個行政區所推舉出來的人擔任最爲完善。這就是孫氏所云：「就其地之人推舉而治其眾，其情親而祿薄。」〔註94〕

〔註91〕　《周禮政要》，頁17。
〔註92〕　「敵司退克」，即 district 的中譯名稱，行政區之意。因行政、司法、教育而劃分的區域。
〔註93〕　「爬理司」，即 parish 的中譯名稱，地方行政區之意，相當於美國的郡，中國的縣。
〔註94〕　《周禮政要》，頁25～26。

（八）博　議

比附：〈小司寇〉。

	中	西
異	今：今制國有大事，亦詔大學士六部九卿會議，然唯三四品京堂以上，始得與事，既不常舉而陳議者，大抵專視領班王大臣之風恉。其官秩較卑者，隨班旅進，或不發一語，甚非集思廣益之意。	泰西紀元前九百年，當中國東周初，雅典王德修設元老院，開民會事，必經民會議定始行，又置法官五員，可以糾王及各長官，此即議院之權輿。近代文明益進，議院林立，國都則有上議院、下議院，各郡縣亦皆有議院，闔門而公議之。
同	古：周外朝三詢之位，自三公六卿以逮鄉吏州吏，下及庶人，無不與焉。《書·盤庚》所謂「誕告有眾，咸造在王庭」者，即此。蓋國有大事，博訪周咨，庶民咸與，固商周之通法矣。	

□西制與古者「謀及庶人」之義符合。

　　按：如同梁啟超、劉師培一般，孫氏將〈小司寇〉的內容與西方的「議院制度」作牽合。他認為〈小司寇〉的三詢之法「一曰訊國危，二曰訊國遷，三曰訊立君」〔註95〕即是「議院制度」雖無其名，但有其實的雛形。誠如梁啟超所說，晚清學者的通病，就是偶見經典中某字某句與西學字義略相近，即謂此制為中國所固有。其實這些制度、理論，在當時的西方世界也不過起於百年內，求之於古代的希臘、羅馬都不可得，更遑論是中國。

　　孫氏又認為「國有大事，博訪周咨，庶民咸與，固商周之通法」，是民主的表現，不過，斯維至指出：「……民主，顯然不是今人所謂人民當家作主，而是君為人民之主，但是他必須以人民的擁護與否為條件。如果他像桀、紂那樣暴虐，成湯和武王就可以進行武力革命，這樣君主（人民之主）的權力決不是專制的，可以為所欲為的，否則就要被革命所推翻。雖然這樣，古代的王（君）是上帝所授與的，因此權力在神手中，而不是在人民手中。」〔註96〕與孫氏所理解的「民主」仍有一段差距。

（九）廣　學

比附：〈大司樂〉、〈鄉大夫〉、〈州長〉、〈黨正〉。

〔註95〕《周禮政要》，頁 41。
〔註96〕斯維至撰：〈說古代王權、革命與民主〉，《中國古代社會文化論稿》（臺北：允晨文化公司，1997 年 4 月），頁 143。

中	西
異 今：我國士不學而民無教，以四百兆之眾，而識字者不及百之一二，取士專重科目，以時文試帖之庸陋腐濫爲多，士進身之階，是率天下而趨於不學也。京師國子監爲古之大學，而祭酒司業徒擁虛位，並無肄業之生，各府州縣學雖立教育訓導諸官，而無教士之法。書院院長僅課文藝，於學無與問以聲光化電諸學，則老師宿儒懵然不能舉其名。	西國定制，無論城鄉，三十戶而設小學堂，一公私學堂，每國率以萬計。民自六七歲以上，無不入學者。不入學者，責其父母。美國學校經費歲至八千萬，每歲著書至萬餘種，英國大學生徒至一萬餘，其民智之開可見。
同 古：周時有國學、有郊學、有鄉遂之學。五學中，辟雍南、成均東、東序西、瞽宗北、上庠是爲大學，大司樂教焉。其小學則師氏、保氏教焉。自王子以下及公卿大夫元士之子、以逮宿衛士庶子咸學。	

□日本步武西法，所設尋常及高等小學校，即周之家塾里校，今西國之鄉塾也；其尋常高等中學校及師範學校，即周之鄉庠州序，西國之郡學院也；海軍陸軍及各專門學校，即周之小學，西國之實學仕學院也；大學校即周之成均，西國之太學院也；小學中學皆爲普通之學，大學則以法理文醫工農六科分習兼綜。而其由小學畢業而分習專門之學，若商學、工學、農桑學、礦學、動植物學、化學、聲學、光學、電學之等，無慮百家，男女平等，咸得入學，下至盲聾啞，亦皆有學。

　　按：教育是一個國家強盛的基礎，但在晚清，全中國受教育的人僅佔全國人口的百分之一、二，且都習時文試帖，民智不開，不僅人才缺乏，即使國家有好的政策，亦不易推行。西方的聲光化電眾學術傳入中國後，教書先生們本身不知如何應對，更遑論教育子弟，因此，孫氏所提出來的「廣學」，不僅僅是要青年學子，老師也應該再進修。

（十）考　醫

比附：〈醫師〉、〈食醫〉、〈疾醫〉、〈瘍醫〉。

中	西
異 今：華醫則無學堂之教，無醫官之考驗。略誦歌訣，便挾其術以自衒鬻。京師太醫院以侍御內廷之重，而亦學術庸淺，往往循資校年，而擢爲長官。	泰西醫有學堂學會以專其研究。故凡爲醫者必在學堂畢業，官察其術，果精善，乃給以文憑，准其以技行於世，使得以醫自名，違者罪之。
同 古：周禮醫官區三等，疾醫今內科，瘍醫今外科也；食醫則調護之於未疾之前；而醫師總其成，比其術之高下，而奠其食者也。	

□其調和飲食之宜節、宣燥濕之度以攝衛於未病者，則尤與周食醫所掌略同。

> 按：魯迅〈父親的病〉一文中，陳述自己的父親腳得水腫，庸醫以「敗鼓皮丸」〔註97〕作為藥引，最後導致父親不治身亡。直到自己學了西醫，才體悟這些庸醫誤診的可怕，這就是當時全中國的寫照。無須通過檢定考試，「略誦歌訣，便挾其術以自衒鬻」〔註98〕，庸醫草菅人命，人民生病只能碰運氣，孫氏認為「醫雖技術，然人命所繫，不當輕易如是」。〔註99〕國家必須要有一套規範的標準。

三、後人對《周禮政要》的評價

雖然《周禮政要》不能上呈，但它的面世，卻在書肆「競事翻刻，傳布甚廣」〔註100〕，對於當日的思想界有一定程度的影響。不過，孫氏此書，一方面有些人認為是受了康有為「百日維新」時所提出的改革建議的影響，沒有超出康氏的藩籬；一方面因為孫氏以《周禮》牽合西學的舉動，而受到反面的評價。

（一）反面的評價

胡玉縉在〈周禮政要跋〉云：「是書刊行後，高視詒讓者謂不應作此書。」〔註101〕顯示在當時已有人對此書表達不滿。之後批評更甚者有沈鏡如：

> 這個著作不僅在理論上為清政府的假維新和偽立憲張目，起了抵制

〔註97〕「敗鼓皮丸」就是用打破的舊鼓皮做成；水腫一名「鼓脹」，一用打破的鼓皮自然就可以克伏它。參見魯迅撰：〈父親的病〉，《魯迅散文選》（臺北：洪範書店，1995 年 10 月），頁 49。

〔註98〕《周禮政要》，頁 45。

〔註99〕《周禮政要》，頁 84。

〔註100〕朱芳圃編：《清孫仲容先生詒讓年譜》（臺北：台灣商務印書館，1980 年 6 月），頁 81。

〔註101〕胡玉縉云：「是書刊行後，高視詒讓者謂不應作此書：『此猶嚴元照《悔庵學文》書《四書典林》後，惜其書之出自江氏（江永）耳。』不知著書各視其所宜，學問淹博之人，奚妨為淺近之書，江氏為初學而設，其中案語，令人有實事求是之思；此書為初變法而設，其所持論，令人有異世同符之感，彼高視二人者，殊未知二人者也。」參見〔清〕胡玉縉撰：〈周禮政要跋〉，《許廎學林》（臺北：世界書局，1963 年 4 月，讀書箚記叢刊第 2 集第 39 冊），卷 13，頁 314。

革命的反動作用，而且實際上被採爲各級學校和應試士人的重要教
科書，在知識分子群中散佈了以復古爲更新的錯誤思想，以投合清
政府的政治騙術，產生極爲惡劣的影響。〔註102〕

沈氏此文主要反駁張其昀〈孫詒讓之政治思想〉一文。〔註103〕他認爲張氏將
孫詒讓所提出的政治方案加以別有用心的歪曲，以達到張氏的「卑鄙的政治
目的」。〔註104〕由於沈氏與張氏在政治立場上的不同，可以理解他們無法公允
評價孫詒讓《周禮政要》的價值。

　　又如湯志鈞，說孫氏「留戀封建舊典，把《周禮》視爲最高的政治原則」、
「迷戀舊籍」、「代表地主階級的利益」；《周禮政要》一書「不是一部進步書
籍，而是爲清政府『更法』騙局的粉飾之作」、「只是爲清政府的僞立憲張目
而已」。〔註105〕並將康有爲與孫詒讓做比較：

　　康有爲的「新政」建議，企圖挽救民族危機，設想通過變法，使一
　　個封建的中國變爲資本主義的中國；孫詒讓呢？卻是植根封建。只
　　要看，上揭〈自題變法條議後〉所謂「行見隆平接盛周」，他所想望
　　的只是中國封建社會初生階段的隆平時代，理想中的社會秩序也只
　　是建築在封建土地制基礎上的封建政教。〔註106〕

張舜徽雖然肯定孫氏的愛國熱忱，卻也不認同他比附西學的手法：

　　他始終把《周禮》制度，奉爲最高的「放之四海而皆準」的政治原
　　則，每取《周禮》中的設官分職，比合近代外國的政治設施，認爲
　　東西洋今天的新政建設，在我國古已有之，希望通過調和折中而再
　　現於當世，這便替他所擬定的《變法條議》蒙上了一層保守復古的
　　色彩，降低了它的作用。〔註107〕

田漢雲則認爲：

　　孫詒讓的《周禮》研究，堅持學術性與政治性的結合，堅持學術研

〔註102〕沈鏡如撰：〈孫詒讓的政治思想述評〉，《孫詒讓研究》（杭州：杭州大學語言
　　　　文學研究室，1963 年，內部發行）頁 81。
〔註103〕據沈鏡如文：反動分子張其昀於孫詒讓百周年誕辰時寫了〈孫詒讓之政治思
　　　　想〉一文，刊載前浙江大學《浙江學報》第 1 卷第 1 期（1947 年 9 月出版）。
〔註104〕〈孫詒讓的政治思想述評〉，註釋 1，頁 85。
〔註105〕湯志鈞撰：《近代經學與政治》（北京：中華書局，2000 年 8 月），頁 244。
〔註106〕《近代經學與政治》，頁 242～243。
〔註107〕張舜徽撰：〈孫詒讓學記〉，《清儒學記》（濟南：齊魯書社，1991 年 11 月），
　　　　頁 549。

究爲解決現實社會的重大問題服務，這種追求是積極的。然而就《周禮正義》的實際價值而言，學術上即有建樹，政治上則少有科學的創論。他對中西政治思想的比較研究，結論多不可靠。他對中國古代政治思想與近代西方政治理論的實質差異認識不清，所作比較或流於表面化，或帶有片面性。這一方面是由於他對近代西方政治學說所知不多，另一方面則因爲他錯誤地認爲從傳統文化中可以找出適用於當代的治國之道。〔註108〕

（二）一些誤解的澄清

針對以上諸批評，筆者以爲有必要爲孫詒讓澄清一些誤解，而從撰作動機、形式、內容三方面來看。

就撰作動機而言，筆者推想，批評者認爲《政要》是爲清政府「更法」騙局的粉飾之作的原因，在於書中常有奉承清政府之語，如「伏惟皇上御宇以來，躬尙節儉，漢之文帝、宋之仁宗，無以遠過」〔註109〕、「聖德清明，超越今古」〔註110〕、「中外士民，聞風翹首，於以上迓天眷，下洽人心，景祚無疆，斯其符契矣」〔註111〕等；又認爲孫氏或許想以此書謀官職。實際情形是，孫氏撰作此書，是應盛宣懷之邀，孫氏初不以爲意，直到盛氏「旋再來電，索之甚急」，才於十日之間草成以答盛氏。這部書原本要上呈光緒帝，故「其行文頗於經筵講義爲近」〔註112〕，文中客套奉承之語，身處帝國的知識分子都無可避免；也可看做是孫氏對政府改革的決心所表示的支持與鼓勵。至於孫氏是否藉此謀官，光緒二十七年（1901），京師大學堂聘孫氏任經學教習，復辭不就〔註113〕；光緒二十九年（1903），清廷開經濟特科，署張之洞奏保三十人，孫氏名列其中〔註114〕，卻終不赴任；光緒三十一年（1905），京師大學

〔註108〕田漢雲撰：《中國近代經學史》（西安：三秦出版社，1996年12月），頁424。
〔註109〕《周禮政要·宮政》，頁14。
〔註110〕《周禮政要·奄寺》，頁17。
〔註111〕《周禮政要·奄寺》，頁20。
〔註112〕〈周禮政要跋〉，頁313。
〔註113〕《孫徵君籀廎公年譜》（二），稿本，光緒27年條。
〔註114〕《孫徵君籀廎公年譜》（二），稿本，光緒29年條：同列保者有江陰繆荃孫、通州張謇、寶縣劉奉璋、吳縣李維格、曹元忠、江寧吳廷燮、上虞羅振玉等人。張之洞奏保孫氏的原因爲：「孫某群經諸子，靡不研精，淹雅閎深，著書甚富，久負士林宿望，近年講求時務，實能會通中西古今學術治術。」同時吏部尚書張百熙、湖北巡撫端方、江西督學吳士鑑等人亦各表薦。

堂來函，擬聘孫氏任總教習，又復辭不就〔註115〕；光緒三十三年，張之洞力聘孫氏爲存古學堂總教習，孫氏又予以婉拒，並私下表示對朝廷「每下愈況」的局勢，抱持「消極態度」。〔註116〕由此看來，孫氏無意仕進，亦不會藉由《政要》一書謀取任何官職，更何況《政要》又是一個因內容讓盛氏、費氏顧慮頗多，中途就被二人攔下，根本未被採用的條陳。誠如俞雄所指出：「這反過來正說明此條陳未愜統治階層之意，而不能爲其所接受。」〔註117〕孫氏對國家有著一股無比的熱情與理想，才能在十日之內寫成《周禮政要》，絕非宋洪民所說：「只有當清廷被迫同意變法時，他才應景式地捧出了他的《周禮政要》。」〔註118〕因此，將孫氏當作是清王朝打手的論點，非常不公平。

　　就形式而言，孫詒讓果眞如批評者所言，是一個「迷戀舊籍」、「將《周禮》制度奉爲最高政治原則」的學者，他的做法就不會是以當時國家亟需改革的項目做爲篇題，如〈朝儀〉、〈冗官〉、〈重祿〉、〈達情〉、〈宮政〉、〈奄寺〉等；而會是像另一部以西學比附《周禮》的著作──劉光《周官學》，仍按照「五官」原職爲次第。

　　就內容而言，盛氏要求孫氏符合「捃摭周制」、「證通時務」、「參酌古今中西之意」等條件，孫氏在此前提下必須將《周禮》一書內容與中西古今作牽合。不過，孫氏全書各篇雖引《周禮》相關經注爲首，但若能仔細閱讀，就會發現孫氏處理這些引文的做法，大部分是略爲陳述，重點反而是其後的中西古今制度的比較與孫氏針對當前制度所提出的因應之道。胡玉縉才會說：「惟書名《周禮政要》，而於《周禮》本義不甚相關。」〔註119〕至於孫氏對中西政治理論所作的比較，批評者認爲「由於他對西方政治學說所知不多」、「錯誤地認爲從傳統文化中可以找出適用於當代的治國之道」，因此在解釋上「或流於表面化，或帶有片面性」，這一點確實是當時學者的通病，梁啓

〔註115〕《孫徵君籀廎公年譜》（二），稿本，光緒31年條。
〔註116〕《孫徵君籀廎公年譜》（二），稿本，光緒33年條：當時公鑒於朝局每下愈況，已抱消極態度，京鄂兩職，均無出就之意，第對廣雅未便明言耳。故發電後，即有手札答黃仲弢先生，爲「存古」推薦替人，以作脫身之計。
〔註117〕俞雄撰：〈試論《周禮政要》〉，《紀念孫詒讓論文集》（香港：天馬圖書有限公司，2000年10月），頁84。
〔註118〕宋洪民撰：〈寓變法理想的《周禮政要》〉，本文論調承襲湯志鈞所言。參見李開、劉冠才等編：《晚清學術簡史》（南京：南開大學出版社，2003年10月），第9章，頁112。
〔註119〕〈周禮政要跋〉，頁314。

超在當時就已發現這樣的現象（見第一節），王爾敏也指出：

> 晚清知識分子因外界的刺激而啓發一些新的觀念，並非對西方思想
> 作有系統的了解而全新移植。不但不能說是充分的領受，而且頗顯
> 得片段零星。〔註120〕

不過，爲什麼「以西學比附中學」還是能造成一股風潮，余英時的一段話正
可以解釋此種現象：

> 通過西方的觀念和價值重新發現儒家經典的現代意識。……從今文
> 派的公羊改制說到古文派《國粹學報》的融通中西學說，都是在這
> 一典範（paradigm）之下進行的，這也可以看做是現代思想史上的
> 一個「格義」的階段。在這一階段中，吸收「西學」顯然是出於儒
> 學發展的一種內在的要求。
>
> 「格義」之所以可能，內在要求之所以產生，自然離不開內在的根
> 據。如果儒學內部完全沒有可以和西方的觀念互相比附的東西，我
> 們便很難解釋晚清一部分儒者何以能在西方思想的啓發之下大規模
> 地詮釋儒家經典而激起了一般讀者的共鳴。我們必須了解，晚清的
> 一般讀者對於西學並無直接認識，但對於儒學傳統則至少具備基本
> 的知識，如果今古文兩派中的人完全曲解經典以附會西來之說，那
> 麼讀者當時的熱烈反應便成爲一個不可理解的現象了。〔註121〕

孫詒讓便是循著傳統經學爲基礎，而以西方政治制度的不同刺激作媒介，從
而醞釀、引申出自己的理論觀點。《周禮》中包含三百多職官，各有執掌，所
繫職事又繁多，因此要以西學比附之，不是一件難事。讀者對西學並無直接
認識，但對於傳統經學則至少具備基本的知識，從他們的經學經驗中去體會
西學與中學的關聯，在軟弱無能的清政府之外，他們感受到一絲絲國家的希
望。後人應如何看待此段歷史與其中的一些現象，王爾敏的看法或許是最恰
當的，他認爲：

> 後人或不免非笑反對，當爲居於另一時代潮流之立場。甚至若干人
> 據一廂情願想像，施之評判，大放厥辭，直是頭腦不甚清明所致，

〔註120〕 王爾敏撰：《晚清政治思想史論》（台北：華世出版社，1980年11月），頁1
～2。

〔註121〕 余英時撰：〈現代儒學的回顧與展望——從明清思想基調的轉換看儒學的現代
發展〉，頁30。

反於後世多出許多爭論。第一，須知一時代有一時代之思想特色，任何賢者均無法超越太遠，尤其更受到個別與全局知識之所限。第二，憑事後之聰明，沒有資格非難前一代，更無權利就當代經驗多一糾正與非笑之舉。此理甚淺，早在清末梁啓超已作清楚之説明與舉例。第三，後一代人所自認爲進步、高明、正確者，同樣是基於主觀假定，乘時代思潮之風氣。實質上是否眞的進步、高明、正確，均頗成問題。此在思想家自己並看不出，而治思想史之學者，由其洞悉古今之通識，可以其比較而測知。〔註122〕

因此，這種由「表面化」、「片面性」的啓發而引申的理論，雖然不免自圓其說，甚至出於臆度猜測，又無論這些學說是淺陋的、摹擬的、不成熟的，卻有相當強度的影響力，構成其推動時代的力量。

第三節　孫詒讓的政治改革理想與實踐

孫詒讓生於晚清變動的時代，身處金錢會起事中心；目睹太平天國之亂、義和團起義；歷經洋務運動、戊戌變法和清末新政。雖然他一生中將大部分的時間投注於學術研究，與此同時，他也非常關心國家的情勢。

光緒二十年（1894），中日甲午戰爭爆發，孫詒讓領導瑞安籌防局，擬定《防辦條議》，認爲當務之急，應先堵塞海口、修理城垣、建築炮台、購辦軍火、清查保甲、籌捐經費，作好抗戰的準備。其父孫衣言即使壽辰將屆，也因中日戰起而辭謝一切祝賀，獨居深念，而常以兵械梏蕘，海軍、淮軍諸將之庸懦，不足以應變圉敵爲慮。只要邸抄傳來〔註123〕，必召孫詒讓等詢問戰事，聞捷報則色喜，或小挫則扼腕不已。〔註124〕

當清廷與日本議訂《馬關條約》後，孫氏爲呼應康有爲創立「強學會」，倡興儒救國之論，撰《興儒會略例》二十一條。擬設總會於京師，設分會於

〔註122〕 王爾敏撰：〈晚清政治思潮之動向〉，《中國近代思想史論》（北京：社會科學文獻出版社，2003 年 8 月），頁 167～168。

〔註123〕 「邸報」又稱「邸抄」（亦作邸鈔）。專門用於朝廷傳知朝政的文書和政治情報的新聞文抄。漢代的郡國和唐代的藩鎮，都曾在京師設「邸」，其作用在傳達朝政消息，凡皇帝諭旨、臣僚奏議以及有關官員任免調遷等都是邸吏們所需收集抄錄的內容。

〔註124〕 孫延釗撰，徐和雍、周立人整理：《孫衣言孫詒讓父子年譜》（上海：上海社會科學院出版社，2003 年 7 月，溫州文獻叢書），頁 259。

各省省城，由民間集資設銀行、營商業、辦工廠、修鐵路、開礦山、興團練、結外交、清吏治，以逐漸改變國家的積弱。但最後卻將其燒毀。張憲文推測，孫氏燒毀《略例》的原因，主要是在清廷腐敗無能，政治黑暗，民眾無權的狀況下，要求不改變政權性質，而在帝權統治下對政治、軍事、經濟進行深入的改革，這只是不切實際的空想。孫氏認為自己想得太天真，便把所訂《略例》一把火燒掉。〔註125〕因此在梁啓超來信向孫氏索取《略例》時，孫氏回信曰「揆之時勢，萬不能行，已拉雜摧燒之，鄉亦未敢以示人」等語。〔註126〕光緒二十七年（1901），朝廷重議更制，盛宣懷請孫氏代撰條陳，他只花費十日便完成《變法條議》。若非他平日就非常關心時事，關懷國家前途，如何能夠辦到。雖然最後《變法條議》不得上呈，他對清政府由期望轉為失望，但對下一代的年輕學子並未喪失信心，於是他把《變法條議》改題為《周禮政要》，將清政府的弊病當作教材，以資後代借鑑。

一、孫詒讓的改革理想

　　《周禮政要》四十篇的內容分析歸類後，孫氏主張改革的建議，約可分為八大方向進行：

重整朝政——朝儀、冗官、重祿、達情、宮政、奄寺、吏胥、鄉吏、選舉、博議、廣報、通譯；

穩定國土——戶版、圖表、治兵；

推廣教育——教胄、廣學、通藝、考醫、收教；

振興經濟——金布、券幣、保商、同貨；

充實財政——會計、口稅、券稅、廛布；

安定社會——巡察、獄訟、諭刑、度量；

改善農政——漁征、礦政、冶金、水利、教農、樹藝；

發展科技——觀新、考工。

　　將此書中援引《周禮》官制、比附西學的部分去除不論，才能真正呈現孫氏的政治改革藍圖。可以說「託古」只是他的一個使人信服的依據，「改制」才是孫氏最終的目的。

〔註125〕張憲文撰：〈孫詒讓政治思想的演變〉，《紀念孫詒讓論文集》（香港：天馬圖書有限公司，2000年10月），頁158。

〔註126〕《孫徵君廎公年譜》（二），稿本，光緒21年條。

（一）重整朝政——朝儀、冗官、重祿、達情、宮政、奄寺、吏胥、鄉吏、選舉、博議、廣報、通譯

孫氏在《政要》一書的開始，便以許多篇幅討論清朝政的弊病與改革的方案。他提出廢除跪拜、裁撤冗官、優增官奉、民情上達、肅清宮府、革除宮監、裁革書吏、推舉鄉董、選賢舉才、設置議院、發行報紙、成立外部等主張。

「廢除跪拜」方面，他認為西方國家早就沒有上朝議政要跪拜帝王的禮俗。清乾嘉時期，國勢方盛，英使都不願意行跪拜之禮，更何況晚清國勢衰微之時？華洋訴訟，「華人跪而洋人立，已為失體」〔註127〕既然如此，應廢除跪拜之禮。皇上與官員議政時，應一律賜坐，「以新普天之耳目」。〔註128〕

「裁撤冗官」方面，他認為「冗員多則賢者苦於牽制，而不得展其才；不肖者易於推諉，而得以藏其拙」〔註129〕因此，要裁徹冗官，他提出三個因應對策：

> 一曰兼職，如軍機大臣可兼大學士、督撫可兼將軍、都統藩司道府可兼運司織造各關監督。一曰減員，凡官不可裁而員數多者，皆可大減之。一曰裁缺，如內官可裁詹事府、大理寺、大常寺、鴻臚寺；外官則可存兩司而裁各道郡縣丞倅佐襍，皆可裁一留一。〔註130〕

如此內外員缺必可簡汰三分之一，一方面使真正在做事的人能不受牽制，一方面也得以舒緩國庫的開支。

「優增官奉」方面，他指出中國因設官太多，閒散無事可做者，約有三分之二，在裁撤冗官之後，使有職守的官員享有厚祿，則「祿增而度支不乏，祿既增則內顧無憂」〔註131〕，讓奉公守法的官員無後顧之憂，同時也杜絕不守法的官員貪污、收賄、舞弊。

「民情上達」方面，由於朝中諸臣畏憚忌諱，不敢進諫，使得皇上被假象蒙蔽，以致於國勢衰微到不可收拾的地步，皇上才恍然大悟。針對此點，他認為民情應該直達天聽，無論內外，文武官民「均許上封章，自到午門呈遞，直攻朝廷缺失」、「廣開言路，勤求民隱」〔註132〕，不須由部院代奏，遇

〔註127〕《周禮政要・朝儀》，卷上，頁3。
〔註128〕同上注。
〔註129〕《周禮政要・冗官》，卷上，頁5。
〔註130〕《周禮政要・冗官》，卷上，頁5～6。
〔註131〕《周禮政要・重祿》，卷上，頁8。
〔註132〕《周禮政要・達情》，卷上，頁11。

有阻過者，即使是權貴，亦從重治罪。如此，國家的弊病才能一一顯現。

「肅清宮府」方面，他認為內務府是「百弊之藪」、「貪縱成習」〔註133〕，其開銷之鉅，連西人都詫為未聞，而不知大部分的費用都被層層剝削，入了辦事官員的囊橐中。他建議內務府隸屬戶部，凡有工程造辦，均由戶部估實工價，實報實銷。如織造，不過是購辦緞匹衣料，應直接由蘇州府、杭州府知府兼管，而不須由內務府司員各關監督。

「革除宮監」方面，古時奄官，實際上是以犯宮刑者為之，古先王哀矜其刑，不欲使永淪廢棄，故界以職事，但毫無權利。春秋之世，始有自宮為奄人。孫氏認為，「巨奄竊柄，毒流海內」〔註134〕，歷代皆有明鑑；而歐美各國，對奄官皆持有異議。他主張將宮寢內監一律革除，現在宮內當差者，給以一年俸金，罷遣回家。內庭執事改用士人，內宮改用女使。有自宮者，本身及父母親屬皆論罪，以革除此舊俗。

「裁革書吏」方面，書吏，指的是承辦文書的吏員。清代凡吏員充補內閣供事，及在京各衙門有書吏，且均有定額。外省總督、巡撫、學政、各倉各關監督之吏，亦皆稱書吏。書吏皆父子兄弟相傳，雖職位卑微，由於熟於吏事成例，往往與長官狼狽為奸，陰操實權。所以孫氏才會說：「明知為官場之巨蠹，而不能去。」〔註135〕要根除書吏弄權，最好的方法即「盡行裁革」，選用公正的部員，並三年一任，時常輪換，才能減少舞弊案件的產生。

「推舉鄉董」方面，中國地大物博，朝廷想要全部顧及是不可能的事，但指派官員到各地方治理，又有不諳地方風土民情或誤信地保之虞，反而造成地方官與人民之間的衝突，孫氏提出「就其地之人推舉而治其眾」〔註136〕的主張，典史、巡檢都以本地人為之，又多設鄉正，以人民信服的紳仕、耆民、有恆產者為之，使不為書吏而為紳董，掌教化、評爭訟，輔助地方官員。

在「選賢舉才」方面，他認為西國的官員，都出於專門學堂，可學以致用，官吏的除授皆由薦舉。中國可略仿此制，凡由大學堂學成者，咸依其專門，任職於各部署；或有奇才異能可應時需者，由臣工薦舉，以備破格錄用。而參議大政科目，不足以得賢才，應當永遠停廢。〔註137〕

〔註133〕《周禮政要‧宮政》，卷上，頁 13～14。
〔註134〕《周禮政要‧奄寺》，卷上，頁 17。
〔註135〕《周禮政要‧吏胥》，卷上，頁 23。
〔註136〕《周禮政要‧鄉吏》，卷上，頁 25～26。
〔註137〕《周禮政要‧選舉》，卷上，頁 39。

　　「設置議院」方面，國家大事，通常只召集大學士六部九卿會議，可以發言與事者，又需三四品京堂以上，不符合集思廣益之意。平時政務，又多交部院詳議，而堂官未必皆賢，往往交由胥吏辦理，拘牽文義或推卸責任者多。孫氏認為，應仿照西方國家的議院制度：

> 設大議院於京師，定議員之額數，半由特旨選派，半由內外各衙門公舉。又設中議院於各省會，亦半由督府札充，半由各州縣紳民公舉。設小議院於各郡縣，半由守令諭充，半由紳耆公舉。凡公舉者亦放西例，以投票多少為憑。公派私舉互相檢查相贊助。每旬會議一次，有大事則不拘期日。議員或徇私妄議，准眾議員舉劾，或紳耆告發，覆查得實，勒令出院。其他詳細規制，並查照西國議院章程，酌量辦理。〔註138〕

設置議院，能夠博採群議，去專己之弊，使「士論民氣大伸於下，嘉謨良法咸獻於上」〔註139〕，才是治國的基礎。

　　「發行報紙」方面，孫氏提出「民情上達」構想，最好方式，就是發行報紙。他認為：

> 夫國勢與民志相通，利而導之，則治；逆而制之，則亂；錮弊而阻抑之，則民愚而國必弱。〔註140〕

中國由於忌諱太深，拘牽尤甚，往往國家有大事發生，西報已四布，但國中官員士民，反而懵然不知。要使人民與國家無隔閡蒙昧之憂，應該廣開官報局於京師，各省府廳州縣亦開報館，同時廢除民間不可辦報的禁令。每月部吏督撫以公私報章彙送軍機處；購買各國著名大報，如英泰晤士報等，以備皇上閱覽。各官署、學堂也以本地所出的報紙互相移送，使其暢行於外國各報。

　　「成立外部」方面，他認為中國自與外國通商以來，「識洋文者，千人中無一二人」〔註141〕，各省之中，更有通府無一人懂洋文者。這正是中國與各國隔閡的由來。應於各省廣開方言館，使東西語言文字家喻戶曉。亦應學習西制，成立外部，以總理外交事務，如日本之外務省。其職專治外國語言文字、政教、律法、風俗、約章等。並選擇學識閎通，外語流利者，擔任外部長官及外國公使。

〔註138〕《周禮政要‧博議》，卷上，頁42～43。
〔註139〕同上注，頁43。
〔註140〕《周禮政要‧廣報》，卷上，頁45。
〔註141〕《周禮政要‧通譯》，卷上，頁49。

（二）穩定國土——圖表、戶版、治兵

在穩定國土這個議題上，孫氏提出清查戶口、稽核國界、繪製地圖、徵練民兵等方案。

「稽核國界」、「繪製地圖」方面，中國幅員廣闊，然官方地圖，率多舛誤，如帕米爾本中國伊犁邊地，而《嘉慶會典》圖忽畫之卡倫之外，俄國遂藉以要索，終至割棄。此外，政府官吏不究圖表之學，以致「財計成案」、「簿冊眯目」，使黠吏「因緣為姦、遂成弊窟」。〔註142〕孫氏建議宜下令中外各衙門，將輿地、器械、糧餉、賦稅之屬分別撰成圖表進呈，並多為副本，分送各學堂議院，以便查考。戶、工、刑各部案件，凡涉會計比較者，皆飭列表以清眉目。

「清查戶口」方面，中國人口眾多，居世界之冠，西人嘗約計之，謂有四萬萬之多。但百餘年來人民自生自息，無冊籍可稽。孫氏建議，每年應令州縣各諭保甲、鄉正及大族族長等，各以管轄範圍，清查戶口，造冊送縣，又別令警察兵覆查。每歲終，由鄉正統計新生及死者，報官增減其數。凡有遷移者亦報官，有隱漏者則罪之。戶口清查，則征賦、徵兵以及興學、緝盜、征斂、印稅諸端，都可以按籍以從事。皇上坐披圖籍，「而二十行省之廣，四百兆人之眾，犛然在目」〔註143〕，能夠掌握全國人口，是國家富強的根本。

「徵練民兵」方面，孫氏認為中國募兵養兵之法相沿已久，勢難驟變，因而建議將八旗兵及綠營兵，裁去三分之二，再從剩餘的三分之一中挑選年強藝優者，改為警察兵，而別抽調民兵。凡年滿二十歲即入兵籍，月俸十元，依常備兵例練為若干營，由各省武備學堂畢業生帶領，三年練成，可歸故里，自謀其職。但每年隨營調操一次，凡是應調者，可免其家之丁口稅，四十五而脫兵籍。依孫氏估計，如此更迭訓練，十年而國家盡得精練之兵。

（三）推廣教育——教胄、廣學、通藝、考醫、收教

在推廣教育這個議題上，孫氏提出皇子教育、普及教育、培育專才等方案。

「皇子教育」方面，「教胄」，指國子的教育，即皇親貴族的長子的教育。雖然朝廷重視對國子的教育，但仍侷限於四書五經、論詩、楷法、時文、試

〔註142〕《周禮政要・圖表》，卷上，頁63。
〔註143〕《周禮政要・戶版》，卷下，頁4。

帖，且由於這些貴族習性驕侈，學習不認眞，因此孫氏主張將這些國子納入
學堂，研習實用之學，如外國的語言文字、機械、軍事、科學，以適應時代
潮流。待其畢業，則讓這些國子帶領宗室子弟較優秀者，遊歷東西洋各國，
或進入該國大學堂，以收觀摩之益。〔註144〕

「普及教育」方面，孫氏指出，中國人口眾多，有四百兆之眾，但識字
者不及百分之一二，對國家的改革來說，是一大阻礙。而國家取士，又只重
時文試帖，書院院長，又僅能講授文藝，對於聲光化電等科學，「老師宿儒懵
然不能舉其名」。〔註145〕他建議將所有的府州縣學、書院都改爲小學堂，而設
總學堂於各省會，重開大學堂於京師。成績優秀者可自小學堂升入省學堂，
再升至大學堂。民間如有集資公立學堂者，亦准其呈報立案，給與文憑，與
小學堂同。學成亦准其送入省學堂、大學堂。

另外，針對乞丐、賭博、鬪毆及竊賊初犯者，設立「警惰院」，將其拘於
院中，供應食宿而教以農工雜藝。吸鴉片者，予以勒戒，三年期滿，若其里
族願意保領者可釋之。針對良家子弟卻遊手好閒、酗酒、吸鴉片者，設立「教
游院」，由院方延醫戒烟，延師教以書筭、體操，嚴格督責，以矯正驕恣之習，
能悔悟者，送入小學堂受教。針對盲聾啞人士，可學習西方國家「以凸字教
盲、以傳聲器教聾、以手勢教啞」〔註146〕，使其皆能識字工作。這就是孫氏
所說的「收教」，教育要普及，不論是犯人、游民、殘疾者皆應收而教之，不
可放棄。

「培育專才」方面，孫氏認爲，西方一切政教理法，都是以數學爲基礎，
國家要強盛，必須改變教育的方針，不應以時文試帖爲重點，而應以數學爲
優先。首先讓各小學堂以淺近適用的算術教導學生，作爲測量製造的基礎，
學成後升入藝學學堂。由明算術而旁及各種新學，如化學、電學、重學、光
學等。各科學問又設專門學堂，延聘西國教師授課。凡任職於戶、工二部的
官員，必須是藝學學堂出身。針對應用較廣的化學、重學，命專家編訂淺顯
易懂的教材，以教童蒙。〔註147〕

其次，由於中醫「無學堂之教，無醫官之考驗」，有些甚至略誦歌訣便

〔註144〕《周禮政要·教胄》，卷上，頁29～30。
〔註145〕《周禮政要·廣學》，卷上，頁33。
〔註146〕《周禮政要·收教》，卷下，頁54。
〔註147〕《周禮政要·通藝》，卷上，頁36。

「挾其術以自衒」，因此醫術參差不齊。孫氏認為「人命所繫，不當輕易如是」〔註 148〕，主張在各省廣開醫學學堂，重新整理中醫古書、翻譯西醫書籍，互相參校，截長補短。在校成績最優秀者，可補太醫院醫官缺或在學堂擔任講席，次一等的給予畢業文憑，使其可行醫以自給，凡未通過考試者，則不准行醫。

（四）振興經濟——券幣、度量、保商、同貨

在「振興經濟」的議題上，孫氏提出印製紙鈔、設立商部、組織商會等方案。

「印製紙鈔」方面，孫氏認為紙鈔的優點為「物輕、便舟車、筐篋易以齎攜、而儲之又簡省，雖累千萬，可無慢藏之患」。〔註 149〕中國既已設官銀行，應兼行鈔法，以機器精製紙張，並蓋上官印，防止偽造。唯一要注意的是，銀行的儲本應豐厚，才不會蹈前代執空紙而無從得銀之弊。官俸兵餉亦以紙鈔支放，並鼓勵民間以鈔票納租、賦稅，持鈔當銀，如數收受，不可分毫短折，人民與政府互相信賴，為「阜通財計之要圖也」。〔註 150〕

「統一度量」方面，孫氏指出，中外通商交涉日廣，凡購買船械、售貨、償債，或用彼國權量比例折算，容易產生誤差。應由戶部研究各國通行之法，頒發各海關單位，與外國交涉事務，不致發生糾紛。對於國內，也應由戶部依照舊制，校定權衡度量的長短、大小、輕重，統一後頒布全國。〔註 151〕

亦宜令戶部精考各國通行之法鑄成，頒發各藩司海關，其於交涉事務，亦有裨益。

「設立商部」方面，由於西方國家挾其財力之富，在中國通商獲利，中國商人反處於頹勢，而更加貧窮。孫氏主張要保護中國商務，首先應由官方設立商部，以總管商界所有事物，保障中國商人的利益。如公司資本不足，由商部調查後，給予貸款及補助。廣開商務學堂，培育人才，挑選開敏有才略者，遊歷各國，「察訪百貨之盛衰，及異域之性情嗜好，以握其奇贏之柄」〔註 152〕，知己知彼，才能出奇制勝。

〔註 148〕《周禮政要・考醫》，卷下，頁 45。
〔註 149〕《周禮政要・券幣》，卷下，頁 14。
〔註 150〕同上注。
〔註 151〕《周禮政要・度量》，卷下，頁 19。
〔註 152〕《周禮政要・保商》，卷下，頁 38。

「組織商會」方面，孫氏指出，中西商人最大的差別，在於西方的商人組成商會，且規模龐大細密，而中國的商人如一盤散沙。不僅如此，彼此之間「競於錐刀之末」、「以壞奪爲得計」，或「專己妒人」、「排擠慧撓」。〔註153〕即使有會館，作用也僅止於應酬遊聚之用，於商務無所裨益。他認爲「人之所以魁然伸其權力於萬物之上者，以其能羣也」〔註154〕，要強大，必須要團結，在政府成立「商部」，在民間則成立「商會」，申明約章，互相贊助，不必聽命於外人，亦可與西人抗衡。

（五）充實財政——會計、口稅、廛布、券稅、漁征、金布

在「充實財政」的議題上，孫氏提出編列預算、征收人口稅、房屋稅、印花稅、漁業稅、自鑄金銀圓等方案。

「編列預算」方面，由於國勢衰弱，財政制度不健全，孫氏認爲可以參考西方的制度，各戶部及各省布政司，將一年之中，應入應出常用之數，編列預算，並在歲終決算，並將預算、決算金額製成報表，公諸於民。一方面代表國家的財政收支公開化，一方面防止貪官污吏「中飽侵挪之弊」。〔註155〕

「征收人口稅」方面，由於中國人口眾多，合理征收人口稅，並參考歷代與西方制度，對困窘的國家財政有舒解的作用。將全國的戶口清查後，著於冊籍，將征收人口稅分爲三等：

> 以無糧者爲下糧，少者爲中糧，多者爲上。
>
> 中等依舊法每丁歲征銀二錢，上等倍之爲四錢，下等半之爲一錢。
>
> 其極貧丐戶，爲不列等免征。十五以下及六十歲以上亦免之。〔註156〕

如果能夠依此實施，以四百兆三分去一，貧富相補，都以中等爲計算，國家一年的人口稅收可得六千萬兩，對國家而言是一筆不小的收入。

「征收房屋稅」方面，孫氏文中所說的「廛布」，即《周禮》〈廛人〉、〈司關〉所記載的房屋稅：

> 廛布之目，又有三，一爲民宅，一爲市宅，一爲市肆。
>
> 廛布即市中工商家人所居，及貨物所儲邸舍之稅，若今之市房、棧房是也。〔註157〕

〔註153〕《周禮政要·同貨》，卷下，頁39。
〔註154〕同註153。
〔註155〕《周禮政要·會計》，卷上，頁67。
〔註156〕《周禮政要·口稅》，卷下，頁6。
〔註157〕《周禮政要·廛布》，卷下，頁6～2。

由於「國用窘乏」，孫氏認爲不妨酌量普行征稅，依古代「廛布」、「次布」之法，輕其額而嚴其法，政府從中取一部份鋪設道路、加強治安，使商業繁盛、民居安謐，人民自然願意賦稅。

「征收印花稅」方面，「印花稅」即交易稅。由民間購買國家所製的印花黏貼於買賣契券上，作爲納稅的證據。此法創始於荷蘭，而盛行於各洲。孫氏認爲，晚清所征收的賦稅只有田宅買賣，但常常被富商隱匿，或書吏浮收，直歸公庫者不過十之一二。目前正值國家危難，徵收交易稅是合理的，可仿照西方國家，設廠購買外洋製印花紙機器，精製印花紙，並設防僞標記，於各省府縣設分局，鋪於銀行，民間一切賣契、稅約、貨單、錢票值二元以上者，都必須貼印花。如有交易訴訟糾紛，國家給與商家一定的保障，不貼印花者則不受理。如此「不病民而有益於國，亦何憚而不爲哉」！〔註 158〕

「征收漁業稅」方面，孫氏認爲中國幅員甚廣，每年漁利相當可觀，倘使沿江、沿海各州縣，案地稽核，立具清冊，征收漁業十分之一的種利爲稅款，一年可得二百八十餘萬兩。征收少許的稅金，國家給予漁業保障，使其不受胥吏盜賊的干擾，雙方皆能受益。〔註 159〕

「自鑄金銀圓」方面，孫氏有鑒於中國不論賠款或售價，皆須以銀錢折合成金磅與西國交易，同治六年金磅價值較之光緒二十一年，足足貴一倍之多，又由於中國銀錢成色不均，而遭強抑價值，「利歸彼族，而我反受洋債金磅之虧折」。無奈的是「金錢握環球貨幣輕重之柄」〔註 160〕，唯一的辦法，就是自鑄金錢。國家廣鑄銀錢、多開金礦，精究化學，使所鑄金銀圓成色劃一，以防止交易時被藉口貶抑價值，造成虧損。

（六）安定社會──巡察、獄訟、論刑

在「安定社會」的議題上，孫氏提出警察制度、培養律師、建立陪審團制度、設置中西律法學堂等方案。

「警察制度」方面，孫氏認爲「治國以安民爲本」，中國無警察之法，所以京師雖爲首善之區，而「街道官役徒爲具文，污穢擁積，宵小錯發，爲外人姍笑」〔註 161〕，因此主張學習西法，建立警察制度，於各府州縣城設警察

〔註 158〕《周禮政要·券稅》，卷下，頁 8。
〔註 159〕《周禮政要·漁征》，卷下，頁 16。
〔註 160〕《周禮政要·金布》，卷下，頁 11。
〔註 161〕《周禮政要·巡察》，卷上，頁 61。

官，立警察學堂，並採用日本警察章程教授。士兵不再擔任州縣的衙役，將其經費撥入警察學堂之用，甄選年輕力強而略識字、不吸烟者入堂學習。警察人員的調配，根據城鄉鎮的人口疏密配置。警察並可兼任稽印、稅釐、丁賦、緝私等事。如此則可「消患於未萌，滌舊穢而豈新機」。〔註 162〕

「培養律師」、「建立陪審團制度」方面，西方在訴訟時，原告要先繳納堂費，法官判決之後，如被告獲勝，則所繳納的堂費悉歸之，敗訴，則充公。日本亦有以高等學堂法科畢業，通過律師考試，授予執照，可開業爲人辯護，稱之爲「辯護士」，而中國皆無。孫氏認爲，要使審判公正、彌平糾紛，應參照西方與日本之法，培養律師，並建立陪審團制度：

> 其情罪較重，或有疑不易決者，則由官爲延著名公正之十二人作爲陪訊官，或商或民皆可充選，示期集訊，陪訊官與司刑官同鞫其獄辭。既退，則相與推勘證佐，斟酌情罪，以定其獄。陪訊官曰殺則殺之，曰宥亦即宥之，司刑者不敢違背，刑者亦不得再請讞。〔註 163〕

有了這套制度，吏胥無法需索無度，而良民亦可得直。

「設置中西律法學堂」方面，由於中西交流日漸頻繁，中外法律相關事宜必定日多，但民情不同，法律不同，常導致「中人則疑西律之輕，西人又疑中律之重」〔註 164〕，彼此猜疑，以致中律只能治華人，洋人仍守西律。孫氏建議設立「中西律法學堂」，研究中西律法的異同、翻譯西方各國律例。以便在與西人訴訟之時，能夠「援東西律例，持其平，而與彼爭」〔註 165〕。更應邀請僑居英法美各國的律師回國，擔任議律官員或律學教習，使中國漸收自主之權。

（七）改善農政──礦政、冶金、水利、教農、樹藝

在「改善農政」的議題上，孫氏提出開採礦源、廣開鐵路、精煉金屬、整治水患、穀蔬分年耕種、造林保林等方案。

「開採礦源」、「廣開鐵路」方面，孫氏認爲中國五金及煤礦之富，冠於五洲，但政府不懂好好利用，徒以「封禁錮塞，坐失大利」〔註 166〕，製礮鑄

〔註 162〕同注 161。
〔註 163〕《周禮政要·獄訟》，卷下，頁 48。
〔註 164〕《周禮政要·諭刑》，卷下，頁 50。
〔註 165〕同上注。
〔註 166〕《周禮政要·礦政》，卷下，頁 20。

錢，反而需仰賴洋鐵洋鋼，是本末倒置的做法。再加上民間開採技術不精良，常常只採礦面的煤鐵，穴深處從未嘗試開採，開礦機器又粗糙，獲利甚少。他建議仿照西法，廣開礦學學堂，於各省設礦物局，幫助民間籌資、考察、開採。並廣開鐵路，以便運載，廣鑄機器，以資利用。所得獲利公家與民間各一半，亦可防止各國覬覦中國的礦利。

「精煉金屬」方面，中國學士大夫向來不通煉金之學，戶部、工部鑄錢、兵部製槍礮，都委託粗疏工匠，雖有監督，但因不通此學，所鑄成之器，往往粗惡窳脃，難以運用；或專恃洋匠，又非長久之計。孫氏認為「五金出礦，不能皆為純質，故必百煉乃能得其精純，而去其粗滓，而以之制器」〔註167〕，以中國之大，竟無專研冶金術之學者，甚為可笑，故建議於化學礦學諸學堂中，專立煉金一門，廣譯西國專門書籍，使士民精研博試。

「整治水患」方面，孫氏認為：

> 凡川瀆之深廣容積之數，與水流之高下遲速之率，皆非測算不能知。
>
> 而大川經流數千里，尤必節次測量而後可得其形勢。〔註168〕

因此應學習西方治水之法，以測量為本。又隄之法主於「止」，西人治大川善決者，多築遙隄，彼此相距數里，多者至三四重。兩隄之間，又築橫隄，使其中成方格（罫），平時可種農作物，遇有潰決，水止能浸灌一方罫，即使水勢強大，潰不可擋，亦只有兩三方罫受害，內外左右，因有隄做為屏障，可紓緩水勢，不至浩蕩橫流，一決千里。他更建議成立「水利學堂」，教導學生精究測算，詳察工程，學習中國古溝洫之法，仿效西方重隄之規。學成後分發各省，疏濬河川。

「穀蔬分年耕種」方面，中國以農立國，《周禮》一經於農政論述最詳：一辨土宜，二選穀種，三治稼器，四治糞肥，五脩水利。五事既舉，又有興耡合耦之政，以勸農勤；又有不毛不耕之罰，以警其惰。西方各國的農政，以農部教導農學學堂，民間又有農學會、農學報，農民之間良性競爭，研究新理新法。西人農事之精，與《周禮》所載意義遠符，如：

> 以地學辨土質，以色之黑白，味之鹹淡而知其有含鐵、含鉀、含燐氣之別。以植物化學辨穀之體性，與糞擁所宜，而知草木之灰必含鉀，動物之糞必含燐。〔註169〕

〔註167〕《周禮政要·冶金》，卷下，頁23。
〔註168〕《周禮政要·水利》，卷下，頁27。
〔註169〕《周禮政要·教農》，卷下，頁31。

此即〈草人〉土化之遺法也。孫氏指出，西國以地學辨土宜、以化學培植物，往往別出嘉種異品，花果四時蕃育不絕聞。又以「穀蔬分年耕種」，使地質不耗，所獲利倍增，值得中國農民效法。又應開農學學堂、翻譯西國農書、講求植物、化學、地質、水利等方面的學問，並集資購買農耕機器，以收事半功倍之效。利用農餘之暇，旁及樹藝、畜牧，則桑柘成林、牛羊量谷，舉凡飼蠶繰絲之利，剪毛織毳之方，規模都能逐漸成形。

「造林保林」方面，孫氏認為西國的山林管制，「設官立禁，毋許戕伐」〔註170〕，使樹木能夠休養生息；反觀中國，由於政治荒廢，「樹藝不講，斬伐無禁，千里材木蕩然」〔註171〕，政府應即刻下令，十年之內禁止砍伐。另外，他認為道路種樹尤為重要，種樹有許多好處，除美化環境外，植物的根葉能吸收土地的營養，納碳氣，吐氧氣，可以「弭疹癘而養人物」〔註172〕，效用非常廣大。應下令各州縣分飭鄉董廣為勸諭，凡道路旁有空地，各種植適宜生長的樹木。

（八）發展科技──觀新、考工

在「發展科技」的議題上，他提出設專利權、學習工藝等方案。

「設專利權」方面，他認為西方國家數百年來研究聲光化電之學，進而製造工藝器械，新法日出而不窮。不僅如此，更鼓勵國人勇於實驗創造，如有創新法、得新理、制新器而便民利用者，可送官考驗，如實則給以憑單、獎牌及專利權，若干年之中，他人不得仿製。反觀中國，既無專利權，創造者大受抄襲之苦，於官無鼓舞之文，於私有攘奪之害，「何怪乎士民之掩聰塞明，因陋蹈故，永無求新之日乎」。〔註173〕因此，設專利權，不但保護發明人的權利，更可促進中國工業技術的發展。此外，他還建議學習西方辦博物院，聚集中外物產機器，以供廠商、民眾相互衡量比較技術的巧拙優劣，發展國內科技，以期趕上西方國家的技術。

「學習工藝」方面，他認為西方工藝巧奪天工，為世界之冠，但其根本，不外乎規矩、準繩之用。既然已開算學、重學、化學等學堂以啟民智，應同時廣譯西方工藝書籍，並於各省商埠開工學學堂、工藝院，延聘精於工藝的

〔註170〕《周禮政要・樹藝》，卷下，頁35。
〔註171〕同上注。
〔註172〕同上注。
〔註173〕《周禮政要・觀新》，卷上，頁52。

名師教授。希望先精研西方機器，進而模仿，最後勝於西方：

> 凡大而造舟鑄礮，小而繅絲織布紡紗製罽，以及洋火洋紙捲烟貨之
> 屬，一一精究而仿製之，或得新法，便利勝舊，則給照專利，以勸
> 勵之。〔註174〕

同時開工藝報館以增廣見聞，並將工部、內務府等拙劣的工匠一一革除，將
省下來的經費全部提撥至工藝學堂、報館之用。以中國資源豐、成本低、工
資廉，再加上學習西方的技術，相信一段時間之後，必能抵制洋貨，甚至可
將國人製造的貨物轉銷給洋人。

二、康有爲與孫詒讓改革建議比較

不論在政治、經濟、社會、教育等問題，孫詒讓都提出許多具體而可行
的方案，可以想見孫氏在平日即非常注意國家處境與社會問題。湯志鈞在《戊
戌變法人物傳稿》一書中，將康有爲百日維新期間所上數十餘疏中的改革措
施加以整理，並以表格歸納之，今依湯氏所整理內容及其文中所述〔註175〕，
並加入孫詒讓的改革建議，以觀二人之異同。

表 8-3-1　康、孫改革計畫比較表

	康　有　爲	孫　詒　讓
政治方面	1.淘汰冗官 2.許民上書 3.下詔求賢 4.議開「懋勤殿」以議制度 5.預定召開國會日期，並先選才議政 6.君民合治、以定國是 7.縣官之品級宜升 8.御門誓眾，力圖維新 9.尊孔聖爲國教，以孔子紀年 10.立憲法，開國會 11.開制度局（訂立新章，下設法律、稅計、學校、農商、工務、礦政、鐵路、郵政、造幣、遊歷、社會、武備十二局）	1.裁撤冗官 2.民情上達 3.廢除跪拜 4.選賢舉才 5.設置議院 6.優增官奉 7.肅清宮府 8.革除宮監 9.裁革書吏 10.推舉鄉董 11.成立外部

〔註174〕《周禮政要·考工》，卷下，頁 42。
〔註175〕湯志鈞撰：〈康有爲〉，《戊戌變法人物傳稿》（北京：中華書局，1982 年 6 月
　　　　增訂本），冊上，頁 8～18。

	12.廢纏足 13.斷髮、易服、改元 14.外交之急宜講求	
經濟方面	1.印製鈔票，設置官銀行 2.設鑄銀局 3.各省設立商會 4.設立比較廠，與洋貨相較而奪其利 5.廢漕運，築鐵路 6.設專利權 7.勸勵工藝，各地設考工院 8.設農會、開農學堂、地質局 9.開礦學 10.翻譯外國製造之書 11.發展保護民營工業 12.設絲茶學會 13.設郵政局	1.印製紙鈔 2.自鑄金銀圓 3.設立商部、組織商會 4.廣開鐵路 5.設專利權 6.學習工藝 7.設農學堂、農會 8.開採礦源 9.精煉金屬 10.整治水患 11.穀蔬分年耕種 12.造林保林 13.征收人口稅、房屋稅、印花稅、漁業稅 14.列預算
軍警方面	1.廣設武備學堂，學校仿照德日制 2.改營勇爲巡警，仿照德日兵制練兵 3.訓練海陸軍 4. 汰冗兵而合營勇，起民兵而立團練，練旗兵而振滿蒙，募新製以精器械，廣學堂而練將才，厚海軍以威海外	1.清查戶口 2.稽核國界 3.繪製地圖 4.徵練民兵 5.警察制度 6.培養律師 7.建立陪審團制度 8.設置中西律法學堂
文教方面	1.改試策論，俟學校盡開，徐廢科舉 2.舉經濟特科 3.開學校：鄉設小學、縣設中學、省設專門高等學大學 4.酌定各項考試策論文體，以一風氣而育人才 5.譯日本書，派人留學 6.改時務報爲官報 7.定中國報律 8.分立學堂，延師教習 9.設道學一科，講明孔子之道 10.出洋遊歷以學各國學術 11.各州縣設立警惰院，無業遊民，教以藝業，鰥寡孤獨廢疾者設院教養 12.開設報館，使通時務	1.皇子教育 2.普及教育 3.培育專才 4.發行報紙

　　康有爲的變法主張，在政治上擬請頒布憲法、召開國會；在經濟上擬請發展中國之民族資本主義；在軍事上擬請重練新軍以圖富強；在文教上擬請廢止科舉，培養新人。〔註176〕孫詒讓所陳，確實受到康有爲思想的影響，但內容也更詳實、構想也更全面。〔註177〕但是兩人所提出的主張大同小異，爲什麼湯氏會說康有爲的新政建議，是「企圖挽救民族危機」，孫氏卻是「根植封建」〔註178〕呢？其中最大的差異，在於兩人的政治主張不同，在原來的制度下，康有爲希望發展出一套新的資本主義的「憲法」〔註179〕，而孫詒讓則希望改善朝中一切弊病。胡楚生指出，較之康梁等人「立憲」、「虛君」的主張，孫氏所規劃的改革意見，無疑是比較保守。之所以如此，有可能是康梁變法失敗，光緒帝遭囚禁使然。〔註180〕

　　保守的主張難道就代表「封建」？當時的政權，實際操控在慈禧太后爲首的集團手中，康氏主張雖理想性高，但較爲激進，勢必爲掌有實權的保守派所反對，如果能從孫氏所提出較溫和、具體可行、易於實踐的主張開始改革，待政府、人民皆享受到改革的成效後，再談制定「憲法」，再談更大的改革，亦不失爲一個以退爲進的好方法。因此，保守的主張，或許不壯烈，卻有其積極的作用。

　　很可惜的是，不論是康有爲或孫詒讓，提出再好的建言，對於僅有私心的清政府而言，終究只淪爲紙上談兵，無用武之地。

三、孫詒讓改革理想的實踐

　　清政府無法實現孫詒讓的理想，他並不氣餒。因爲他將理想落實在「教育」上。他把眼光放得更遠，這一代無法達成的目標，由下一代來完成，在〈瑞安縣城公立高等小學堂課堂講說辭〉中他說：

> 今天升到高等學堂裡來，總要曉得學堂的宗旨：第一，要立定志願，
> 要想把自己的學問學得十分完全，將來算我們中國一個大人材；第

〔註176〕《戊戌變法人物傳稿・康有爲》，頁18。
〔註177〕胡楚生將康、孫二人的主張稍加比較，歸納出六點現象，可參見胡楚生撰：〈晚清知識份子變法圖強之改革規劃——以孫詒讓《周禮政要》爲例〉，《文史學報》，第29期（1999年6月），頁24。
〔註178〕湯志鈞撰：《近代經學與政治》，頁242。
〔註179〕同上注，頁199。
〔註180〕〈晚清知識份子變法圖強之改革規劃——以孫詒讓《周禮政要》爲例〉，頁24。

二，要曉得現在中國人樣樣不如外國人，不免受他輕慢，咱們大家
伙總要替中國爭一口氣。大概有學問自然有權力，不至於受人欺侮。
〔註181〕

在《周禮政要》的多項改革方案中，他都一再強調教育的重要性，〈廣學篇〉
更沉痛地表示：

我國士不學而民無教，以四百兆之眾，而識字者不及百之一二。……
以四千年聲名文物之邦，而荒陋如是，可恥孰甚焉！〔註182〕

他體認到國家要富強，必定要從教育著手：

富強之源，在於興學。其事深遠，非一蹴所能幾。〔註183〕

並且是要讓所有人都享有受教的權利，才能提升國家在國際上的競爭力：

一國文明的表徵，不在一二個有大名的通儒，要在全國人民個個都
有普通知識，程度不相上下。……才能共同努力，以謀文明進步。
〔註184〕

因此，在甲午戰爭失敗、《周禮政要》上陳無望之後，孫詒讓便積極投入教
育工作。孫詒讓第一所創辦的學校是「瑞安學計館」，他在〈瑞安新開學計
館敘〉云：

學計館之開，專治算學以爲致用之本。……今西人所爲挾其長以雄
視五洲者，蓋不外是。〔註185〕

《周禮政要·通藝》云：

泰西一切政教理法，無不以數學爲根柢。〔註186〕

西方之所以強盛，由於科技昌明，科技的內涵是化學、電學、重學、光學，
而其基礎，皆源於數學，中國亟需數學人才，以挽救國家的頹勢。

孫氏的教育活動主要是在溫州、處州（今麗水）等地進行，從甲午戰爭
失敗後，他先後創辦了各級各類學校共二十餘所〔註187〕，計有：

〔註181〕張憲文輯：《孫詒讓遺文輯存》（溫州：浙江人民出版社，1990 年 5 月，溫州
文史資料第 5 輯），卷 9，白話演說辭，頁 439。
〔註182〕《周禮政要·廣學》，頁 33。
〔註183〕〔清〕孫詒讓撰：〈與梁卓如論墨子書〉，《籀廎述林》（臺北：廣文書局，1971
年 4 月），頁 494。
〔註184〕張憲文輯：〈溫州藝文學校開學典禮演說辭〉，《孫詒讓遺文輯存》，卷 9，白
話演說辭，頁 439。
〔註185〕《籀廎述林》，頁 258～259。
〔註186〕《周禮政要·通藝》，卷上，頁 35。
〔註187〕根據童富勇統計製表。參見童富勇撰：〈孫詒讓教育思想評述〉，《杭州大學

表 8-3-2　孫氏創辦學校一覽表

學　校　性　質	校　　　　　名	時間/年
專門學校	瑞安學計館	1896
	瑞安方言館	1897
	瑞平化學堂	1899
職業學校	溫州蠶學館	1897
	溫州蠶學堂	1905
培養教師的學校或短期訓練班	溫處暑期音樂講習所	1906
	博物講習所	1907
	理化講習所	1907
	溫處初級完全師範學堂	1908
業餘職業補習學校	實用學塾	1903
	商務學社	1903
	工商學社	1903
女子初等學校	女學蒙塾	1903
	德象女塾	1906
普通中小學校	瑞安普通學堂	1901
	東北隅蒙學堂	1902
	溫州府中學堂	1902
	瑞安高等小學堂	1904

　　從他所創辦的學校性質來看，培育專業人才是首要之務，也符合他在《周禮政要》中一貫的思想。

　　另外，值得注意的是孫詒讓的女子教育。光緒二十三年（1897），梁啓超等十餘人在上海首先創辦「女子不纏足會」，孫氏從報上得此消息，即與叔父商量，於地方上推行。但其叔父以地方舊習暫難革除爲由，終未果行。光緒二十七年（1901），慈禧曾下詔令天下縉紳家勸諭民間解纏：

> 至漢人婦女，率多纏足，由來已久，有傷造物之和。嗣後縉紳之家，務當婉切勸導，使之家喻戶曉，以期漸除積習，斷不准官吏胥役，藉詞禁令，擾累民間。〔註188〕

學報》，第 18 卷第 1 期（1988 年 3 月），頁 131。

〔註188〕《清實錄‧德宗景皇帝實錄》（北京：中華書局，1987 年 7 月），卷492，頁

此時孫氏叔父已歿，杭州成立「天足會」，由士紳高某之母發起，孫氏聞之，又與叔母商量，才於瑞安城內成立「勸解婦女纏足會」，會所在城內東北隅長春道院，有男女會員二十餘人。並推孫氏叔母林太夫人爲會長，而實由孫氏總其事。會中規定：

> 凡人家幼女，尚未纏足，而能首先函向本會聲稱從此絕不再纏者，由本會查明確實後，即贈送鞋面布料，每人一雙，以供新製備穿，並將其家家長及幼女等姓名列榜示衆，以茲勸導。所備鞋面布料，以三百雙爲限，送完而止。〔註189〕

除誘之以利，並要求會員家中婦女首先解纏放足，以示提倡。並由會員隨時隨地向親朋宣導古來婦女纏足之害，「於是旬月之間，本城士紳家解者幾半」。〔註190〕解開這個陳年陋習，接著孫氏更希望男女平等，同樣享有受教權，他在〈學務枝議〉中表示：

> 普及教育，兼重女學。蓋女人亦應有普通之知識，乃能相夫教子，破迷信，助營業，有以自立於天地之間。吾國女子無學，教育之不能普及，亦爲一端。〔註191〕

不僅如此，爲了鼓勵女子多讀書，凡學有所成者，皆授予學位，或擔任教職，成績優異者，給了獎勵：

> 今各省女學校雖多開創，而女教員甚少，辦理未能完備，以致觀望尚多，似宜酌設女博士、學士等學位。凡女子有文學，與高等小學、中學畢業生程度相當，或國文、算學、西文有專長足任女教員者，准各處勸學所查明，詳提學司，派視學員就近考察，酌給學位。以後女校畢業生，亦照此例，給予獎勵。其有才行高秀，如曹大家、宋宣文者，准破格奏獎，以示優異，亦提倡女學之一端也。

光緒二十九年（1903），由孫氏、蕭亦陶侃共同發起舉辦瑞安第一所私立女子蒙塾，科目有國文、歷史、地理三門，有學生十餘人。〔註192〕張彬指出，該女塾是浙南第一所女子學堂，也是浙江近代最早的女學之一。〔註193〕光緒

37，光緒27年辛丑12月乙卯條。
〔註189〕《孫徵君頌公年譜》（二），稿本，光緒28年條。
〔註190〕同上注。
〔註191〕同上注，光緒33年條。
〔註192〕同上注，光緒29年條。
〔註193〕張彬撰：〈浙江興學的先驅者孫詒讓〉，《從浙江看中國教育近代化》（廣州：

三十一年（1905），孫氏被推選為溫處學務分處總理，負責兩府十六個縣的
教育事業，在他任職的三年時間裡，溫處兩府創立了三百餘所新學校；〔註
194〕在孫氏的提倡之下，浙南的女學隨後辦了不少，至光緒三十四年初
（1908），全省有女學四十六所，而溫州、處州兩府就有二十所，佔全省的
百分之四十。〔註 195〕可見孫氏對女子受教問題的重視，亦可見孫氏對教育
的用心。

　　晚清的知識界出現了許多偉大的人物，孫詒讓原本有許多機會可以和這
些人物一般轟轟烈烈，不過，他最後選擇留在家鄉，培育家鄉年輕學子，即
使在生命快結束的時候，仍然「為創辦溫州工商實業學堂，擬設各縣蒙養院
及通俗教育館而操勞」。〔註 196〕

四、餘　論

　　對於一個終日埋首故紙堆中的古文經學家而言，面臨國家存亡之際，可
以做些什麼？這是孫詒讓一直在思考的問題。《周禮政要》一書，就是孫詒讓
經過思索後的答案。

　　雖然《周禮政要》的前身——《變法條議》，是由盛宣懷等人委託完成，
但上陳未果後，孫氏何以要將其易名為《周禮政要》行於世？筆者以為，有
以下兩個原因：

　　其一，「以《周禮》為綱，西政為目」〔註 197〕，這種以中學比附西學的
書寫型態，是晚清知識分子抒發個人理想的標準模式，也可說是當時社會的
風潮。雖然彼時接受西方知識的學者不少，但有更多保守的學者是採排斥的
態度，他們無法接受自己一生所學的中學，轉瞬間都被西學所取代，唯有以
此法，才可「杜守舊者之口」。〔註 198〕

　　又「政法未更，而中西新故之辯，舛馳異趣，已不勝其譁哅」〔註199〕，
當務之急，應改善國家「政」、「法」之不健全，然世人完全忽略實質的問題，

　　　　廣東教育出版社，1996 年 11 月），第 3 章第 2 節，頁 132。
〔註 194〕童富勇撰：〈孫詒讓教育思想評述〉，頁 131。
〔註 195〕張彬撰：〈浙江興學的先驅者孫詒讓〉，頁 132。
〔註 196〕《孫衣言孫詒讓父子年譜》，頁 362。
〔註 197〕《孫徵君廎公年譜》（二），稿本，光緒 27 年條。
〔註 198〕同上注。
〔註 199〕《周禮政要》，頁 1。

只著眼在辯論中西、新故學的優劣，對孫氏這些爲國家前途感到憂慮的人來說，是相當無奈的。既然大部分的人如此在意形式上的觀感，惟有以「託古」的方式書寫，於上可呼應當政者革新的決策方向；於下可安撫守舊者抗拒的焦躁情緒；於己又可以寄託個人的理想，所以《周禮政要》只有以「託古」的形式行於世。

如此，便可以解釋何以當初上陳未果時，孫氏既能參考西方之長，規劃出國家的理想藍圖，卻仍須以「託古」的形式面世的原因即在此。

其二，孫氏畢生承繼父親志業，以復興永嘉學術爲己任。永嘉學派「經世致用」的思想，深深影響孫詒讓一生的作爲。尤其永嘉學者陳傅良認爲《周禮》一書的設官分職，關係著國家的盛衰，善用《周禮》者，則國強，反之則否。但二鄭以降爲之傳解者都只拘泥在「薄物細故」上，更因王安石變法失敗，老生宿儒更把《周禮》打到萬劫不復的地步，陳傅良因此有格君心、正朝綱、均國勢之說。他認爲國家要強盛，則要落實《周禮》的制度。這種託古改制的作法，孫詒讓獲得極大的靈感，循著此法，「陳古以剴今」〔註200〕，撰成《周禮政要》，將國家的弊病一一糾舉，並提出具體可實行的建議。更身體力行於溫州、麗水一帶辦學，以培育青年學子，作爲國家的後盾，充分發揮永嘉學派的宗旨。

孫詒讓的一生，六十一年，前半生孜孜矻矻做研究，後半生身體力行辦教育，並且是子孫最佳的身教者，孫延釗說：

> 公生平讀書治學，日按常程，自課甚嚴，近來以所讀所治兼涉古今
> 中外，範圍益廣，非重新訂立課程時間不可。於是從壬寅（1902）
> 五月起，定以每日上午，專作閱覽新書及報刊文字時間；下午，先
> 以二小時料理有關地方公事及外來友朋函札，其餘時間，連至晚上，
> 做爲整理舊稿及進行新著時間；而晚上工作，則以點完和禮氏牌洋
> 燭一枝爲度。〔註201〕

他本身就是一個成功的教育家。不論是生前或身後，不論是做學問或做人，孫氏都受到許多學者的肯定。孫詒讓這個篤實的晚清學者，他對這個即將傾覆的國家，仍懷有無限的期待。

〔註200〕《孫徵君籀公年譜》（二），稿本，光緒 27 年條。
〔註201〕同上注，光緒 28 年條。

【附錄】《續修四庫全書總目提要・經部》所列晚清學者比附西學之著作：

表 8-3-3　晚清經學著作比附西學一覽表

	書名/卷數	作　者	提　　要　　內　　容
1	立政臆解一卷	劉光蕡	煙霞草堂遺書本。言泰西憲法精理，《尚書》二十八篇已闡之，而立政一篇，尤重用法。大意尚不差謬，而附會可厭。即如常伯常任準人，蔡傳謂有牧民之長曰常伯，有任事之公卿曰常任，有守法之有司曰準人。乃附會謂常伯如西國之君相，及上議院勳貴為之，常任即西國行政之官，準人則西國下議院，以國人之公論議定憲法而行之，準人情以為法也。試思成王時，豈有如上議院與下議院者耶？豈有定於國人公議之憲法耶？它附會類此。大抵光蕡為此，在援古以證今，但借以申其政論不求合經旨也。
2	尚書微一卷	劉光蕡	煙霞草堂遺書本。書中引龔定庵、魏默深之說殊近於怪誕，至於附會泰西學說政制，尤非詁經之體。
3	書經大義一卷	楊壽昌	廣州排印本。附會以經文經說，且雜以新學理新名詞，雖大乖詁經之體，亦可見經旨無所不包，即騖新者不必肆廢經之喙矣。
4	書經周禮皇帝疆域圖表不分卷	廖平	六譯館叢書本。是書宏大精核，較之乾嘉諸儒注疏經史者，誠有過之無不及，惟其附會新說，謂大九州即世界宇宙，則其小疵，然不足為是書病也。
5	書經大統凡例一卷	廖平	六譯館叢書本。本書牽涉西學，然亦多卓識獨到。
6	禹貢注解一卷	姚明輝	鉛印本。本書說解詳明，甚有便於初學。惟以今是地學比附禹貢，謂地學家之探兩極，游五洲，出巴拿馬，破大西洋之浪，……此真敷會之言，豈作禹貢者能逆知九州之外尚有大漠大海也哉？
7	周禮政要二卷	孫詒讓	卷退藏齋本。其體例列經文及鄭注於前，意取立竿見影，其後發揮西政之作用，絕不一一牽合。其作書本旨，以戊戌變法中阻，今欲使迂故者曉然於中西新故之無異軌，小小疏舛無害大體……。是書刊行後，高視詒讓者，謂不應作此書，……學問淵博之人奚妨為淺近之書，……此書為初變法而設，其所持論，令人有異世同符之感。
8	周官學一卷	劉光	傳鈔本。是書用意，與孫詒讓氏《政要》略同，但孫氏以朝儀等分篇為次第，是書則仍按五官原職為次第。
9	學記臆解一卷	劉光蕡	煙霞草堂遺書本。光蕡喜究經世之學，所著之經學各書，如《立政臆解》、《尚書微》、《考經本義》等，皆憑臆說，不本古訓。一期有俾當代實用為主，此《學記臆解》一書，亦是感慨國家衰微，不知振興，特憑《學記》一書，重讀新解，以告國人。蓋作者處身世之悲，有不能自己於言，而強附經訓者也。

10	禮運注 一卷	康有爲	演孔叢書本。是書以中國今以小康，而不求進化，是失孔子之意，爰爲之注，將以崇孔子而同大地。……又言埃及敘利亞印度波斯各野番之先，皆以事鬼神爲重，印度波斯猶太之經，半爲祭禮，……殊失注經之體。
11	坊記新解 不分卷	廖平	六譯館叢書本。用進化說，獨尊孔經，欲以撥全球之亂，推禮教於外人，此其推闡聖經，維繫禮教之意，用心不可謂不正大。……平所著書，每好立新意，恣爲異說，奇觚不類，獨此書雖多新解，間亦以外國事蹟參證，較其他書尤尚平時，未甚支離滅裂也。
12	春秋公法內 傳 十二卷	劉人熙	民國二年癸丑重印本。書屬草於光緒甲辰，寫定於丙午。大旨以泰西萬國公法，爲外交之圭臬，其間有世法、性法。世法由條約而成，性法由公理而定。性法者，天下之達道也。非盡性之聖人，孰能條之？故言公法者，微春秋將無所歸。按有清末葉，學者治經，多喜牽引時務，文飾經言，人熙是編，蓋援斯旨，以釋《春秋》。……若此之類，皆徒務空論，往往漫延於經義之外，且率多憑私臆斷，略於考證。……統觀全書，皆牽於時務，而害大義，非說經之正軌也。所以姑妄存之者，不過聊備一格，以見當時說經風氣之一斑也。
13	讀左隨筆 不分卷	王元穉	民國六年丁巳鉛印無暇逸齋叢書本。雖不無獨得之見，然每喜以經義比附史事，附會時務。
14	公羊補證 十一卷	廖平	六譯館叢書本。此書大旨，藉桓文之史事，推皇帝之共球，於中學專主微言大義，凡漢宋支離空疏之積習，一掃而空；於西學以春秋文俗，勘合時局。其言雖龐雜不純，而擇精取長，包羅萬有，與所撰《知聖編》互相發明。
15	春秋朔閏日 至考三卷 春秋朔閏表 一卷 春秋日食辨 正一卷	王韜	光緒十五年排印本。書皆參用西法推算，雖其間於經傳或未能盡合，然考證頗稱詳核，於春秋學有功。
16	春秋中國夷 狄辨 三卷	徐勤	光緒二十三年上海大同譯書局石印本。大旨在破數千年來曉曉自大之私心，而抉大同之微言。……其書本有爲而作，意主經世，不以解經爲能事。吾儕亦無容過責之矣。
17	春秋公法比 義發微 六卷	藍光策	宣統三年排印本。書實成於光緒末年，先是戊戌之變，立憲議起，有志之士，群主牖起新智，昌明古訓，光策既潛心於泰西萬國公法，以《春秋》一書，爲孔子自撰法律憲典，範圍百代。言公法者，微春秋將無所歸，於是貫穿經傳，甄錄法典，發憤而成是編。大旨主於尊君權而固民志，推求經義，歸之立憲。各條皆首述經義，次錄泰西公法。……惟大抵皆取春秋經義，以比附泰西公法，如以即位比於加冕之類，多穿鑿附會。於春秋本旨，未能盡愜，又時時好爲議論，而略於考證。按自有清末葉，西學東漸，學者治經，輒喜牽引新學，光策是書，其

			亦在牽引公法，以害經義。蓋一時風氣使然，亦不必獨責是編也。
18	枕葄齋春秋問答十六卷	胡嗣運	民國四年排印本。第十六卷則大都牽引時務，以文飾經言，則尤非說經之正軌矣。
19	春秋圖表一卷	廖平	光緒二十七年刻本。……創作王制春秋兩圖表，以春秋與群經比附牽綴，不憚求詳。爲圖十、表二十四、攷一，弁以大九州圖，謂春秋禹貢九州，推廣爲八十一州，即全球大九州。等於河漢無極，務爲標新領異，言前人所未言。
20	春秋三折中一卷	廖平	六譯館刻本。乃晚年定本，支離破碎，更甚於前，游談臆說，勘合時局，自謂藉桓文之史事，推皇帝之共球，來者難誣，當置之不論不議之列矣。
21	孝經孝翔學一卷	葉繩翥	宣統元年刊本。書中多雜用自由、平等、維新、立憲等新名詞，頗嫌不類。
22 ※	論語注二十卷	康有爲	本書作於光緒二十八年，刊刻於民國六年。書中比附時事西學，並常以自由、平等、憲法、立憲等字眼附會之。
23	孟子箚記四卷	翟師彝	宣統二年排印本。是書大抵據近世新學理、新政制以考七篇。內篇言春秋獎霸，非孔子初心，……又謂孟子言強恕而行，恕之一字，各宗教以之支配人心，孔子言老安少懷，釋迦牟尼謂眾生一念爲仁，……；外篇言謀於燕眾而置君，與今日選舉大總統之制同。
24	孟子今義四卷	彭慮良	光緒間刊本。是書爲慮良所撰九經今義之一，蓋襲今文家張三世之說，而附之以今時新學說。
25	孟子微八卷	康有爲	光緒二十七年刊本。書中比附時事，如「國人皆曰賢」，「國人皆曰可殺」，爲授民權開議院之制；「民爲貴，社稷次之，君爲輕，是故得乎丘民而爲天子」，爲立民主之制；「舜爲天子，皋陶爲士」，爲明司法官獨立之制。雖近附會，而俱於理無礙。……又若戒殺乃釋家教條、自由立憲等乃西學名詞，疊引不窮，則有爲之自爲書，而非說孟子矣。要其深湛之思，宏博之辯，自有不可廢者。
26	大學義疏一卷	日本西師意	刊本。此書大旨，以爲聖教所可崇，躬行之唯能知其眞旨，然不可不喻以時勢。……故以說古而不遺新爲宗旨，舉朱子所謂三綱八目，一以泰西新學之理通之，可謂解經之枘作。
27	大學中庸演義	廖平	民國間刊本。其意以引《書》爲人學，引《詩》爲天學，以證《大學》爲人學，而《中庸》全爲天學。蓋平素治今文家言，又略窺泰西新說，故拉雜附會，以成此書，治經者視爲旁門別道可也。

※表《續修四庫全書總目提要》未收。

第九章 結 論

　　孫詒讓《周禮》學的形成，可以分成兩個階段來看，其中重要的分界點，就在〈周禮正義序〉，也就是清廷簽訂「馬關條約」之後的光緒二十五年。在此之前，孫氏研治《周禮》所完成的著作，屬於第一階段，如《周禮注疏校記》、《周禮三家佚注》、《周禮正義》、《九旗古義述》〔註1〕等，都是依循乾嘉學者的治經方法所完成的作品，而以《周禮正義》為其《周禮》學之集大成之作，並取得極大的成就。

　　以《周禮注疏校記》而言，孫氏出校了一千四百〇七條校文，全面糾正阮元《周禮注疏校勘記》的失校。與阮元《校勘記》不同的是，孫氏除了校文字之是非，對經文、注、疏的內容亦有所發揮，更有恢復賈公彥《疏》原貌的企圖，這是一般校勘學家較難做到的事。此書除作為加藤虎之亮《周禮經注疏音義校勘記》糾正阮《記》的基礎外，更是李學勤等人重新點校《十三經注疏》的重要依據。

　　以《周禮三家佚注》而言，賈逵、馬融、干寶三人的《周禮》佚注，歷來有馬國翰、王謨、黃奭等人的輯佚注作，自孫詒讓《周禮三家佚注》出，不論在體例的完備、條目的多寡、出處的標示或佚文的可信度各方面來評量，孫氏的輯佚成果都較同時代的馬、王、黃等人為佳。孫氏輯佚的目的，除了保存古籍資料的完整外，更重要的目的，是要對照鄭玄的《周禮注》。《周禮正義》一書，除了《周禮》經文，主要針對「鄭注簡奧」做疏解，因此必須儘可能找到與鄭玄同時期的著作以佐證。賈、馬與鄭玄年代相近，代表同時代人的看法；干寶雖晚於鄭玄，但六朝人沒有唐人疏不破注的成例，亦可突

〔註1〕　《九旗古義述》雖成於光緒二十六年，卻是孫氏「積疑胸臆於今二十年」，為
　　　　了《周禮正義》的完整性，所追加完成的著作。

顯六朝人疏解《周禮》的態度，可與鄭玄《注》相印證。孫詒讓利用所輯佚注證成經說，更以所輯馬融佚《注》證明鄭玄從師說，推翻馬國翰「常不爲鄭玄所採」之語；又利用佚注糾鄭《注》、輔鄭《注》，並以佚注存眾說。將輯佚書的功用，更推前一步。

以《周禮正義》而言，其內容之豐富，考證之詳實，不僅是前無古人，即使以今日資料取得容易的環境，亦可斷言再也無法寫出與其相當的著作。它除了是孫氏一生最高的學術成就外，也是晚清以乾嘉學者精神治經最好的一部著作。就體例而言，《周禮正義》提供完備的凡例，使讀者可以按圖索驥。尤其在這種卷帙繁浩的古書，孫氏提供讀者一個清晰的凡例，可使讀者了解他所使用校勘的版本、文獻的取捨、解經的方法以及解經的態度。就形式而言，《周禮正義》示範了一個完整的注釋體，孫氏以前的著作，在引用前人的資料時，往往標注不夠明確，使讀者容易張冠李戴。《正義》卻能清楚標明出處，除以示不略人之美，亦使讀者方便複查。就內容而言，《周禮正義》擺脫注疏家曲護鄭《注》的迷思，折衷鄭玄、王肅之說，能就事論事，依靠證據論斷，遇無法解決之處，寧闕不論。也因爲孫詒讓這種追求眞理的解經態度，在同樣尊鄭《注》的情況下，使他與賈公彥形成強烈的對比。賈公彥逃不開「疏不破注」的緊箍咒，孫氏卻沒有這個包袱，將鄭玄、賈公彥的錯誤一一都糾舉出來，「所發正數十百事」。成爲清代最後一部，也是最好的一部經學新疏。就孫氏的《周禮》思想而言，歷來學者皆肯定孫氏《周禮正義》一書的價值，唯有對孫氏維護「周公作《周禮》」的說法頗有微詞。從孫氏討論《周禮》作者的行文態度來看，筆者認爲孫詒讓有意閃避這個問題。以「九旗」的解釋而言，孫氏推翻鄭玄「九旗說」，以「五正旗四通制」取代，說明鄭玄與孫詒讓對周代制度不同的看法；以〈職方氏〉與〈王制〉之間的矛盾而言，孫氏對鄭《注》及賈《疏》調停〈職方氏〉與〈王制〉之差異，有存疑、有糾正，並不如其他相信《周禮》爲周公所作的學者，極力彌縫鄭、賈之錯誤。因此，孫氏維護周公作《周禮》的說法，應再重新檢視。

不過，第一階段的孫詒讓仍停留在經義的考證，對孫氏序言說「處今日而論治，宜莫若求其道於此經」，具體的方法爲何，並未提出。馬關條約簽訂後，對中國的知識分子而言，是極大的衝擊，孫詒讓身處此氛圍中，開始檢視自己所做的每一件事，慨歎之餘，才會對館森鴻說「詒讓深愧所學與現實不相應」。幾十年來，埋首窮經，說出如此沉痛的話，可知其心中的矛盾。即

便如此，他對自己平生所學，仍不願承認是毫無用處，因此又說「然私心所自信者，平心以求古人之是而已」。這也說明，當其他人面對西學的衝擊，或將古籍經典束之高閣，或全數丟棄以習西學時，他仍堅定自己的立場，希望平日所學的「古人之是」，能夠提供「世之君子，有能通天人之故，明治亂之原者」（尤其是執政者）一些治國的依據。於是光緒二十五年，他為耗費二十七年光陰的《周禮正義》寫下〈周禮正義序〉。只不過〈周禮正義序〉所謂的「閎意眇旨」，究竟有多少人能領會？連孫詒讓也沒有太大的把握。

第二階段的孫詒讓，面對積弱不振的國家，他亟思圖強之道，適逢國家重議更制，應盛宣懷之邀，以短短十日寫了《變法條議》，其中除將西制與《周禮》相互比擬，更對國家的弊病，一一針砭。最後卻因盛宣懷、費念慈顧慮頗多而上呈未果。隔年，他將《變法條議》易題為《周禮政要》，這個舉動，頗耐人尋味，除了剛好趕上當時學術界以西學比附中學的潮流外，他更希望當政者能夠好好重視《周禮》這部書，一個國家要富強，關鍵就在政、教，「捨政教而議富強，是猶泛絕潢斷港而蘄至於海也」，雖然從小就受父親與永嘉學派的影響，明白經師讀經、治經的目標，是「經世致用」。但是該如何「致用」？孫氏雖然對《周禮正義》寄以厚望，但是《周禮正義》無法具體陳述，這個任務，勢必由《周禮政要》來完成。《周禮政要》是孫詒讓以《周禮》為橋樑，而達到經世致用境地的成果，具體的實施，則是在溫州、麗水一帶辦學，以培育青年學子，作為國家的後盾，充分發揮永嘉學派「經世致用」的宗旨。

從孫氏《周禮》學的形成，可以說明孫氏運用乾嘉學者的治學方法，只能達到通解經書的階段，而無法藉由《周禮正義》經世致用。也就是說，即使孫氏因疏解《周禮》，心中對經書內容有所領悟，卻也只能停留在心領神會的層次。該如何實踐？《周禮正義》無法提供一個具體的方針。因此，「訓詁明而義理明」，其所謂的「明」，是心中之「明」，還無法訴諸文字。雖然「訓詁明」仍很重要，因為正確的疏解經書，才能真正明白經書中的真義。以孫氏而言，「訓詁明」之後，還必須經歷外在因素的刺激（如西學的衝擊、馬關條約的簽訂、國家面臨亡國的危機等）、經學家內心的覺醒（如永嘉學派的經世致用思想）而達到經世致用的目的。換句話說，晚清的政局雖然對整個中國來說是一個大災難，可是這個災難卻成就了一個經學家一直想要達到的「經世致用」目的。孫詒讓因著這個災難，擁有一個經師從讀經、證經到用經這個完整的經歷。

　　身為一個古文經學家，孫詒讓不斷地苦思該如何貢獻一己之力，經過近三十年研究《周禮》，完成了《周禮注疏校記》、《周禮三家佚注》、《周禮正義》、《九旗古義述》等書，孫詒讓誠心誠意地相信《周禮》中的制度規範確實能治理好一個國家。最後，他完成《周禮政要》，建構自己心中國家的理想藍圖，並從教育著手，培育人才，在溫州、麗水一帶創辦三百多所學校，以期待有一天這個理想能夠達成。

　　經學崇高的地位隨著晚清國勢逐漸衰弱的情況下，一步步地瓦解，新時代的來臨，「經書」被當作沒有生命的歷史文獻研究，不過，從孫詒讓身上，我們看到他賦予《周禮》新的生命，依照他的方式「經世致用」，筆者以為，這是研究經學最有意義的貢獻。

圖 9-A　孫詒讓《周禮》學形成圖

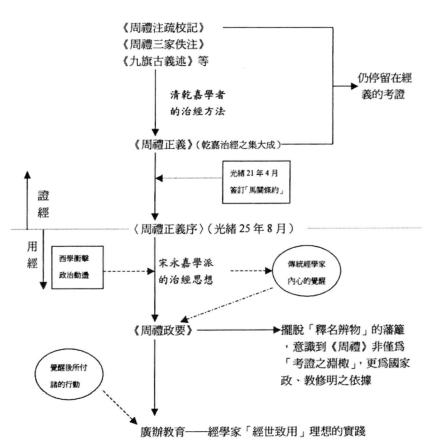

徵引書目

一、孫詒讓著述與年譜

1. 十三經注疏校記，（清）孫詒讓撰，雪克輯點，濟南，齊魯書社，1983年9月。

2. 周禮三家佚注，（清）孫詒讓輯，《四庫未收書輯刊》第4輯第5冊影清光緒20年（1894）刻本，北京，北京出版社，2000年1月。

3. 周禮正義，（清）孫詒讓撰，據民國二十年（1931）補刻楚學社本影印，臺北縣，藝文印書館，1963年。

4. 周禮正義，（清）孫詒讓撰，據清光緒乙巳本校刊，臺北，臺灣中華書局，1966年。

5. 周禮正義，（清）孫詒讓撰，據清光緒乙巳本校刊，臺北，臺灣商務印書館，1968年。

6. 周禮正義，（清）孫詒讓撰，王文錦、陳玉霞點校，北京，中華書局，1987年12月。

7. 九旗古義述，（清）孫詒讓撰，《續修四庫全書》據華東師範大學圖書館藏清光緒二十八年瑞安孫氏刻本影印，上海，上海古籍出版社，1995年1月。

8. 九旗古義述，（清）孫詒讓撰，雪克校點，與《大戴禮記斠補》、《尚書駢枝》、《周書斠補》合刊，臺北，文史哲出版社，1988年10月。

9. 周書斠補，（清）孫詒讓撰，雪克校點，與《大戴禮記斠補》、《尚書駢枝》、《九旗古義述》合刊，臺北，文史哲出版社，1988年10月。

10. 周禮政要，（清）孫詒讓撰，《四庫未收書輯刊》影清光緒28年瑞安普通學堂刻本），第4輯第5冊，北京，北京出版社，2000年1月。

11. 札迻，（清）孫詒讓撰，梁運華點校，北京，中華書局，1989年1月。

12. 籀廎述林，（清）孫詒讓撰，臺北，廣文書局，1971年4月。

13. 古籀拾遺・古籀餘論，（清）孫詒讓撰，北京，中華書局，1989 年 9 月。

14. 名原，（清）孫詒讓撰，戴家祥校點，濟南，齊魯書社，1986 年 5 月。

15. 孫詒讓遺文輯存，（清）孫詒讓撰，張憲文輯，《溫州文史資料》第五輯，溫州，浙江人民出版社，1990 年 5 月。

16. 溫州經籍志（共三冊），（清）孫詒讓撰，潘猛補校補，上海，上海社會科學院出版社，2005 年 9 月。

17. 孫徵君籀廎公年譜（一、二），孫延釗編述，手稿本。

18. 清孫仲容先生詒讓年譜，朱芳圃，臺北，臺灣商務印書館，1980 年 6 月。

19. 孫衣言孫詒讓父子年譜，孫延釗撰，徐和雍、周立人整理，溫州文獻叢書，上海，上海社會科學院出版社，2003 年 7 月。

20. 末代大儒孫詒讓，胡小遠、陳小萍撰，北京，作家出版社，2002 年 6 月。

二、經 學

1. 重栞宋本十三經注疏附校勘記，（清）阮元等校勘，據嘉慶二十年江西南昌府學本影印，臺北，藝文印書館，1989 年。

2. 十三經注疏校勘記，（清）阮元等校勘，《續修四庫全書》影清嘉慶阮氏文選樓刻本，上海，上海古籍出版社，1995 年 3 月。

3. 標點本十三經注疏，李學勤主編，北京，北京大學出版社，1999 年 12 月。

4. 經典釋文序錄疏證，（唐）陸德明撰，吳承仕疏證，臺北，崧高書社，1985 年 4 月。

5. 欽定周官義疏，（清）鄂爾泰等奉敕撰，影文淵閣《四庫全書》本，臺北，臺灣商務印書館，1983 年。

6. 周官辨非，（清）萬斯大撰，《四庫全書存目叢書》影清乾隆二十四至二十六年刻萬充宗先生經學五書本，臺南，莊嚴文化公司，1995 年。

7. 周禮疑義舉要，（清）江永撰，《叢書集成新編》影《守山閣叢書》本，臺北，新文豐出版公司，1985 年 1 月。

8. 周禮漢讀考，（清）段玉裁撰，《續修四庫全書》影清嘉慶刊本，上海，上海古籍出版社，1995 年 3 月。

9. 周禮附札記，（清）黃丕烈撰，《百部叢書集成》第 45 種據清嘉慶黃丕烈校刊吳興劉氏重印《士禮居叢書》本影印，臺北，藝文印書館，1966 年。

10. 禮書通故，（清）黃以周撰，據光緒癸巳年（19 年）刊本影印，臺北，華世出版社 1976 年 12 月。

11. 周禮補注，（清）呂飛鵬撰，《續修四庫全書》影清道光二十九年呂氏立誠軒刻本，上海，上海古籍出版社，1995 年 3 月。

12. 周禮注疏小箋，（清）曾釗撰，《續修四庫全書》據遼寧省圖書館藏清同治十年刻本影印，上海，上海古籍出版社，1995 年 3 月。

13. 讀周禮日記，（清）于鬯撰，《續修四庫全書》華東師範大學圖書館藏清光緒十六年刻學古堂日記本影印，上海，上海古籍出版社，1995 年 3 月。

14. 周禮古注集疏（一、二），（清）劉師培撰，臺北，國民出版社，1960 年 4 月。

15. 周禮經注疏音義校勘記，（日）加藤虎之亮撰，東京，無窮會，1958 年 9 月。

16. 周禮主體思想與成書年代研究，彭林撰，北京，中國社會科學出版社，1991 年 9 月。

17. 周禮譯注，楊天宇撰，上海，上海古籍出版社，2004 年 7 月 。

18. 周禮譯注，呂友仁撰，鄭州，中州古籍出版社，2004 年 10 月。

19. 三禮通論，錢玄撰，江蘇，南京師範大學出版社，1996 年 10 月。

20. 三禮辭典，錢玄編撰，南京，江蘇古籍出版社，1998 年 3 月。

21. 三禮研究論著提要，王鍔編撰，蘭州，甘肅教育出版社，2001 年 12 月。

22. 清末的公羊思想，孫春在撰，臺北，臺灣商務印書館，1985 年 10 月。

23. 論語注，（清）康有爲撰，北京，中華書局，1984 年 1 月。

24. 孟子微‧禮運注‧中庸注，（清）康有爲撰，樓宇烈整理，北京，中華書局，1987 年 9 月。

25. 爾雅義疏，（清）郝懿行撰，臺北，藝文印書館，1987 年 4 月。

26. 經義雜記，（清）臧琳撰，臺北，鐘鼎文化出版公司，1967 年 6 月。

27. 漢學商兌，（清）方東樹撰，臺北，廣文書局，1963 年 1 月。

28. 經學歷史，（清）皮錫瑞撰，周予同注釋，臺北，學海出版社，1985 年。

29. 經學通論，（清）皮錫瑞撰，北京，中華書局，1995 年 2 月。

30. 中國經學史，馬宗霍撰，臺北，臺灣商務印書館，1992 年 11 月。

31. 中國近代經學史，田漢雲撰，西安，三秦出版社，1996 年 12 月。

32. 宋人疑經改經考，葉國良撰，《文史叢刊》之五十五，臺北，國立臺灣大學出版 1980 年 6 月 。

33. 清初的群經辨僞學，林慶彰撰，臺北，文津出版社，1990 年 3 月。

34. 近代經學與政治，湯志鈞撰，北京，中華書局，2000 年 8 月。

35. 經史說略——十三經說略，彭林撰，北京，北京燕山出版社，2002 年 10 月。

36. 經子肄言，劉百閔撰，臺北，遠東圖書公司，1964 年 6 月。

37. 經學探研錄，楊天宇撰，上海，上海古籍出版社，2004 年 11 月。

38. 周予同經學史論著選集（增訂版），周予同撰，朱維錚編，上海，上海人民出版社，1996 年 7 月。

39. 徐復觀論經學史二種，徐復觀撰，上海，上海書店出版社，2002 年 4 月。

三、小學、文獻學

（一）小　學

1. 說文解字注，（漢）許慎撰，（清）段玉裁注，臺北，天工書局，1992 年 11 月。

2. 說文解字注，（漢）許慎撰，（清）段玉裁注，臺北，藝文印書館，1994 年 12 月。

3. 群經音辨，（宋）賈昌朝撰，《叢書集成新編》影《畿輔叢書》本，臺北，新文豐出版公司，1985 年 1 月。

4. 積古齋鐘鼎彝器款識，（清）阮元撰，《百部叢書集成》影《文選樓叢書》本，臺北，藝文印書館，1964 年。

5. 經籍纂詁，（清）阮元等撰，臺北，宏業書局，1993 年 8 月。

6. 說文解字引經考，馬宗霍撰，臺北，臺灣學生書局，1971 年 4 月。

（二）文獻學

1. 古今偽書考，（清）姚際恆撰，臺北，臺灣開明書店，1977 年 10 月。

2. 偽書通考，張心澂編著，上海，上海書店，1998 年 1 月。

3. 中國偽書綜考，鄧瑞全、王冠英編，合肥，黃山書社，1998 年 7 月。

4. 玉函山房輯佚書，（清）馬國翰輯，臺北，文海出版社，1967 年 6 月。

5. 漢魏遺書鈔，（清）王謨輯，《叢書集成續編》第 13 種，臺北，藝文印書館，1970 年。

6. 黃氏逸書考，（清）黃奭輯，《原刻景印叢書菁華·輯佚類》本據民國十四年（1925）王鑒修補本影印，臺北，臺灣商務印書館，1971 年。

7. 古佚書輯本目錄（附考證），孫啓治、陳建華編，北京，中華書局，1997 年 8 月。

8. 中國古籍輯佚學論稿，曹書杰撰，長春，東北師範大學出版社，1998 年 9 月。

9. 校勘學釋例，陳垣撰，臺北，臺灣學生書局，1971 年 4 月。

10. 斠讎學，王叔岷撰，中央研究院歷史語言研究所專刊之三十七，臺北，中央研究院歷史語言研究所，1995 年 6 月補訂本。

11. 校讎廣義·校勘編，程千帆、徐有富撰，濟南，齊魯書社，1998 年 4 月。

12. 王欣夫說文獻學，王欣夫撰，上海，上海古籍出版社，2000 年 12 月。

四、史　學

1. 史記會注考證（漢）司馬遷撰，（劉宋）裴駰集解，（唐）司馬貞索隱，張守節正義，（日）瀧川龜太郎考證，臺北，大申書局，1980 年 3 月。

2. 漢書，（漢）班固撰，（唐）顏師古注，臺北，洪氏出版社，1975 年 9 月。

3. 後漢書，（劉宋）范曄撰，（唐）李賢等注，臺北，洪氏出版社，1978 年 10 月。

4. 新校本隋書附索引，（唐）魏徵、令狐德棻撰，臺北，鼎文書局，1990 年 7 月。

5. 清史稿，趙爾巽等撰，北京，中華書局，1977 年 8 月。

6. 清實錄・德宗景皇帝實錄，北京，中華書局，1987 年 7 月。

7. 逸周書，（晉）孔晁注，臺北，臺灣中華書局，1980 年 10 月。

8. 逸周書彙校集注（全二冊），黃懷信、張懋鎔、田旭東撰，李學勤審定，上海，上海古籍出版社，1995 年 12 月。

9. 史通，（唐）劉知幾撰，《四部叢刊》據明萬曆刊本影印，臺北，臺灣商務印書館，1979 年 11 月。

10. 文史通義校注，（清）章學誠撰，葉瑛校注，北京，中華書局，2000 年 1 月。

11. 商代文明，張光直撰，毛小雨譯，北京，北京工藝美術出版社，1999 年 1 月。

12. 先秦文史資料考辨，屈萬里撰，臺北，聯經出版事業公司，1993 年 9 月。

13. 宗周禮樂文明考論，沈文倬撰，杭州，杭州大學出版社，1999 年 12 月。

14. 中國古代社會研究（外二種）上、下，郭沫若撰，石家莊，河北教育出版社，2001 年 5 月。

15. 中國古代社會，許進雄撰，臺北，臺灣商務印書館，1990 年 12 月。

16. 中國古代社會文化論稿，斯維至撰，臺北，允晨文化公司，1997 年 4 月。

17. 失落的文明，李學勤撰，上海，上海文藝出版社，1997 年 12 月。

18. 古史續辨，劉起釪撰，北京，中國社會科學出版社，1997 年 4 月。

19. 清儒學案小傳，徐世昌纂，《清代傳記叢刊》，臺北，明文書局，1985 年 5 月。

20. 碑傳集補，閔爾昌纂錄，周駿富輯，《清代傳記叢刊》，臺北，明文書局，1985 年。

21. 廣清碑傳集，錢仲聯主編，江蘇，蘇州大學出版社，1999 年 2 月。

22. 戊戌變法人物傳稿（上），湯志鈞撰，北京，中華書局，1982 年 6 月增訂本。

23. 清儒學記，張舜徽撰，濟南，齊魯書社，1991 年 11 月。

24. 清代全史，第 9 卷，徐徹、董守義主編，馬東玉撰，瀋陽，遼寧人民出版社，1993 年 3 月。

25. 清代學術概論，（清）梁啟超撰，《梁啟超史學論著四種》，長沙，岳麓書社，1998 年 8 月。

26. 中國近三百年學術史，（清）梁啟超撰，北京，東方出版社，1996 年 3 月。

27. 中國近三百年學術史，錢穆撰，北京，商務印書館，1997 年 8 月。

28. 中國近代學術史，麻天祥等撰，長沙，湖南師範大學出版社，2001 年 2 月。

29. 晚清學術簡史，李開、劉冠才等編，南京，南開大學出版社，2003 年 10 月。

30. 欽定四庫全書總目（整理本），（清）紀昀等撰，四庫全書研究所整理，北京，中華書局，1997 年 1 月。

31. 四庫全書總目提要補正，（清）胡玉縉撰，王欣夫輯，上海，上海書店出版社 1998 年 1 月。

32. 續修四庫全書總目提要，倫明等撰，中國科學院圖書館整理，北京，中華書局 1993 年 7 月。

五、哲學思想

1. 葉適與永嘉學派，周夢江撰，杭州，浙江古籍出版社，2005 年 12 月。

2. 社約論，（法）盧梭撰，徐百齊譯，臺北，臺灣商務印書館，2000 年 4 月。

3. 天演論，（英）赫胥黎原著，（清）嚴復譯著，李珍評注，北京，華夏出版社，2002 年 10 月。

4. 勸學篇，（清）張之洞撰，李鳳仙評注，北京，華夏出版社，2002 年 10 月。

5. 中國近世儒學史，（日）宇野哲人撰，馬福辰譯，臺北，中國文化大學出版部 1982 年 10 月。

6. 現代儒學論，余英時撰，上海，上海人民出版社，1998 年 11 月。

7. 晚清政治思想史論，王爾敏撰，臺北，華世出版社，1980 年 11 月。

8. 中國近代思想史論，王爾敏撰，北京，社會科學文獻出版社，2003 年 8 月。

9. 晚清政治思想研究，（日）小野川秀美撰，林明德、黃福慶合譯，臺北，時報文化出版事業有限公司，1985 年 11 月 16 日。

10. 從浙江看中國教育近代化，張彬撰，廣州，廣東教育出版社，1996 年 11 月。

11. 從理學到樸學 —— 中華帝國晚期思想與社會變化面面觀，（美）艾爾曼撰，南京 江蘇人民出版社，1997 年 3 月。

12. 樸學與清代社會，黃愛平撰，石家莊，河北人民出版社，2003 年 1 月。

六、文集及筆記

1. 全上古三代秦漢三國六朝文，（清）嚴可均撰，石家莊，河北教育出版社，1997 年 10 月。

2. 困學紀聞，（宋）王應麟撰，瀋陽，遼寧教育出版社，1998 年 3 月。

3. 水心文集，（宋）葉適撰，臺北，新文豐出版公司，《叢書集成續編》本，1989 年 7 月。

4. 止齋集，（宋）陳傅良撰，臺北，世界書局，《四庫全書薈要》本，1988 年 2 月。

5. 西河文集，（清）毛奇齡撰，《國學基本叢書》本，臺北，臺灣商務印書館，1968 年 12 月。

6. 望溪先生文集，（清）方苞撰，《國學基本叢書》本，臺北，臺灣商務印書館 1968 年 12 月。

7. 揅經室文集（上、下），（清）阮元撰，鄧經元點校，北京，中華書局，1993 年 5 月。

8. 經韻樓集，（清）段玉裁撰，段玉裁遺書・下冊，臺北，大化書局，1977 年 5 月。

9. 抱經堂文集，（清）盧文弨撰，《四部叢刊初編》影閩縣李氏觀槿齋藏嘉慶本（與《潛研堂文集》合刊），臺北，臺灣商務印書館，1965 年。

10. 蛾術篇（共五冊），（清）王鳴盛撰，據道光 21 年世楷堂藏版影印，臺北，信誼書局，1976 年 7 月 。

11. 戴震全書，（清）戴震撰，合肥，黃山書社，1997 年 10 月。

12. 復初齋文集，（清）翁方綱撰，《近代中國史料叢刊》本，臺北，文海出版社 1969 年 11 月。

13. 雕菰集，（清）焦循撰，上海，商務印書館，1937 年 5 月。

14. 左海文集，（清）陳壽祺撰，臺北，藝文印書館，《皇清經解》本第 18 冊，1959 年。

15. 劉禮部集，（清）劉逢祿撰，《續修四庫全書》據浙江圖書館藏清道光十年（1830）思誤齋刻本影印，上海，上海古籍出版社，1995 年。

16. 東塾讀書記，（清）陳澧撰，與《札樸》、《札迻》合刊，臺北，世界書局，1975 年 5 月。

17. 無邪堂答問，（清）朱一新撰，呂鴻儒、張長法點校，北京，中華書局，2000 年 12 月。

18. 飲冰室文集類編，（清）梁啓超，臺北，華正書局，1974 年 7 月。

19. 章氏叢書正續編・家書・年譜，（清）章炳麟撰，臺北，世界書局，1982 年 4 月。

20. 劉申叔先生遺書，（清）劉師培，臺北，臺灣大新書局，1965 年 8 月。

21. 復禮堂文集，（清）曹元弼撰，臺北，華文書局，1968 年。

22. 許廎學林，胡玉縉撰，讀書箚記叢刊第 2 集第 39 冊，臺北，世界書局，1963 年 4 月。

23. 顧頡剛讀書筆記，顧頡剛撰，臺北，聯經出版事業公司，1990 年 1 月。

24. 魯迅散文選，魯迅撰，臺北，洪範書店，1995 年 10 月。

25. 洪誠文集，洪誠撰，南京，江蘇古籍出版社，2000 年 9 月。

26. 榆枋齋學術論集，虞萬里撰，南京，江蘇古籍出版社，2001 年 8 月。

七、學位論文

1. 孫詒讓《周禮正義》研究，孫致文撰，桃園，國立中央大學中國文學研究所碩士論文，1998 年 5 月，岑益成指導。

2. 孫詒讓《名原》研究，葉純芳撰，臺北，私立東吳大學中國文學研究所碩士論文 1999 年 6 月，許錟輝指導。

3. 清朝前期的文化政策，葉高樹撰，臺北，國立臺灣師範大學歷史研究所博士論文，2001 年 6 月（後由臺北稻鄉出版社出版，共 444 面，2002 年 7 月）。

八、期刊論文

1. 中國專制進化史論，梁啓超撰，新民叢報，第 17 號，1902 年 9 月 1 日。

2. 《周書》《周官》〈職方〉篇校記，王樹民撰，禹貢半月刊，第 1 卷第 1 期，1934 年 3 月。

3. 〈王制〉〈職方〉封國說之不同及後儒之彌縫，郭漢三撰，禹貢半月刊，第 1 卷第 5 期 1934 年 5 月。

4. 《禮記・王制》及《周官・職方》所言封國說之比較，鄺平樟撰，禹貢半月刊，第 1 卷第 5 期，1934 年 5 月。

5. 讀《周官・職方》，顧頡剛撰，禹貢半月刊，第 7 卷第 6、7 合刊，1937 年 6 月。

6. 書孫氏《周禮正義》後，曹元弼撰，浙江學報，第 1 卷第 1 期，1947 年 9 月。

7. 記瑞安孫氏玉海樓藏書及其與兩浙人文之關係，宋炎撰，圖書展望，復

刊第 5 期，1947 年 10 月。

8. 阮氏《重刻宋本十三經注疏》考，汪紹楹撰，文史，第 3 輯，北京，中華書局，1963 年 10 月，頁 25～60。

9. 跋宋浙東茶鹽司本《周禮注疏》，昌彼得撰，故宮季刊，第 12 卷第 1 期，1977 年秋季。

10. 杭大藏孫詒讓《經迻》稿本說略，雪克撰，杭州大學學報，第 12 卷第 3 期，1982 年 9 月。

11. 九旗考，季旭昇撰，中國學術年刊，第 5 期，1983 年 6 月。

12. 由漢宋調和到中體西用——試論晚清儒家思想的演變，王家儉撰，國立臺灣師範大學歷史學報，第 12 期，1984 年 6 月。

13. 孫詒讓《札迻》之校勘學研究，王世偉撰，社會科學戰線，1985 年第 4 期，1985 年 4 月。

14. 孫詒讓書札輯錄（上），孫延釗輯，張憲文整理，文獻，1986 年第 3 期，1986 年 7 月。

15. 孫詒讓書札輯錄（中），孫延釗輯，張憲文整理，文獻，1987 年第 3 期，1987 年 7 月。

16. 孫詒讓書札輯錄（下），孫延釗輯，張憲文整理，文獻，1987 年第 4 期，1987 年 10 月。

17. 孫仲容（詒讓）先生《自題〈周禮政要〉八絕句》手寫稿淺釋，王季思撰，古籍整理與研究，1987 年第 1 期，上海，上海古籍出版社，1987 年。

18. 孫詒讓教育思想評述，童富勇撰，杭州大學學報，第 18 卷第 1 期，1988 年 3 月。

19. 瑞安孫氏玉海樓書藏考，張憲文撰，文獻，第 37 輯，1988 年 7 月。

20. 孫詒讓遺文續輯（上），張憲文整理，文獻，1989 年第 3 期，1989 年 7 月。

21. 孫詒讓遺文續輯（中），張憲文整理，文獻，1989 年第 4 期，1989 年 10 月。

22. 孫詒讓遺文續輯（下），張憲文整理，文獻，1990 年第 1 期，1990 年 1 月。

23. 孫詒讓與章太炎，周立人，溫州師範學院學報（哲學社會科學版），1988 年第 1 期，1988 年。

24. 《十三經注疏正字》作者辨，胡雙寶撰，古籍整理與研究，第 5 期，北京，中華書局 1990 年 10 月。

25. 《周禮正義》校勘述略，王世偉撰，文史，第 33 輯，北京，中華書局，1990 年 10 月。

26. 社會達爾文主義和達爾文進化論在中國，李佩珊撰，自然辯證法通訊，1991 年第 3 期，1991 年 6 月。

27. 《周禮正義》點校瑣議，汪少華撰，吉安師專學報，1993 年第 3 期，1993 年 6 月。

28. 今人整理古籍而古籍亡——大陸古籍今譯圖書檢查結果令人震驚，路增光，書目季刊，第 28 卷第 4 期，1995 年 3 月。

29. 《周禮》真偽爭論——萬斯大與孫詒讓之對比研究，孫致文撰，國立中央大學中文所研究集刊，第 5 期，中壢，國立中央大學中國文學研究所，1998 年 5 月。

30. 晚清知識份子變法圖強之改革規劃——以孫詒讓《周禮政要》為例，胡楚生撰，文史學報，第 29 期，1999 年 6 月。

31. 「禮是鄭學」說，陳秀琳撰，經學研究論叢，第 6 輯，臺北，臺灣學生書局，1999 年 6 月。

32. 應對變局的經學——晚清對中國古典的重新詮釋（一），葛兆光撰，中華文史論叢，第 64 輯，上海，上海古籍出版社，2000 年 12 月。

33. 三國六朝經學上的幾個問題，張西堂撰，經學研究論叢，第 9 輯，臺北，臺灣學生書局 2001 年 1 月。

34. 魏晉經學的定位問題，葉純芳撰，經學研究論叢，第 10 輯，臺北，學生書局，2002 年 3 月。

35. 嚴復的「物競天擇」說析論：嚴復與西方大師的演化觀點比較研究，吳展良撰，臺大文史哲學報，第 56 期，2002 年 5 月。

36. 藏在東先生年譜，（日）吉川幸次郎撰，王清信、葉純芳標點，經學研究論叢，第 11 輯，臺北，臺灣學生書局，2003 年 6 月。

37. 孫詒讓的輯佚成果——《周禮三家佚注》，葉純芳撰，書目季刊，第 37 卷第 3 期，臺北，臺灣學生書局，2003 年 12 月。

38. 「九旗」鄭、孫說平議，吳土法撰，2004 年第 2 輯，文史，2004 年 5 月。

39. 孫詒讓學術思想與玉海樓藏書特色之關係，陳東輝撰，文獻，2006 年第 2 期 2006 年 4 月。

九、論文集論文

1. 孫仲容先生學術概論，張壽賢撰，清儒學術討論集，上海，上海商務印書館 1933 年 7 月。

2. 孫詒讓的政治思想述評，沈鏡如撰，孫詒讓研究，杭州，杭州大學語言文學研究室，內部發行，1963 年。

3. 論《周禮·職方氏》之著成時代，黃沛榮撰，三禮論文集，臺北，黎明文化事業公司，1982 年 10 月。

4. 《周禮正義》稿本探略，胡珠生撰，孫詒讓紀念論文集，溫州，溫州師範學院學報，1988 年增刊。

5. 孫詒讓與南宋永嘉學派，周夢江撰，孫詒讓紀念論文集，溫州，溫州師範學院學報，1988 年增刊。

6. 兩漢章句之學重探，林慶彰撰，中國經學史論文選集（上），臺北，文史哲出版社 1992 年 10 月。

7. 魏晉南北朝時期的經學，牟鍾鑒撰，中國經學史論文選集（上），臺北，文史哲出版社，1992 年 10 月 。

8. 唐代後期經學的新發展，林慶彰撰，中國經學史論文選集（上），臺北，文史哲出版社，1992 年 10 月。

9. 《周禮》孫疏校補，陳漢章撰，學術集林，上海，上海遠東出版社，1994 年 8 月。

10. 孫詒讓「九旗古誼述」解經方法試析，孫致文撰，第五屆近代中國學術研討會論文集，中壢，中央大學中國文學系所，1999 年 3 月。

11. 讀五經正義札記（二）‧阮刻の嘉慶本と道光重刊本，（日）野間文史撰，東洋古典學研究，東廣島市，東洋古典學研究會，2000 年 5 月。

12. 試論《周禮政要》，俞雄撰，紀念孫詒讓論文集，香港，天馬圖書有限公司，2000 年 10 月。

13. 孫詒讓政治思想的演變，張憲文撰，紀念孫詒讓論文集，香港，天馬圖書有限公司，2000 年 10 月。

14. 讀李學勤主編之《標點本十三經注疏》（日）野間文史撰，中國哲學‧經學今詮三編，第 24 輯，瀋陽遼寧教育出版社，2002 年 4 月。

15. 《周禮正義》的非經學性質，橋本秀美撰，紀念《周禮正義》出版百年暨陸宗達先生百年誕辰學術研討會，杭州，2005 年 10 月。